企业用工风控一点通

毕春秋　著

中国财富出版社有限公司

图书在版编目（CIP）数据

企业用工风险防控一点通 ／ 毕春秋著 . —北京：中国财富出版社有限公司，2023.12

ISBN 978 - 7 - 5047 - 8042 - 3

Ⅰ . ①企⋯　Ⅱ . ①毕⋯　Ⅲ . ①企业管理—人力资源管理—风险管理—中国②劳动法—基本知识—中国　Ⅳ . ①F279. 232 ②D922. 5

中国国家版本馆 CIP 数据核字（2024）第 012812 号

策划编辑	周　畅　李　伟	**责任编辑**	田　超　汪晨曦	**版权编辑**	李　洋
责任印制	梁　凡	**责任校对**	庞冰心	**责任发行**	黄旭亮

出版发行　中国财富出版社有限公司

社　　址　北京市丰台区南四环西路 188 号 5 区 20 楼　　**邮政编码**　100070

电　　话　010 - 52227588 转 2098（发行部）　　　010 - 52227588 转 321（总编室）

　　　　　　010 - 52227566（24 小时读者服务）　　010 - 52227588 转 305（质检部）

网　　址　http：//www.cfpress.com.cn　　**排　　版**　宝蕾元

经　　销　新华书店　　　　　　　　　　　　**印　　刷**　宝蕾元仁浩（天津）印刷有限公司

书　　号　ISBN 978 - 7 - 5047 - 8042 - 3/F · 3651

开　　本　710mm×1000mm　1/16　　　　　**版　　次**　2024 年 5 月第 1 版

印　　张　14. 25　　　　　　　　　　　　　**印　　次**　2024 年 5 月第 1 次印刷

字　　数　295 千字　　　　　　　　　　　　**定　　价**　56. 00 元

精卫衔石多奇志，夸父逐日无穷途。
敢问世间不平事，挪移乾坤意何如。
得无孔明锦囊计，借尔太公六韬书。
愿作维权马前卒，我为契约鼓与呼。

作者简介

毕春秋，原名晏毅，1968 年出生于贵州省毕节市，55 岁，常住深圳。先后毕业于贵州工程应用技术学院外国语学院英语专业、北京大学政府管理学院行政管理专业（管理学学士）、北京大学心理与认知科学学院心理系应用心理学专业（理学硕士）；二级企业人力资源管理师、国家二级心理咨询师、贵州工程应用技术学院外国语学院大学生创新创业导师。

毕春秋长期从事人力资源/行政/法务/员工关系管理等工作 30 余年，服务企业涉及台资、港资、美资及国有企业，熟悉现代企业管理及运作，对企业各发展阶段及其转型期所面临的管理症结有深刻认识，阅历丰富、视野开阔。在职期间，历任集团公司人力资源及行政经理、工会主席、企业调解委员会主任、高级法务经理等职。

毕春秋通过职业生涯中长达 30 年共计 500 余场的劳动调解、劳动仲裁、劳动诉讼的实战训练，以及 10 年超过 1000 场次/100000 人次的《中华人民共和国劳动合同法》（以下简称《劳动合同法》）专门讲授，对劳资冲突各个阶段的划分及各阶段人力资源管理者的应对策略进行了鞭辟入里、细致入微的深层次研究；同时，在对《劳动合同法》的诠释、讲解、传播、普及和推广上，毕春秋是国内不可多见的能将人际心理学、沟通心理学、决策心理学及情绪管理，与劳动法学相结合，创造性地提出了组织沟通中的 1K4S6C 技术，并将上述跨学科知识有机地融会贯通、大胆实践于劳资冲突、群体性事件、突发事件等情境应对中的具有底层逻辑心理分析技术的理论结合实战型讲师。

本书特点：

1. 有的放矢——针对企业在劳动用工中出现的高频劳动法律法规风险以及人力资源管理者在实际工作中面临的各种日常劳动法务疑点、难点、热点问题等，结合丰富的现实案例，将枯燥的法律法规条款赋予生动活泼的实际内涵，逐一予以详细讲解，以期一书在手，全网打尽。

2. 注重实效——针对人力资源管理者的在职特点以及企业形态的差异，从点到线，由线及面，立体地展现了劳动法律法规与企业实际经营活动的相互交集，从而不失重点与难点地分析讲解，确保在法律法规的框架下有效地解决差异性的实际问题。

3. 阅读轻松——本书结合心理学、管理学、劳动法学知识和成人学习特点，在力求实战、实务的前提下，以阅读舒适性为第一要务，历时10年，九易其稿而成全书。全书计29.5万字，21章，每章6节；以法条为经，判例为纬，在理论、实操、判例上保持2∶5∶3的比例，通过全书386个司法判例，尤其是42个经典案例的深度剖析，于行文之间佐以文学、历史、诗歌、网络新词，于方寸之间纵横捭阖、分析人性，解读法律、贯穿管理；在满足书籍内容的清晰性、条理性、逻辑性、人性化的基础条件下，深入浅出、举一反三；以期令人理解通透、过目不忘。最后，《劳动合同法》将在读者这儿百炼钢成绕指柔，书破一卷烂于胸。

一言以蔽之：人生不易，阅读不易。这将是一本帮您解决实际问题，说不定也会让您入迷的轻松有趣的法律类书籍。

序言一
绝知此事要躬行

大卫法务首席架构师　刘大卫

读了毕春秋先生送来的书稿，脑海中始终盘旋着"纸上得来终觉浅，绝知此事要躬行"这句话。记得我在读厉以宁先生的书时，他的大致意思是说，做学问有三层：提出一个概念，得一分；设计出方法、工具及行动路线，得十分；行动并做出成果，则会得九十分。德鲁克先生又说：衡量管理的指标有且只有一个：取得成效。可见，行动力的重要性。

毕先生结合自己在企业从业三十余年的人力资源管理工作经历，通过数百个案例和千余场公开课程经验的萃取，写成了这本《企业用工风控一点通》，它的价值，不言而喻。这也是用另外一种更加方便快捷的形式，践行成人教学中的"案例式教学"的好方法。我认为，每一位人力资源工作的从业者，以及企业的其他管理者，都值得一读。每一位从业者，也可以从这些十分典型的案例的剖析与解读中，找到维护自身权益的法宝。

劳动立法的起源，是源于社会分工后对劳动关系协调的一种管制工具。我们知道，社会分工是创造财富最有效的手段。但社会分工也会带来生产关系方面的问题，就是企业会通过不断扩大规模来赢得市场竞争优势，这个时候，企业管理当局就有一个追求，希望无限度地降低边际成本。人工成本，作为一种可变成本，管理当局就希望越少越好；于是，劳动者的权益保护，就成了一个普遍的社会问题。为了保护劳动者的权益，就产生了"五一国际劳动节"、"八小时工作制"等管制要求，进而进行立法，希望通过立法，协调好劳资双方的关系。读过政治经济学的人都知道，生产力决定生产关系，但生产关系会反过来作用于生产力。就是说：如果处理不好生产关系，生产力的发展就会受到制约，企业的效益就会受到很大的影响。

作为管理当局，在收入、利润、成本的背后，我们必须面对"人"的问题，我们还必须回答：如何带领员工队伍前进？"五一国际劳动节"的提出，是1890年的事情，保护劳动者的合法权益的提法，距今已经一个多世纪；但遗憾的是，我们的企业违反劳动法的情况，还非常普遍。这些有悖于劳动法的做法，不但使企业经营管理面临巨大的风险，还丧失了员工对企业的信任。这与今天社会所普遍倡导的"人力资源是第一资源"的价值理念，格格不入。

同时，作为委托代理制下风险防范的措施，劳动法也是保护企业合法权益的重要手段，通过契约机制，对企业的知识产权、商业机密、财产利益等进行保护，能够正确维护企业的合法权益。近年来，员工侵害企业利益的案例也不鲜见，有的，甚至能够置企业于危急之中。

因此，在打造法治社会的当下，无论作为资方，还是劳方，都有必要懂得多一点劳动法的知识。通过更加健康的劳资关系的建立，双方合力创造更好的客户价值，向市场要效益，增大可分配利润，无疑有助于建设更加充满活力的市场经济。从这个意义上说，毕春秋先生写作本书的价值，是十分巨大的。

我与毕春秋先生相识二十余载，他性格刚烈、快人快语，说话办事直指核心、一语中的。他非常喜欢读书，学问深厚，风趣幽默，讲课更是妙趣横生，深受学员的喜爱。去年他应前程无忧的邀请到昆明讲课，顺道来拜访我。我们相谈甚欢，当时就讨论到将他的经验和授课写成书的事情。没想到，他回去后就动手写作，不时听到他写书进展的消息，很为他高兴，没想到，这么快就已经成稿，没有相当的功力，是不可能这么快付梓的。

我作为一名咨询顾问，每天都在各种企业中穿行，深感企业在用工风险防范中存在诸多问题，也感叹劳动者对自身权益保护的乏力。有了这本《企业用工风控一点通》作为教材，相信它会为健康、持久、充满活力的劳资关系的建立，带来非常大的帮助。

2024 年 1 月 2 日于昆明白沙河

序言二

《企业用工风控一点通》推荐序

隆基绿能领导力发展总监 高流云

这次三天的元旦假期里我只做了一件事，就是阅读了毕春秋老师的《企业用工风控一点通》的书稿并撰写此序。

为本书写序，对我来说是一项巨大的挑战，因为我并不是劳动法律业务领域的"行家里手"，我一直在从事企业内部培训相关工作，侧重的也是培养管理者、发展领导力等方向，对劳动法律业务领域既无深厚的理论基础，更无广泛的实践积累，原则上来说，外行是不能指导内行的；但是，我想也正因为如此，我的推荐立场反而更加真实、客观。

说起来，这也和我与毕春秋老师的相识有关。7 年前，我曾在同行好友的推荐下，有幸地参加了毕春秋老师的《企业劳动用工风险防范》公开课。亲身体验过后，无论是课程内容本身的全面性、系统性及可落地性还是毕老师本人风趣幽默的授课风格及一针见血的问题洞见、矛盾分析能力，都让我十分感叹和佩服。去年年初，我接到组织的需求：从外部引进一门专业、实用（可落地）性强的企业劳动用工风险防范的课程，面向全集团各地分子公司的 HR 经理层级干部进行培训，系统地提升公司人力资源管理者在劳动法律相关领域的风险防控认知和实战技能水平。于是，后续便有了一段双方竭诚合作、互相成就的佳话。过程中，我们发现彼此志趣相投、诗词共好，相互欣赏，也同时结下了深厚的友谊。

好书读起来也往往像是在上一门好课程，代入感很强， 点就通。读完本书的感受也如同毕老师广受好评、炉火纯青的公开课一般无二。内容系统性和全面性是它第一个特点。毫无疑问，企业劳动用工风险贯穿企业劳动用工的整个过程，从企业招聘劳动者开始，到劳动合同订立、试用期约定、工资待遇支付、五险一金缴纳、休息加班、劳动安全与防护，直至劳动合同终止与解除，以及劳动争议等，每一个环节都存在令企业难以预料的风险点。对于企业来说，只有依法合理规范劳动用工，才有可能做到提前预警、有效防范、妥善处理，从而避免因用工给企业造成管理风险和发展风险。有鉴于此，为了最大限度地帮助企业方降低企业劳动用工风险，毕老师以企业劳动用工中涉及的聘用、任职、管理、离职等所有环节为切入点，依据用工过程中常见的《中华人民共和国劳动法》（以下简称《劳动法》）《劳动合同法》《中华人民共和国社会保险法》（以下简称《社会保险法》）等法律法规，选取劳动风险案例进行分析，对企业劳动用工中可能面临的各种法律风险一一阐述，内容全面而翔实。

除此之外，本书还具有以下特色：

场景化及实用性。本书以企业自身为立足点，充分考虑企业在劳动用工的过程中可能遇到的各种法律风险点，以场景化的方式呈现（均为全国各地的真实案例），并一一引用相关法律条文，对企业劳动用工进行风险提示与预警，不但能帮助企业树立用工风险意识，还能切实解决用工风险问题，具有很强的实用性。

专业性及权威性。企业的生存离不开劳动者，我国法律法规也相对比较侧重对劳动者权益的维护。而随着《劳动法》《劳动合同法》《社会保险法》等大量规制企业劳动用工法律的诞生，用人单位要注意的问题纷繁复杂；再加上劳动者维权意识的不断提高，用人单位稍有不慎，就可能与劳动者发生劳动纠纷，从而背负民事责任、行政责任甚至刑事责任。所谓术业有专攻，毕老师作为企业劳动法律方面的资深从业者，在劳动法律方面有着深厚的理论功底和丰富的实践经验，对企业防范劳动用工风险有着独到的见解。本书中引用了新的法律、各省市典型的案例，充分提供了实用的预警，为企业有效化解用工风险进行谋篇布局。读者可以随时放在案头，按需在用工前、用工中、用工后学习、对照，也可在出现具体问题时，找到解决方案。

诚然，在当前法治社会建设逐渐趋于完善的大背景下，企业劳动用工风险愈发具有可预见性和防范性，只要企业在日常人力资源管理过程中，能够牢固树立风险防范意识，积极完善风险化解机制，定能够主动应对风险、有效化解风险，从而降低劳动用工成本，促进企业长期向好发展。

诚恳地推荐这本书给大家，相信读者会和我有同般感受，也有属于自己的不一样的收获。

2024 年元旦

序言三

《企业用工风控一点通》推荐序

中智光华教育集团联合创始人、总经理　姚霞玉

在商业世界的浩瀚海洋中，企业如同一艘艘航船，而用工风险则是隐藏在波涛之下的礁石。如何安全航行，避开这些暗礁，是每个企业都需要面对和解决的问题。本书，正是为这些航船提供了一份详尽的航海图，帮助企业在法律的框架内，安全、有效地进行人力资源管理和风险防控。

毕春秋先生是一位具有深厚理论功底和丰富实战经验的人力资源管理从业者。他以平实、生动的语言，将劳动法律法规与企业实际需求相结合，通过对众多实际案例的剖析，为企业提供了切实可行的风险防控方案。

本书的独特之处在于：

首先，它具有极强的针对性。全书聚焦于企业在劳动用工方面所面临的高频风险，为企业提供了一套全面、细致的风险防控策略。无论是大型国有企业还是中小型民营企业，都能从中找到解决实际问题的钥匙。

其次，注重实效性。在瞬息万变的商业环境中，时间就是金钱。毕春秋先生凭借其丰富的实践经验，为企业提供了一套快速、有效的风险应对机制，使企业在遭遇风险时能迅速作出反应，将损失降到最低。

再者，本书的阅读体验轻松愉悦。文学、历史、诗歌、网络新词在书中随处可见，使得原本枯燥的法律条文变得生动有趣。读者在享受阅读的过程中，便能掌握风险防控的精髓。

最后，本书还具有极高的实用性。它不仅提供了丰富的理论知识，更通过大量的实际案例，使读者能更加直观地理解风险防控的方法和技巧。无论是对新入行的 HR 新手，还是对经验丰富的企业管理者，都具有极高的参考价值。

在当今这个充满挑战与机遇的时代，企业用工风险防控已成为企业持续、稳定发展的关键因素之一。而《企业用工风控一点通》正是为企业提供了一份宝贵的指南。它不仅能帮助企业有效规避风险，更能助力企业在竞争激烈的市场环境中脱颖而出。

愿每位读者都能从本书中获得启示和帮助，让企业在法律的轨道上，安全、稳定地前行。

目　录

你不知道的《劳动合同法》

何谓法？

灋，读法，这是法字的古体字。由三部分即①氵；②廌；③去；组成。通过对这些偏旁部首的抽丝剥茧、正本清源，我们就大致可以从构词学的角度，来推断古人对"法"字寄予了什么样的意义或者寓意了——

◆ 氵——《说文解字》：平之如水，从水（公平）。

◆ 廌——《山海经》：獬廌（xièzhì），一种独角神兽，生性耿直、明辨是非（正直）。

◆ 去——断案后将理屈词穷的一方去除（惩罚）。

春秋微言： 简言之，古人认为的"法"，至少应该包含三重意义：法应该如水般公平、如廌般正直，以及犯法者应该受到去除（惩罚）。如此看来，倒是颇具几分"有法可依，有法必依，执法必严，违法必究"的现代法治思想的朴素的萌芽状态。

《劳动合同法》的司法实践

在《劳动合同法》十几年的司法实践中，劳动者的胜诉率远远高过用人单位。

1. 理脉（Legal Miner）根据中国裁判文书网 2017 年的公开数据所作的研究得出以下统计数据：

◆ 全年劳动争议案件数量超过 3000 件的省市共有 7 个，分别为江苏、四川、广东、吉林、山东、重庆和湖南，其中公开劳动争议案件数量最多的为江苏省，为 5139 件。

◆ 案件中当员工作为原告时，胜诉概率较高，达 76%；当员工作为被告时，胜诉率相对较低，但仍超过 50%，达 65%。

◆ 当员工聘请代理人、用人单位没有代理人时，员工的胜诉率最高，达到 91%；员工没有代理人而用人单位聘请代理人时员工胜诉率最低，仅为 67%。

◆ 当员工方聘请的代理人为法律援助人士（包括律师和非律师）时，胜诉率最高，尤其是当代理人为法律援助非律师时，员工方的胜诉率高达 92%。

◆ 当用人单位聘请的代理人为律师时，员工方的胜诉率最低，仅为 65%。

◆ 在公开劳动争议案件文书超过 500 件的省份中，广西、吉林、山东三个省/自治区的员工胜诉率最高，均超过 80%；而在上海、新疆、湖南三个省市自治区，员工胜诉率最低。广西与湖南相较，员工胜诉率的差距高达 22%。

2. 根据人力资源和社会保障部的数据（2020 年）：

◆ 全年全国各级劳动人事争议调解组织和仲裁机构共处理劳动人事争议案件 221.8 万件，涉及劳动者 246.5 万人，涉案金额 530.7 亿元。

◆ 从以往人社部统计的劳动仲裁案件中来看，劳动者胜诉率超过 80%。

◆ 从历年人社部的统计数据来看，劳动案件中，劳动者胜诉率一般超过 80%；如有专业人士指导，其胜诉率甚至可以超过 95%。

3. 《劳动合同法》中的道与术的问题

道即红线条款，不可也无法撼动——所谓大道至简，守法便是王道；

术即我们对《劳动合同法》98 个条款的正确、精准、完整之解读。

各位读者，倘若读到此处，您依然全无倦意，甚至兴致盎然，那就请跟随我，与《劳动合同法》进行一次亲密接触吧！

第一章
招聘入职中的法律知识要点与风险防控

1. 劳动者入职身份可能潜在的风险有哪些
2. 如何规避危害巨大的"应聘欺诈"
3. 员工伪造学历入职，可以解除劳动合同吗
4. 新员工入职第一年能否享受带薪年休假
5. 劳动者应聘期间/入职之后提供虚假资料/履历的风险应对
6. 用人单位与劳动者关于入职后唯一有效通信送达地址的约定
（经典案例一、二）

1. 劳动者入职身份可能潜在的风险有哪些

1.1　具双重甚至多重劳动关系，其向企业提交的《离职证明》或许仅为其诸多《离职证明》之一。

招了脚踩两只船的人，企业或将承担保密或竞业限制义务的连带责任风险。

1.2　与某事业单位存在人事关系，为其编制职工。

招了"政府"的人，企业或将直接面临《事业单位人事管理条例》（2014年）与《劳动合同法》在司法实践上的竞合。

春秋微言：麻烦之处在于一旦发生纠纷——

（1）该人员同时受《事业单位人事管理条例》及《劳动合同法》（第96条）约束。

（2）该人员与原事业单位之间是人事关系/人事争议，而非劳动关系/劳动争议。

（3）实体上，该人员应优先适用上述条例，其次适用《劳动合同法》的相关规定。

（4）程序上，则依照《中华人民共和国劳动争议调解仲裁法》处理。

1.3　已达退休年龄或开始享受基本养老保险待遇。

招了高风险的人，企业或将承担工伤待遇赔偿责任或提供劳务者人身损害赔偿责任。

春秋微言：百花齐放、百家争鸣，何如此甚也。

（1）最高院民一庭/山东［（2015）民一他字第 6 号］：劳动关系的终止，应当以劳动者是否享受养老保险待遇或领取退休金为准。

（2）人社部/云南［（2014）云高民申字第 836 号］：劳动者只要达到法定退休年龄……劳动合同自然终止。

（3）认定为劳务关系的地区：北京、重庆、广东、浙江、陕西、湖北、四川、安徽、内蒙古［（2017）内民申 928 号］、山西［（2015）晋民申字第 776 号］、辽宁沈阳、宁夏银川。

（4）视情况而认定的省市：上海、天津、江苏、河北、甘肃、湖南［（2013）株中法民四终字第 305 号］、福建福州、广西梧州、海南三亚［（2017）琼 02 民终 236 号］、河南郑州［（2014）郑民一终字第 219 号］。

（5）认定为劳动关系的省区：江西［（2017）赣 07 民终 2699 号］、黑龙江［（2016）黑民申 750 号］、新疆［（2016）新民再 299 号］、贵州［（2015）黔高民申字第 1071 号］。

也就是说，在这些省区，一旦认定为劳动关系及发生工亡，必须按法定标准承担全部工伤待遇及赔偿责任。

◆ 丧葬补助金：6 个月的统筹地区上年度职工月平均工资。

◆ 供养亲属抚恤金：配偶/孤寡老人/孤儿为职工工资的 40%/月，其他亲属 30%/月。

◆ 一次性工亡补助金：上一年度全国城镇居民人均可支配收入的 20 倍；2024 年标准为 1036420 元。

（6）达到法定退休年龄但是尚未享受基本养老保险待遇的劳动者的权益如何保护？《最高人民法院关于审理劳动争议案件适用法律问题的解释（二）》（征求意见稿）第六条——

达到法定退休年龄但是尚未享受基本养老保险待遇的劳动者为用人单位提供劳动，劳动者请求参照适用劳动法律法规处理劳动报酬、工作时间、休息休假、劳动保护、职业危害防护以及工伤保险待遇等争议的，人民法院应予支持。

但此最新司法解释仍然没有解决的悖谬问题是：当劳动者达到法定退休年龄，却未享受退休保险待遇，其是否仍属于劳动者，与用人单位间的劳动关系是否终止？

1.4 未满十六周岁的未成年人。

招了不该招的人，除非履行审批手续及保障其接受 9 年义务教育（初中毕业，还记得《八角笼中》王宝强努力给孩子们找学校不？），否则用人单位将以雇用童工追究责任，并或将按《非法用工单位伤亡人员一次性赔偿办法》（2010 年）承担工伤、工亡责任。

春秋微言：一次性赔偿包括受到事故伤害或者患职业病的职工或童工在治疗期间的费用和一次性赔偿金。

一至十级伤残的赔偿金额分别为赔偿基数即单位所在工伤保险统筹地区上年度职工年平均工资的 16 倍、14 倍、12 倍、10 倍、8 倍、6 倍、4 倍、3 倍、2 倍、1 倍。

受到事故伤害或者患职业病造成死亡的，按照上一年度全国城镇居民人均可支配收入的 20 倍支付一次性赔偿金，并按照上一年度全国城镇居民人均可支配收入的 10 倍一次性支付丧葬补助等其他赔偿金。

1.5　冒用他人身份、借用他人身份入职的风险。

劳动者冒用他人身份或借用他人身份办理入职手续，发生工伤或工亡的，用人单位除了承担法定由用人单位承担的工伤待遇如工资、治疗期间护理费等和赔偿（如就业补助金）外，还会根据情况承担法定由社保基金承担的工伤待遇（如医疗费等）和其他赔偿责任（如伤残补助金、医疗补助金、定残后的护理费、辅助器具费等）。

1.5.1　冒用人或借用人未满 18 周岁，用人单位依法已为其办理工伤保险参保手续的，法定由社保基金承担的工伤待遇和赔偿部分，由用人单位承担主要责任、劳动者自负次要责任。

1.5.2　冒用人或借用人 18 周岁以上，单位依法已为其办理工伤保险参保手续的，法定由社保基金承担的工伤待遇和赔偿部分，由用人单位承担次要责任、劳动者自负主要责任。

1.5.3　用人单位未依法为冒用人或借用人办理工伤保险参保手续的，由用人单位承担法律规定的工伤待遇和赔偿全部责任。

春秋微言：冒用他人身份、借用他人身份入职的案例中，用人单位未尽审核义务，将面临重大风险。以案说法：［（2017）浙 11 民终 155 号］。

由于丽水某公司对员工涂×身份证上的名字和公司人事登记的名字没有尽到核实义务，浙江省丽水市中级人民法院判决维持原判，即公司应于一审判决生效之日起十日内支付涂某工伤待遇赔偿款人民币 44098.9 元。

春秋微言：建立职工名册有什么作用？

（1）劳动争议时举证所用。

（2）可全面了解并有针对性地管理特定职工。

（3）避免使用童工及对将达退休年龄人员进行有效管理。

（4）查漏补缺、文件送达。

（5）可以证明劳动关系的建立即可能的二倍工资的起算时间。

（6）可以有效证明工龄。

2. 如何规避危害巨大的"应聘欺诈"

2.1 "应聘欺诈"的典型情形：

◆ 隐瞒年龄、健康、学历、履历等；

◆ 伪造各类证书及其他证明文件；

◆ 双重或多重劳动关系。

2.2 "应聘欺诈"的法律风险：

◆ 劳动合同全部或部分无效；

◆ 合同虽然无效，仍需支付报酬〔《最高人民法院关于审理劳动争议案件适用法律问题的解释（一）》（法释〔2020〕26 号）第 41 条〕；

◆ 非法用工引致的行政处罚风险；

◆ 双重劳动关系及竞业限制义务导致的连带赔偿责任。

春秋微言：严防双重劳动关系及竞业限制义务导致的连带赔偿责任——

Then give to Caesar what is Caesar's, and to God what is God's. ——《圣经》上帝的归上帝，恺撒的归恺撒；老毕的归老毕。这就是说：一单还一单，一码归一码；新用人单位既无责任义务，也无情理基础去承继旧用人单位施加的上述责任义务——而这，正是 HR 对求职者进行背景调查的底层逻辑需要。

2.3 "应聘欺诈"的风险防控实操：

◆ 明确公示录用条件；

◆ 劳动者承诺《入职申请表》的填写内容均真实、合法、有效；

◆ 进行背景调查；

◆ 规章制度对虚假年龄、健康、学历、履历的后果进行了相应规定；

◆ 要求提交离职证明及承诺未承担竞业限制义务；

◆ 人证一致、如证建档。

春秋微言：

（1）用人单位做足形式审查，一般即可免于承担因双重劳动关系或保密与竞业限制导致的连带责任。

（2）在试用期期间，劳动者伪造或虚构年龄、健康、学历、履历情况等违反劳动者义务、诚实义务的，一般情况下，用人单位可依法无偿解除劳动关系，但应采取审慎方式。

（3）转为正式职工或工龄较久的劳动者，用人单位发现其在入职时伪造或虚构年龄、健康、学历、履历情况等违反劳动者义务、诚实义务的，能否依法无偿解除劳动关系，各地司法实践标准不一，且司法实践经验也受限于个案实际情况，因此建议审慎行动，或以律师意见为参考。

3. 员工伪造学历入职，可以解除劳动合同吗

春秋微言：诚信立身，职场公平，应当而且必须从打假开始。诚如严复先生所云，华风之弊，八字尽之——始于作伪，终于无耻。

3.1　诚实守信是劳资双方均须遵守的基本行为准则或职业准则，劳动者以欺诈手段签订的劳动合同自始完全无效，因此，用人单位当然可以单方面无偿解除劳动合同。这意味着，如果劳动者在签订劳动合同时没有如实介绍自己的工作经历、学历、技能等信息，导致用人单位因误解而录用的，可以单方面无偿解除。

3.2　劳动者的虚假学历只有对用人单位的录用决定产生重大影响时才能构成欺诈，由此签订的劳动合同方属无效。如果在试用期期间发现劳动者提供虚假学历，用人单位可以立即解除劳动合同而无须承担任何风险；但如果劳动者已经通过了试用期并转正，用人单位就不能仅仅因为虚假学历而解除劳动合同——因为你将难以自圆其说，即必须同时证明劳动者既满足你的工作要求，又不符合你的录用条件。

3.3　员工伪造学历入职，单位发出的工资可以收回吗？

春秋微言：司法裁判上的分歧。

（1）双方劳动合同无效，但属事实劳动关系；干活给钱，天经地义；发出去的工资，泼出去的水，收不回（广东佛山，财务总监伪造学历，但工资仍需足额支付）［（2021）粤06民终16243号］。

（2）若学历是员工所任岗位的必然性要求，或基于行业的特殊性因素等情形，用人单位之诉请可能退回部分工资；若员工所任为一般岗位，用人单位诉请退回工资的，司法实践上一般不予支持。

（3）然而，江西上饶的UI设计师，并非一般岗位，却狂赢官司［（2021）赣11民终2577号］。

（4）那么，员工提供虚假信息入职究竟是否必然导致劳动合同无效？

并非必然，或并非一定可以解除，需要考虑该虚假信息对企业录用、合同履行、工作内容等是否存在实质影响和不利因素，否则很难得到支持。

但如果按照不诚信行为给予员工劳动纪律处分则相对稳妥，或将其违反诚信之行为界定为严重违纪违规——予以无偿解除劳动合同，则毫无瑕疵。

4. 新员工入职第一年能否享受带薪年休假

《职工带薪年休假条例》第2条："职工连续工作1年以上的，享受带薪年休假。"

4.1　北京：只要曾经连续工作满12个月。

4.2　上海：入职新用人单位前，需要连续存在满12个月以上的劳动关系。

4.3　广州：连续工作1年以上。

4.4　深圳：进入新公司前不能有中断就业，前后两个单位必须无缝对接。

4.5　重庆：进入新公司前的中断就业时间不能超过一个月。

春秋微言：实操指引。

（1）按自然年度、职工在该自然年度的工龄，折算在职职工年休假天数。

（2）在春节7天之外的休假期间统一安排为对应天数年休假。

（3）或将发生不可抗力（如疫情）而无法工作期间调整为对应天数年休假。

5. 劳动者应聘期间/入职之后提供虚假资料/履历的风险应对

5.1　由劳动者在其提供之应聘资料上填写如下声明。

"此应聘资料中的健康证明、学历证明、资格证明、工作履历等均由本人提供，真实合法；如有虚假或欺诈，愿接受无偿解除劳动合同之处分；因此给用人单位造成损失的，愿意承担相关赔偿责任。

本资料提供日期：××××年××月××日（签名）。"

5.2　劳动者在办理入职手续提交身份证件、健康证明、学历证明、工作履历等个人信息时，用人单位应审验原件；劳动者在所提交材料原件或复印件上签名、按指印。

5.3　劳动者提供虚假资料或履历的潜在风险：

5.3.1　可能构成欺诈，导致用人单位在订立劳动合同时作出误判，承担不利后果。

5.3.2　可能构成违约，导致用人单位无法按照劳动合同约定履行义务，蒙受经济损失。

5.3.3　可能构成侵权，导致用人单位遭受名誉损害，承担经济损失风险。

5.4　实操指引：

5.4.1　严格审查，确保其所提供资料的真实性和准确性。

5.4.2　构成欺诈行为的，可依法解除劳动合同，并要求其承担相应责任。

5.4.3　构成违约行为的，可要求其承担违约责任及赔偿经济损失。

5.4.4　构成侵权行为的，可要求其承担侵权责任及赔偿经济损失。

6. 用人单位与劳动者关于入职后唯一有效通信送达地址的约定

甲方（用人单位）向乙方（劳动者）发出的与双方劳动合同履行相关的合同附件、通知通告、补充协议或其他相关文件等——

甲方以中国邮政特快专递寄出的，以甲方留存单据作为确认文本；在甲方交付中国邮政后最迟 7 日应被视为乙方之收件日期。

甲方以电子邮件发出的，甲方发送邮件系统显示已发送，即视为送达；甲方发件系统所记录的发出时间即为送达时间。

双方劳动合同履行期间，乙方于甲方之唯一有效通信送达地址及联系方式——

乙方送达地址：

乙方电子邮箱：

乙方联系电话：

若乙方上述唯一有效通信送达地址及联系方式发生变更，乙方应在变更之后三日内及时书面通知甲方，否则甲方视为上述已有的通信送达地址及联系方式为乙方唯一有效的沟通联络渠道；甲方向上述地址及联系方式寄出的文件、发出的邮件、发出的信息等即视为有效送达。

甲方签名：　　　　　　　　　　　　乙方签名：

日期：×××年××月××日　　　　　日期：×××年××月××日

春秋微言：乙方有效通信送达地址及联系方式的 5 个重要补充说明。

（1）一般以劳动合同中约定的住址、户籍地址、直系亲属住址为邮寄送达地址；邮寄送达无论签收、拒收、无法投递被退回，合理时间内连续 2 次邮寄，皆可视为主动履行了送达或催告义务。

（2）电子送达方式，手机通话录音、短信、实名且常用微信或书面确认的微信、电子邮箱送达方式，为次有效送达方式。

（3）员工未失联的情况下，用人单位未穷尽其他手段，即采用邮寄送达、非即时通信工具的电子送达等方式，司法实践上一般会裁判为无效送达。

（4）约定送达地址及方式，目的在于员工发生失联、自离、旷工等情形下，确保用人单位能有效履行催告义务，即在催告无效后依法解除劳动关系的通知送达具有有效性，避免此后双方劳动关系处于未终结状态，以致用人单位可能持续承担劳动关系存续期间的义务（如疾病期间工资等）。

（5）约定送达地址及方式，目的还在于员工发生自离、旷工、劳动争议后不再返岗，或反诉用人单位违法解除并主张赔偿金时，用人单位可用邮寄或电子送达方式的凭证或记录，来证明并非单位解除劳动合同。

经典案例一

1.2009 年 4 月 27 日，訾（zī）××入职江苏昆山××公司时填写的毕业学校为山东省东阿县职业技术学校，学历为中专。2016 年 4 月公司在人事档案抽查中发现訾××学历证件疑点后即行核查。同年 5 月 24 日，公司以"伪造学历、填写虚假资料"为由与其解除劳动合同。

2. 訾××诉求：请求公司支付违法解除劳动合同的赔偿金。

3. 公司主张及证据：

（1）东阿县教育局出具的证明，证明该县境内没有该学校。

（2）公司 2015 年版本的《员工手册》中规定：员工提供虚假身份证件、学历证件、健康证件、离职证明等欺骗公司者，公司可以无偿解除劳动合同。

（3）訾××入职时的《新员工训练计划表》及《新员工考核试卷》，证明其知晓公司规章制度。

4. 员工一审败诉，二审时主张：入职时公司未予告知、未尽审查义务；其入职是 2009 年，《员工手册》是 2015 年的版本，故不适用于本人；2009 年学历造假、2016 年进行处分，明显超出法定时效。

问题：訾××的诉求能否得到支持？

一审法院判词：

1. 訾××对公司提供的东阿县教育局出具的学历证明不予认可，但又未能提供合理解释予以反证，故认定其提供了虚假的毕业证书，填写了虚假的学历。

2. 公司提供的《员工手册》《新员工训练计划表》及《新员工考核试卷》，证明訾××已了解《员工手册》的内容。

3. 公司在规章制度中明确载明员工提供虚假学历可以解除劳动合同，并在訾××违反该制度的情况下予以解除，故不构成违法解除。

二审法院判词［（2017）苏 05 民终 100 号］：

1. 订立劳动合同应当遵循诚实信用原则，采用欺诈手段所订合同应属无效。訾××入职时提供了虚假的学历证书，其行为已构成欺诈，故公司解除劳动合同行为合法有据。

2. 公司《员工手册》规定：劳动者提供虚假学历证件的，公司可解除劳动合同。訾××在入职时已对《员工手册》进行了学习和签收，故对相关规定理应清楚。

3. 公司于 2016 年 4 月人事档案抽查中发现訾××学历证件疑点后即行核查，并于当年 5 月 24 日解除劳动合同，没有超出法定时效一年。

综上，公司解除劳动合同依法有据，无须支付解除劳动合同赔偿金。

春秋微言：该判决告诉我们——

（1）规章制度只有在员工知晓的情形下才能对其产生效力——而知晓的表现形式包括但不限于签收、培训、送达等。

（2）诚实信用原则是常见的裁判依据。

（3）劳动仲裁的时效期间为 1 年，它与刑事案件的追诉期，例如杀人、强奸等罪不同，超过 20 年则不再追究刑事责任——（《中华人民共和国刑法》第 87 条）。

春秋微言：劳动关系中的常见时效期间——

（1）劳动仲裁：1年。

（2）劳动仲裁的举证期限：10日。

（3）一审举证期：15日。

（4）起诉/上诉期：15日。

（5）未休年休假工资/加班费追讨：适用特殊仲裁时效即自劳动关系终结之日起计算一年的时效——原来仅有因拖欠劳动报酬如加班费发生争议的适用特殊仲裁时效。因此，用人单位应当保留自劳动者入职以来享受带薪年休假的相关记录［《最高人民法院关于审理劳动争议案件适用法律问题的解释（二）》（征求意见稿）第五条］。

（6）工伤申请：用人单位需要在30日内申请；工伤职工或其近亲属等需要在一年内申请。

春秋微言："时效"规则在劳动争议中的适用——

（1）劳动争议的仲裁时效为1年（拖欠劳动报酬纠纷不受1年限制），民事纠纷的普通时效一般为3年。

（2）当事人未提出仲裁时效抗辩，人民法院不应对仲裁时效问题进行释明［《最高人民法院关于审理劳动争议案件适用法律问题的解释（二）》（征求意见稿）第二条］。

（3）当事人在仲裁期间未提出仲裁时效抗辩，在一审期间提出仲裁时效抗辩时，人民法院不予支持，但其基于新的证据能够证明对方当事人的请求权已超过仲裁时效期间的情形除外。

当事人未按照前款规定提出仲裁时效抗辩，以仲裁时效期间届满为由申请再审或者提出再审抗辩的，人民法院不予支持［《最高人民法院关于审理劳动争议案件适用法律问题的解释（二）》（征求意见稿第三条）］。

经典案例二

1. 周××于2012年3月应聘至山东禹城××公司处工作，为其生产员工，双方签订了劳动合同。2020年5月，周××怀孕，遂因健康原因与公司协商调岗，公司未许，双方发生争议。后公司于同年12月10日以周××"提供虚假学历"为由，单方解除劳动合同。

2. 周××证据：仲裁裁决书、劳动合同、上岗证、B超医学影像诊断报告、解除劳动合同通知书。其诉求为：公司违法解除劳动合同，仲裁裁决错误；请求法院查清事实，并提出如下请求。

（1）判令公司支付违法解除劳动合同赔偿金38214元。

（2）判决公司支付带薪年休假工资2928元。

3. 公司辩称：

（1）周××提供了虚假的学历证明材料，并在公司要求其补正时拒不配合，且当众顶撞领导、扰乱生产秩序、存在旷工行为等。公司无奈在征得工会同意后，依法解除劳动关系。

（2）公司已安排周××带薪年休假。公司向法庭提供了人力需求申请表、职位说明书、职位申请表、考勤记录表等 11 份证据材料。

问题：周××的诉求能否得到支持？

法院判词 ［（2021）鲁 1482 民初 726 号］：

1. 公司主张周××提供虚假学历，但未能提供证据证明其虚假学历不能匹配其工作岗位或在工作考核中不称职，且公司在试用期期间应对员工提供的学历信息进行审查核实，并在合理期限内对劳动合同效力作出判定，而不能在员工入职多年后以其在入职时提供虚假学历为由解除劳动合同。

2. 结合双方续签劳动合同的事实，可以认定公司对周××的工作能力是认可的。

3. 故公司以周××入职时的学历虚假为由解除劳动合同，虽经单位工会委员会同意，亦应依法认定公司系违法解除劳动合同。

春秋微言：该判决告诉我们——

（1）女性"三期"暨健康原因是合法、合理的调岗依据之一。

（2）公司单方解除劳动合同，必须通知工会，此乃法定程序，否则视为违法解除。

（3）公司既不能证明员工虚假学历不能匹配其工作岗位，又不能证明其在工作考核中不称职，且长达 8 年时间未对劳动合同效力作出判定，那么：

试用期期间发现虚假学历，立即解除毫无风险；久拖未决只会使自己陷入两难——既不能证明员工不胜任/不称职，又不能证明其虚假学历与不胜任/不称职之间有关系。

转为正式职工或工龄较久的劳动者，发现其在入职时伪造或虚构年龄、健康、学历、履历等违反劳动者义务、诚实义务的，无偿解除劳动合同是否合法，各地司法实践标准不一。

第二章
劳动合同订立中的法律知识要点与风险防控

1. 关于未签订劳动合同的二倍工资处罚的6个问题
2. 如何与"临时工(非全日制用工)"签订用工合同
3. 未签劳动合同但无须支付双倍工资的例外案例
4. 劳动合同签订中的10大"坑爹"事件
5. 制式劳动合同中没有但又极其必要的约定条款
6. 完美劳动合同13式

(经典案例三、四)

1. 关于未签订劳动合同的二倍工资处罚的6个问题

1.1 未签订劳动合同的二倍工资赔偿最多适用几个月?

11个月。满12个月仍未签订劳动合同,视为已订立无固定期限劳动合同。

春秋微言:典型案例。

(1)辽宁沈阳:判决公司支付未签订书面劳动合同的二倍工资差额42706元〔(2023)辽01民终6108号〕。

(2)广东广州:判决公司支付未签订劳动合同的二倍工资差额28906.67元、经济补偿金4085.3元〔(2023)粤01民终8925号〕。

1.2 续签劳动合同而未签,是否也适用上述二倍工资罚则?

适用。

1.3 企业未签劳动合同,补签或倒签有效吗?

春秋微言:"补签"与"倒签"的区别在于签订劳动合同的落款日期是否与实际签订日期一致;倒签的签订日期是劳动关系建立之初的时间,补签的签订日期是签订的当前日期。

1.3.1 只要不违反《劳动合同法》的禁止性规定,应属合法有效。

1.3.2 用人单位与劳动者协商一致后补签,应属有效。

1.3.3 实践中存在分歧,笔者倾向于认为合法有效,应视为双方自始签订了劳动合同。

春秋微言：补签及倒签的各地司法裁判口径——

（1）双方属于倒签，不支持二倍工资。

（2）双方属于补签，且补签的日期到实际用工之日，原则上不支持二倍工资，除非存在欺诈、胁迫、乘人之危等非真实意思表示情形；若补签的日期未到实际用工之日，则依法支持二倍工资。

（3）无论属于倒签还是补签，只要是双方真实意思表示，则依法不予支持二倍工资。

（4）实际判例之支持二倍工资的省市。

◆ 北京：未"倒签"到实际用工之日，实际用工之日与补签之日间相差的时间，二倍工资可以支持［（2022）京02民终11025号］［（2021）京0108民初55472号］。

◆ 江苏：未补签至实际用工日，支持二倍工资［（2021）苏13民终663号］。

◆ 福建：支持二倍工资［（2020）闽0582民初11757号］。

◆ 山东乳山：补签＝未签，支持二倍工资［（2023）鲁10民再5号］。

（5）实际判例之不支持二倍工资的省市。

◆ 山东烟台："倒签"合同，二倍工资不予支持。

◆ 北京：将日期"倒签"到实际用工之日，二倍工资不予支持［（2019）京民申5536号］。

◆ 广东：补签的劳动合同期限包含未签的期限，不支持二倍工资［（2018）粤民申9328号］；倒签劳动合同的，不支持二倍工资［（2017）粤民申78号］。

◆ 深圳："倒签"日期在法定期限之内或者双方约定的劳动合同期间包含了已经履行的事实劳动关系期间的，二倍工资不予支持。

◆ 四川："倒签"至实际用工之日，二倍工资不予支持。

◆ 安徽："倒签"合同，二倍工资不予支持。

◆ 山西：不予支持［（2015）晋民初字第2182号］。

◆ 江苏：不予支持［（2021）苏0706民初8370号］［（2022）苏07民终1419号］。

（6）实际判例之视实际情况而定，支持/不支持二倍工资的省市：北京、江苏、山东、深圳、东莞、江西、四川、陕西。

1.4 《中华人民共和国民法典》（以下简称《民法典》）第143条规定，补签合同具备下列条件的，民事法律行为有效：

（1）补签合同的当事人具有相应的民事行为能力。

（2）补签合同的当事人意思表示真实。

（3）补签合同的内容不违反法律、行政法规的强制性规定，不违背公序良俗。

春秋微言：补签、倒签劳动合同，而需避免二倍工资处罚的正确做法。

（1）首次订立（新订）劳动合同的，补签、倒签的劳动合同期限开始日期为入职日期，结束日期必须晚于、等于（离职时补签或倒签的）职工在职的日期，即劳动合同的期限应包含职工在职期间。

（2）续订劳动合同的，补签、倒签的劳动合同期限开始日期为上一期劳动合同期满的次日，结束日期必须晚于、等于（离职时补签或倒签的）职工在职的日期，即劳动合同的期限应包含职工在职期间。

（3）首次订立（新订）劳动合同的落款日期必须为入职日期，续订劳动合同的落款日期必须为上一期劳动合同期满的次日。

春秋微言：不予支付未订立书面劳动合同第二倍工资的情形有哪些？

《最高人民法院关于审理劳动争议案件适用法律问题的解释（二）》（征求意见稿）第十四条——

因下列情形未订立书面劳动合同，劳动者请求用人单位支付未订立书面劳动合同第二倍工资的，人民法院不予支持：

（一）因不可抗力导致未订立的；

（二）因劳动者自身原因未订立的；

（三）因存在《劳动合同法》第四十五条、《劳动合同法实施条例》第十七条、《工会法》第十九条规定的情形，在劳动合同期满续延期内未订立的；

（四）法律、行政法规规定的其他情形。

春秋微言：劳动合同期满后继续用工责任由谁来负？

《最高人民法院关于审理劳动争议案件适用法律问题的解释（二）》（征求意见稿）第二十四条——

劳动合同期满后，劳动者仍在用人单位工作，用人单位未表示异议超过一个月的，人民法院可以视为双方以原条件续订劳动合同，用人单位应当与劳动者补订书面劳动合同。

符合订立无固定期限劳动合同的，人民法院可以视为双方之间存在无固定期限劳动合同关系，并以原劳动合同确定双方的权利义务关系。

用人单位解除劳动合同，劳动者请求用人单位依法承受解除劳动合同法律后果的，人民法院应予支持。

**春秋微言：在所有企业最蠢行为排行榜中，前三位分别是不签劳动合同、不签劳动合同、不签劳动合同。你想要的，如延长或规避试用期、节省工资支出、逃避五险一金等，必定鸡飞蛋打，完全落空；而你不想要的，一个都不会少！比如最长11个月的双倍工资罚则，比如视为无固定期限劳动合同，比如员工可以根据《劳动合同法》第38条第（3）款即"未依法为劳动者缴纳社会保险费的"，解除劳动合同。是故，春秋诗云。

> 有树欲静风不止，
>
> 抽刀断水水更流。
>
> 一纸合同本无碍，
>
> 何故无事去找抽？

1.5　员工在关联企业间调动而未签劳动合同，是否适用二倍工资罚则？

不适用。

春秋微言：司法判例总结。

◆ 企业混同经营、混同用工，或员工在集团下属企业之间调动用工，未订立劳动合同的，以其中一家企业确立劳动关系，进而对该企业适用二倍工资罚则。

◆ 员工同时向混同经营、混同用工的多家企业或集团下属多家企业主张二倍工资的，只能确立员工与其中一家企业成立劳动关系、主张一家企业的二倍工资，而不能同时向多家企业主张二倍工资。

1.6　未签订劳动合同的二倍工资是按什么标准计算的？

按全部实得工资计算，包括基本工资、**加班工资**、奖金、津贴等及个人税费。

扣除**加班工资**、提成工资，以基本工资、岗位工资、津贴、补贴等作为计算基数。

春秋微言：经济补偿金的计算标准中，是否包含加班工资，司法裁判有分歧。

◆ 部分包含加班费的地区：北京、深圳、江苏、杭州。

◆ 部分不包含加班费的地区：四川、上海。

◆ 未明确的地区：浙江、东莞。

1.7　员工可以随时主张未签订劳动合同的二倍工资处罚吗？

向前倒推一年有效。

2. 如何与"临时工（非全日制用工）"签订用工合同

自1995年起，法律上再无"临时工"一说，其实质就是非全日制用工。

2.1　合同形式：劳动合同，书面、口头均可。

2.2　工作时间：平均每日工作时间不超过 4 小时，每周累计不超过 24 小时。

2.3　工资形式和标准：计时/计件工资；小时计酬不得低于当地最低小时工资标准。

2.4　工资发放：不得超过 15 日。

2.5　加班费/年休假：没有。

2.6　社保购买。

春秋微言：《劳动和社会保障部关于非全日制用工若干问题的意见》（劳社部发〔2003〕12 号）第 10 条、第 11 条、第 12 条。

◆ 基本养老保险原则上参照个体工商户的参保办法执行。

◆ 基本医疗保险以个人身份参加。

◆ 工伤保险费由用人单位缴纳。

2.7　试用期：不得约定试用期。

2.8　经济补偿：任何一方均可随时通知对方终止用工且无须支付经济补偿。

2.9　劳动关系：允许劳动者建立双重或多重劳动关系。

2.10　备案手续：用人单位招用非全日制工，应在录用后到当地劳动保障行政部门办理录用备案手续。

3. 未签劳动合同但无须支付双倍工资的例外案例

3.1　负有组织订立劳动合同职责的职工、负有管理劳动合同档案职责的职工、企业人事总监/经理/主管。

◆ 福建厦门：人事主管。

◆ 山东菏泽：人事高管〔（2022）鲁 17 民终 3174 号〕。

◆ 广东深圳：总经理〔（2018）粤 03 民终 20331 号〕。

◆ 广东佛山：人事行政负责人〔（2023）粤 06 民终 2619 号〕。

春秋微言：实践中大多数地区适用上述标准，但企业不得据此认为便无须与此类职工订立劳动合同。司法实践是变化的，是双方利益的动态博弈，因此，仍然建议签订劳动合同。"以案说法"——

公司总经办主任田×，一方面作为公司人力资源管理负责人，为总经办 12 名同事签订了劳动合同，却故意不履行代表公司与自己签订劳动合同的工作职责，明显具有恶意规避劳动合同签订、进而向公司追讨未签劳动合同双倍工资之目的。

然而，经一审二审后，法院依然以田×任职人事经理时间滞后于劳动合同签订时间，以及公司未提供充分证据证明未签劳动合同乃田×原因所致为由，判决公司向田×支付未签劳动合同的双倍工资60000元［（2021）赣07民终667号］。

3.2 高级管理人员未签（广东惠州）。

3.3 劳动者故意不签（用左手签字或通过替身来代签/广东惠州）。

3.4 其他客观原因：工伤停工留薪期间、产假或哺乳假期间、患病或非因工负伤病假期间，以及不可抗力等客观因素。

3.5 劳动合同被认定为无效后。

春秋微言：未订立书面劳动合同第二倍工资的计算方式是什么？《最高人民法院关于审理劳动争议案件适用法律问题的解释（二）》（征求意见稿）第四条——

用人单位未依法与劳动者订立书面劳动合同的，应当支付劳动者的第二倍工资按月计算。不满一个月的，按该月计薪日计算。

4. 劳动合同签订中的10大"坑爹"事件

TOP1：违法约定试用期或试用期约定过长（均须承担赔偿责任）。

◆ 一年期劳动合同，试用期超过一个月。

◆ 三个月以下的劳动合同也约定试用期。

◆ 同一员工二次入职时重新约定试用期（包括不同岗位、晋升、多年以后再入职等）。

TOP2：与非劳动关系人员（退休人员、在校生、实习生、童工等）签订劳动合同。

TOP3：逾期签订劳动合同。

TOP4：工资约定过于简单（未将基本工资、加班工资、绩效工资等细化，有员工二次追讨加班工资之风险）。

TOP5：未约定员工给用人单位造成损失时应承担赔偿责任的相应条款（届时企业可能在员工造成损失需要赔偿时无法可依）。

TOP6：员工没有当面签订劳动合同（有代签之风险）。

TOP7：员工在劳动合同上只签名未加按指印。

TOP8：员工只在劳动合同尾页签名，未在骑缝处签名及加按指印。

TOP9：劳动合同内容随意手动涂改，且涂改处没有加盖印章及加按指印。

TOP10：劳动合同保管不善，导致合同丢失或被他人恶意取走或损毁（有未签劳动合同之风险）。

5. 制式劳动合同中没有但又极其必要的约定条款

5.1 双方关于部分特殊岗位劳动者（如高级管理人员、高级技术人员、销售、客服等）工作地点的约定。

乙方的主要工作地点为××××，乙方理解：由于甲方是在全国/全省范围内均设有办公场所的集团企业，乙方同意根据甲方的工作需要派驻到甲方的其他办公场所所在地工作；上述办公场所所在地包括但不限于××××、×××
×、××××等地。

5.2 双方关于劳动者加班的约定。

甲方可以根据工作需要安排乙方加班；如乙方因工作需要确需加班，应及时向甲方提交书面加班申请，写明加班原因，在取得甲方的书面同意后加班。

甲方安排或书面同意乙方加班的，甲方应当依照其加班制度和国家相关规定安排乙方倒休或支付加班费，法律法规规定可以不支付的除外。

5.3 双方关于唯一有效通信送达地址的约定。

甲方（用人单位）向乙方（劳动者）发出的与双方劳动合同履行所相关的合同附件、通知通告、补充协议或其他相关文件等——

甲方若以中国邮政特快专递寄出的，以甲方留存单据作为确认文本；在甲方交付中国邮政后最迟 7 日应被视为乙方之收件日期。

甲方若以电子邮件发出的，甲方发送邮件系统显示已发送，即视为送达；甲方发件系统所记录的发出时间即为送达时间。

双方劳动合同履行期间，乙方于甲方之唯一有效通信送达地址及联系方式为——

乙方送达地址；

乙方电子邮箱；

乙方联系电话；

若乙方上述唯一有效通信送达地址及联系方式发生变更，乙方应在变更之后三日内及时书面通知甲方，否则甲方视为上述已有之通信送达地址及联系方式为乙方的唯一有效沟通联络渠道；甲方向上述地址及联系方式寄出之文件、发出之邮件、发出之信息等即视为有效送达。

甲方签名：　　　　　　　　　　乙方签名：

日期：××××年××月××日　　　日期：××××年××月××日

5.4 双方关于试用期期间可以无偿解除劳动合同的约定。

试用期内，乙方有下列行为之一的，视为"不符合录用条件"，甲方有权无偿解除劳动合同。

5.4.1 提供虚假证件，虚构或隐瞒年龄、健康、学历、履历等情形的。

5.4.2 不能完成工作任务或不能达致工作目标的（试用期开始时，书面约定试用期合格的标准、任务、目标）。

5.4.3 职业技能/试用期考核不合格的（试用期开始时，书面约定考核标准）。

5.4.4 患有不宜从事岗位工作的疾病的。

5.4.5 违反规章制度或操作规程的。

5.4.6 违反公序良俗的（家暴、拒绝赡养老人、出轨等）。

春秋微言：关于劳动合同的约定与承诺。

（1）劳动合同约定与法律规定冲突，适用有利于劳动者的约定［（2014）二中民终字第6751号］［（2013）二中民终字第17274号］。

（2）劳动合同约定与单方承诺不一致，适用有利于劳动者的单方承诺［（2017）京02民终6959号］。

（3）招聘广告关于"可办社保"的承诺，可被认定为用人单位建立劳动关系的意思表示［（2021）吉04民终63号］。

（4）未经协商一致订立的外包合同，不改变用人单位与劳动者之间原有的劳动关系［（2023）吉05民终38号］。

6. 完美劳动合同13式

（1）明晰员工分类。

（2）明确劳动合同主体（劳动合同单位、工资表和支付单位、社保参保单位、离职手续单位均应明确统一为同一个单位）。

（3）确定劳动合同期限。

（4）约定试用期（期限/次数）。

（5）弹性约定工作地点（宜面不宜点；与岗位相结合）。

（6）约定工作岗位（中小企业宜面不宜点）。

（7）明晰劳动报酬（3P+1M的付薪理念，见本书第四章第1.8节下"春秋微言"）。

（8）约定社会保险（特指深圳：新型农村社会养老保险，简称新农保；新型农村合作医疗保险，简称新农合；可约定已购买新农保者不再购买养老保险）。

（9）约定违约赔偿责任。

（10）约定保密或竞业限制条款（同时约定：员工离职后是否继续履行保密与竞业限制义务，应以公司书面通知为准；离职时公司有通知则继续履行义务，否则无须履行）。

（11）约定规章制度作为劳动合同附件（民主、合法、公示原则）。

（12）约定工作交接条款。

（13）约定通信送达地址。

春秋微言：有此 13 条要件，一可保自拟劳动合同合法、合理、合情、合规；二可保劳动关系和谐，双方皆大欢喜；三可保文本名副其实，具有法律效力。

经典案例三

1. 卢××与浙江平湖××公司于 2007 年 7 月 4 日签订了第一份固定期限劳动合同；2008 年 10 月 20 日，双方再次签订了一份固定期限劳动合同，约定合同终止日期为 2011 年 10 月 28 日；2011 年 10 月 28 日合同到期后，卢××仍在公司工作，但双方未续签劳动合同。

2. 双方约定解除劳动合同须提前三十日以书面形式向公司提出，如未提出又不办任何请假手续但未上班的，作自动离职处理。

3. 卢××2012 年 2 月 25 日下午后，不再到公司工作。公司向其发放工资至 2012 年 2 月 29 日。

4. 卢××诉求：要求公司支付未签订无固定期限劳动合同的双倍工资、违法解除劳动合同的经济赔偿金。

5. 公司主张：卢××严重违反劳动纪律，公司暂时不与其签劳动合同属事出有因；卢××无正当理由，未办理相关手续，长期不上班的行为，应视为单方解除劳动合同，故按自动离职处理，公司应无须支付赔偿金。

问题：卢××的诉求能否得到支持？

法院判词 [（2012）嘉平民初字第 1061 号]：

卢××在 2012 年 2 月 25 日上了半天班后，不再到公司工作。卢××无正当理由，未办理相关手续，长期不上班的行为，应视为单方解除劳动合同，公司按其自动离职处理，并发放原告的工资至 2012 年 2 月 29 日，未违反相关法律规定，故公司无须支付违法解除劳动合同的赔偿金。

双方连续签订两次书面劳动合同后，卢××仍在公司工作，公司应当依法与卢××签订无固定期限的劳动合同。但直至卢××离职，双方也未签订书面劳动合同，故公司应支付从 2011 年 11 月—2012 年 2 月因未续签无固定期限劳动合同的二倍工资。

春秋微言：该判决告诉我们——

双方连续订立两次固定期限劳动合同后，且劳动者没有第 39 条（用人单位可以解除劳动合同的 6 种法定情形）和第 40 条第 1 项、第 2 项（不胜任、患病或非因工负伤导致的不胜任）规定的情形，续订劳动合同的，用人单位应当依法与劳动者签订无固定期限劳动合同——《劳动合同法》第 14 条第（3）款。

经典案例四

1. 刘××于2016年8月25日入职广东深圳××公司，任职总经理，月工资15000元，双方未签订书面劳动合同。后双方因解除劳动关系产生争议。员工要求公司支付：

◆ 离职前3个月工资45000元。

◆ 违法解除劳动关系赔偿金45000元。

◆ 未签劳动合同双倍工资150000元。

◆ 律师费5000元。

2. 员工主张：其在公司工作至2017年9月30日，但公司未支付其2017年7月至9月工资；公司违法解除劳动关系，且未与其签订劳动合同。

3. 公司主张：

◆ 刘××最后工作日为2017年8月30日，因向公司有借款，故未支付其2017年7月至8月工资。

◆ 公司未与其解除劳动关系，系刘××主动离职。

◆ 未签订劳动合同过错在刘××，故不应支付双倍工资。

问题：刘××的诉求能否得到支持？

一审法院判词［（2018）粤0304民初16596号］：

1. 公司向刘××支付2017年7月至9月工资45000元。

2. 公司向刘××支付解除劳动合同关系的经济补偿金22500元。

3. 公司支付刘××未签订劳动合同的双倍工资差额147413.79元。

二审法院判词［（2018）粤03民终20331号］：

1. 用人单位应对劳动者工作时间承担举证责任，因公司未能有效举证，应承担不利后果，故刘××最后工作时间为2017年9月30日，且工资与借款属于不同的民事法律关系，不可直接相互抵销。

2. 对于解除劳动关系的原因，双方均未提交证据予以证明，故依照公平原则认定系双方协商一致解除。

3. 未签订劳动合同，应支付双倍工资。

驳回公司上诉，维持一审判决。

再审法院判词［（2020）粤民再327号］：

1. 《劳动合同法》关于未签劳动合同双倍工资的条款，其立法目的在于引导单位规范用工，积极签订劳动合同，以实现劳动用工关系的规范有序，和谐稳定。

2. 根据查明的事实，刘××在公司任总经理，全面负责公司的经营，公司没有专职HR主管，故其工作职责范围应该包括代表公司依法与劳动者签订劳动合同。

3. 刘××主张公司应向其支付未签合同的二倍工资差额，既缺乏事实与法律依据，亦与社会主义核心价值观相悖，本院不予支持。

二审法院判决公司向刘××支付未签订劳动合同的二倍工资差额147413.79元，处理不当，本院予以纠正。

春秋微言：该二审及再审判决告诉我们——

（1）员工工资与员工借款属于不同的民事法律关系，故实操中不可直接相互抵销。

（2）双方均无法证明劳动者离职原因的，可视为用人单位提出且经双方协商一致解除劳动合同，故应向劳动者支付经济补偿金。此点，广东、北京、重庆裁判口径高度一致。

（3）本章第3条"未签劳动合同但无须支付双倍工资的例外案例"中列举"负有组织订立劳动合同职责的职工、负有管理劳动合同档案职责的职工、企业人事总监/经理/主管（福建厦门/广东深圳案例）"，所指便是此例。

（4）社会主义核心价值观：富强、民主、文明、和谐、自由、平等、公正、法治、爱国、敬业、诚信、友善，亦是司法裁判依据之一。

第三章
试用期中的法律知识要点与风险防控

1. 劳动者因事假/病假等原因延长试用期的法律实务
2. "无薪试岗"的风险
3. 试用期常见问题 8 问
4. 试用期以"不胜任工作"为由解除劳动合同的风险
5. 防止试用期违法解除劳动合同的 3 条基本措施
6. 态度、一般态度与工作满意度

（经典案例五、六）

1. 劳动者因事假/病假等原因延长试用期的法律实务

1.1　策略一：实操四要点。

1.1.1　试用期满前提出延长。

1.1.2　双方协商一致。

1.1.3　试用期与合同期匹配。

1.1.4　延长后的试用期总长最多不超过六个月。

1.2　策略二：在劳动合同中预设中止条款。

"试用期内，乙方因个人原因（事假、患病或非因工负伤）超过 15 个工作日无法到岗工作的，试用期中止；待乙方重回岗位工作后，恢复劳动合同并继续履行试用期的权利义务，而乙方的试用期则作相应顺延。"

1.3　策略三：在劳动合同中预设试用期不符合录用条件条款。

"试用期内，乙方因个人原因（事假、患病或非因工负伤）超过一个月无法到岗工作的，应视为乙方自身条件无法达到岗位要求，即乙方试用期不符合录用条件。"

2. "无薪试岗"的风险

2.1　"无薪试岗"之日，实质上就是有偿用工之时，双方已然形成事实劳动关系［劳动和社会保障部《关于确立劳动关系有关事项的通知》（劳社部发〔2005〕12 号）］。

2.2　"无薪试岗"期间，从来不是也不属于试用期（《劳动合同法》第 19 条）。

2.3　"无薪试岗"期间必须有工资，且该工资必须达到法定标准（《劳动合同法》第 20 条、第 30 条）。

2.4　"无薪试岗"风险极大，得不偿失——

2.4.1　试用协议期间不得随意解除（《劳动合同法》第 21 条）。

2.4.2　试用协议到期不续签要向劳动者支付解除劳动关系的经济补偿金或违法解除劳动关系的经济赔偿金（《劳动合同法》第 21 条）。

2.4.3　试用协议期间，未参加工伤保险，劳动者因工作遭受伤害的，用人单位须承担全部工伤赔偿法律责任（《中华人民共和国社会保险法》第 41 条）。

春秋微言：正如托·约·邓宁在《工联和罢工》中有云："……有 50% 的利润，它就铤而走险；为了 100% 的利润，它就敢践踏一切人间法律；有 300% 的利润，它就敢犯任何罪行，甚至冒绞首的危险。"因此，"无薪试岗"从头至尾，绝对违法，如此而已。

3. 试用期常见问题 8 问

3.1　双方协商可以不买五险一金吗？

协商无效。此乃法律强制性规定，协议排除了劳动者权利的，约定自始无效。

3.2　试用期工资如何发放？

《劳动合同法》第 20 条：

◆ 不得低于本单位相同岗位最低档工资；

◆ 或者劳动合同约定工资的百分之八十；

◆ 并不得低于用人单位所在地的最低工资标准。

3.3　怀孕女员工试用期可以解除劳动合同吗？

可以。试用期被证明不符合录用条件即可。

3.4　试用期员工患有精神疾病可否解除劳动合同？

可以。试用期被证明不符合录用条件即可。

3.5　试用期不合格，需要赔偿单位支出的招录费用吗？

不需要。招录费用是用人单位必要的经营成本之一，应由用人单位承担。

春秋微言：获得劳动报酬是劳动者的基本权利；用人单位不得以节能减排、绿色发展为由将经营成本（水电费）转嫁给劳动者，变相克扣劳动者报酬（广东珠海，2022 年）。

3.6　劳动者在试用期不合格被解除劳动合同，是否需要赔偿培训费？

无须赔偿。即使劳动合同中有约定，该约定也无效。

春秋微言：用人单位不得将经营风险转嫁给劳动者［（2021）鲁 0102 民初 12327 号］［（2022）鲁 01 民终 2746 号］。

3.7 试用期满后，用人单位能否以不符合录用条件为由解除劳动合同？

不能。考察期已过，用人单位不得以此为由解除劳动合同。

3.8 试用期劳动者有权享受哪些待遇？

《劳动法》第3条：

◆ 取得劳动报酬的权利；

◆ 休息休假的权利；

◆ 获得劳动安全卫生保护的权利；

◆ 接受职业技能培训的权利；

◆ 享受社会保险和福利的权利；

◆ 提请劳动争议处理的权利；

◆ 法律规定的其他劳动权利。

春秋微言：事实上，一旦双方成立事实劳动关系，劳动者即享有《劳动法》规定的劳动者的一切权利，仅仅比正式职工多了一个解除劳动关系的理由，即"在试用期间被证明不符合录用条件的"而已。

4. 试用期以"不胜任工作"为由解除劳动合同的风险

联系：都是用人单位解除劳动合同的法定情形。

不符合录用条件和不胜任工作的区别（见表3-1）：

表3-1　　　　　　　**不符合录用条件和不胜任工作的区别**

	不符合录用条件	不胜任工作
期间	仅限于试用期	包括试用期在内的劳动合同期
条件	劳动者被证明不符合录用条件	劳动者被证明不能胜任工作，经过培训或调岗后，仍然不能胜任工作
后果	用人单位可以随时解除劳动合同，且无须支付经济补偿金	不胜任者，经培训或调岗后仍然不胜任方能解除劳动合同。补偿方案：N+1
结论	适用法律不当，官司必输无疑	

春秋微言：解除不胜任工作员工劳动合同的正确方式：

◆ 明确不胜任员工的岗位职责和具体的任务目标。

◆ 建立体系化的考核机制。

◆ 解除不胜任工作员工劳动合同的程序要件须充分完备，即首轮考核，明确其不胜任；确保对其调岗或培训的记录流程的数字化、书面化［（2023）辽09民终867号］［（2022）沪01民终10939号］。

◆ 及时固定相关证据，书证为主多种证据为辅［(2022) 沪 01 民终 4161 号］。

◆ 二轮考核再次确认员工不胜任工作后，以法定补偿方案即所谓"N＋1"的标准，予以解除劳动合同。

春秋微言：关于"不胜任工作"和"客观情况"的界定［关于印发《关于〈劳动法〉若干条文的说明》的通知（劳办发〔1994〕289 号）第 26 条］。

不胜任工作是指：不能按要求完成劳动合同中约定的任务或者同工种、同岗位人员的工作量。用人单位不得故意提高定额标准，使劳动者无法完成。

客观情况是指：发生不可抗力或出现致使劳动合同全部或部分条款无法履行的其他情况，如企业迁移、被兼并、企业资产转移等，并且排除本法第 27 条（即指《劳动合同法》第 41 条中所涉裁员条款）所列的客观情况。

5. 防止试用期违法解除劳动合同的 3 条基本措施

5.1　明确入职/试用条件（包括明示的和默示的）。

◆ 入职/试用条件的具体化/书面（约定）化/公示化。

◆ 劳动者书面确认及签收入职/试用条件。

◆ 劳动者试用期考核的确认及签名。

5.2　遵循录用条件设定的六大准则。

◆ 合法：没有歧视（政治/宗教/民族/性别/户籍/年龄歧视等）。

◆ 合理：至少跳起来要够得着（不能为了设定而设定，有意提高录用标准）。

◆ 精准：描述全面、精细、准确（非如此，不足以进行公平/有效的试用期考核）。

◆ 易行：可操作性强（否则如"爱厂如家"）。

◆ 量化：不能将主观化、情绪化等不可量化的情形设定为条件（如"态度端正"）。

◆ 客观：不能主观评价，必须有事实依据。

思考题：态度决定行为吗？

5.3　界定/约定"不符合录用条件"的六种法定情形。

5.3.1　被证明不符合录用条件。

春秋微言：解除劳动合同时不能举证劳动者不符合录用条件，必将判定为违法解除劳动合同，广东广州［(2023) 粤 01 民终 6378 号］。

5.3.2　严重违反规章制度。

5.3.3　严重失职，营私舞弊且造成重大损害。

5.3.4　双重劳动关系对本职工作造成严重影响，或经提出后拒不改正。

春秋微言：这一条款的认定门槛极高，一般情形下不要轻易采用此条款处理员工，除非证据确凿，至少7成以上胜算。否则，官司败诉概率极大。

5.3.5　以欺诈、胁迫手段或乘人之危订立或变更劳动合同致使合同无效。

5.3.6　被依法追究刑事责任。

5.4　界定/约定"不符合录用条件"的六个双方约定。

5.4.1　提供虚假证件，虚构或隐瞒年龄、健康、学历、履历等情形。

5.4.2　不能完成工作任务或不能达致工作目标。

5.4.3　职业技能/试用期考核不合格。

5.4.4　患有不宜从事岗位工作的疾病。

5.4.5　违反操作规程。

5.4.6　违反公序良俗。

6. 态度、一般态度与工作满意度

6.1　态度：个体对特定对象的总的评价和稳定性的反应倾向（看法）。

6.2　19世纪30年代，美国社会心理学家 R. T. Lapiere 于1934年进行了一次关于种族歧视的态度与行为一致性研究的著名实验。

实验中，他与一对受过完整美式教育的年轻、富有的中国留学生夫妇在美国西海岸进行了一场超过16000公里的说走就走的旅行。其间住宿过66家旅店，在184家餐馆用过餐。他们受到了很好的接待，其中多数情况下甚至得到"比平常更关心"的方式的款待，只有两次遭到拒绝———一次是明确的拒绝："我们不接待中国人"；另一次是误以为他们是日本人而拒绝接待。考虑到当时美国国内普遍存在的对黑人和亚洲裔族群的种族歧视，尤其是在很少有东方人居住的地方更是如此。因此，他们原本预计会遇到许多困难，而事实上的亲身经历显然使他们感到非常意外。

六个月后，他们分别向上述已经光顾过的66家旅店及184家餐馆寄去了两种问卷。问卷中都有如下问题："你是否愿意在你们的旅店/餐馆中把中国人作为顾客来加以接待？"为了避免对方因接待过华人而生怀疑，以致作出不真实的回答，故特地给其中的一半餐馆、旅店邮寄了第二种掩护性问卷，除上述问题外又插入一些是否愿意接待德国人、法国人、日本人等问题。与此同时，他们还给从未光顾过的32家旅店以及96家餐馆寄发了同样的问卷，但把它们当作控制组。

令人惊奇的结果出现了：第一批问卷，即作为实验组的他们光顾过的66家旅店和184家餐馆中，92%的问卷表示他们不会接待中国客人；而他们从未光顾过的作为控制组的32家旅店以及96家餐馆中，90%的问卷表示他们不会接待中国客人。也就是说：

（1）餐馆、旅店的主人们对此问题的行为与态度出现了令人不可思议的分裂。

（2）一个有意思的细节是，有过接待经历的他们光顾过的 66 家旅店和 184 家餐馆的答卷中，不会接待中国客人的比例居然比没有接待过的 32 家旅店以及 96 家餐馆还高出两个百分点（92% vs 90%）；

（3）态度与行为的相关性，远远低于人们习以为常的预期。

6.3　态度决定行为吗？

根据实验结果，R. T. Lapiere 得出了关于态度与行为的三个著名论断：

6.3.1　抽象态度与具体行为间或是完全无关，或是相关关系几乎为零。

6.3.2　除非态度是关于某项特定的动作，且这一动作指向某个特定的对象。

6.3.3　态度－行为间的关系非常微弱；行为－态度间的关系却非常强。

6.4　那么，态度究竟包括哪些心理成分呢？

研究表明，态度＝认知＋情绪情感＋行为倾向，而人们之所以习以为常地认为态度决定行为，正是忽略了态度的完整心理成分，仅将其内涵中的部分即三分之一（行为倾向）中的一半不到（行为）等同于全部所致。

当然，鉴于态度可以伪装，因此，即便不作如此冗长的研究与推理，仅仅通过日常生活经验，也能理解"态度决定行为"是如此经不起推敲了。

6.5　态度能够测量吗？

事实上，通过心理测量技术，态度也是可以测量的：

◆ 量表法（从态度的方向与强度上进行测量）。

◆ 投射法（利用罗夏墨迹测验进行测量）。

◆ 行为反应测量法（测谎仪便是其实用范例）。

春秋微言：笔者的硕士论文中，也涉及态度的测量。

北京大学

硕士研究生学位论文

标题

主管感知的员工情绪劳动与其工作表现的关系：

真诚领导风格的调节作用

作者：晏毅

学号：S1016709

院系：心理学系

专业：应用心理学

研究方向：人力资源管理方向

指导教师：姚翔副教授

提交时间：2014 年 5 月 21 日

6.6 态度 - 一般态度 - 工作满意度及其成因与模型。

◆ **工作满意度**：个人对他所从事的工作的一般态度。

◆ 满意度高，工作可能积极；反之则可能消极。这，就是我们追求"态度端正"的底层逻辑。

◆ 有鉴于此，当人们谈论员工的态度时，更多的应该是指工作满意度。

6.7 工作满意度模型：

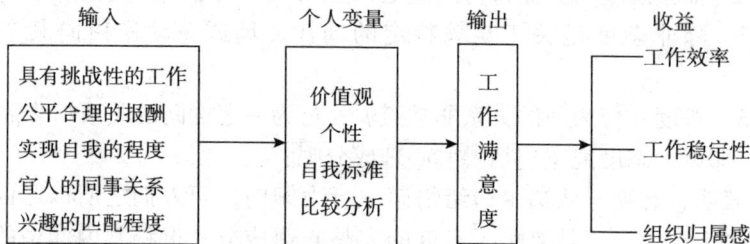

输入	个人变量	输出	收益
具有挑战性的工作 公平合理的报酬 实现自我的程度 宜人的同事关系 兴趣的匹配程度	价值观 个性 自我标准 比较分析	工作满意度	工作效率 工作稳定性 组织归属感

经典案例五

1. 李××入职广东东莞××公司，约定《岗位职责说明书》与劳动合同具有同等效力，后公司以试用期不合格为由与其解除劳动关系。

2. 李××诉求：违法解除劳动关系赔偿金3000元、98天产假工资9800元、至预产期约155天的全额薪资15500元。

3. 公司证据及主张：《试用期不合格通知单》《试用期考核评估表》经培训的《岗位职责说明书》（员工均未签名）；新员工庄×的证人证言（证人未出庭），主张李××工作进展缓慢、无重点和逻辑性、试用期评估结果为劣等、不合格。

4. 李××证据及主张：超声诊断报告单和计生办证明，主张其处于产期，并不存在单位所述的试用期不合格情形。

问题：李××的诉求能否得到支持？

法院判词〔（2014）东中法民五终字第1031号〕：

1.《岗位职责说明书》具有效力，《试用期考核评估表》《试用期不合格通知单》均为单方制作，未得到员工确认，故不予采信。

2. 证人证言因"证人未出庭作证，其证人证言在没有其他有效证据的佐证下，不能单独作为本案定案的依据"。

3. 产假是员工应当享有的，而孕期员工需正常上班（不支持其孕期工资请求），故判决公司应向员工支付违法解除劳动合同的经济赔偿金及产假工资。

春秋微言：该判决告诉我们——

(1)《岗位职责说明书》因由双方约定，故具法律效力。

（2）所有员工未签名，且无旁证佐证的证据材料，均视为单方制作，其效力为零。

（3）证人证言在没有其他有效证据的佐证下，其效力几乎为零。

（4）用"逻辑性"来评判员工工作，犹如用"态度"来评价员工一样苍白无力。

（5）"试用期评估结果为劣等"，有末位淘汰之嫌，而末位淘汰则铁定违法。

经典案例六

1. 杨××与山东济南××公司于 2014 年 3 月 13 日口头约定：双方建立劳动关系，该公司承诺让杨××担任公司工程项目经理，试用期 3 个月，月工资 3500 元；试用期届满后月工资 4200 元。

2. 2014 年 9 月 6 日，该公司在未说明原因的情况下，通知杨××解除劳动关系。杨××于 2014 年 9 月 12 日下班后离开公司。2014 年 9 月 20 日杨××申请仲裁后作出裁决，后杨××对仲裁裁决不服依法提起民事诉讼，请求判令该公司给付自己：欠发工资、未签订劳动合同的双倍工资、违法解除劳动合同的经济赔偿金、加班费、差旅费、采购费等共计 64738.43 元，并承担本案的诉讼费用。

3. 公司辩称：

◆ 仲裁机构认定公司程序合法、证据充分，对此应予支持。

◆ 杨××的诉求不能成立，应予驳回。

◆ 杨××未达到其岗位要求，故延长其试用期三个月。

◆ 公司提供了 2014 年 6 月至 8 月部门考核意见予以证明。

问题：杨××的诉求能否得到支持？

法院判词［（2014）济阳民初字第 1776 号］：

1. 该公司虽主张原告未达到其岗位要求，故延长其试用期三个月，并提供 2014 年 6 月至 8 月部门考核意见予以证明，但根据法律规定，劳动者在试用期内经考察不能达到用人单位岗位要求的，单位可以依据《劳动合同法》第 39 条的规定解除劳动合同，而不能单方延长试用期。

2. 该公司应当支付欠发杨××的工资 9599.48 元。

3. 根据双方提供的考勤表及签到表，杨××工作期间存在加班。杨××主张其休息日加班 18 天，法定节假日加班 3 天，该公司应支付其加班费 14820.09 元。

春秋微言：该判决告诉我们，因员工未达到岗位要求，故延长其试用期三个月，于法无据。试用期不合格，无偿解除劳动合同即可。

第四章
加班费、年终奖、津贴与补贴中的
法律知识要点与风险防控

1. 哪些情形下可以不支付工资
2. 劳动合同解除前未正常上班，如何计算前 12 个月的平均工资
3. 工资支付法律风险控制 9 大要点
4. 企业不得安排加班的若干情形
5. 加班与值班的异同
6. 年终奖发放的争议焦点及法律风险防控

（经典案例七、八）

1. 哪些情形下可以不支付工资

1.1　用人单位与劳动者协商一致。

1.2　劳动者因涉嫌违法犯罪被限制人身自由期间。

1.3　劳动合同因不可抗力暂时不能履行期间（特指订立劳动合同后，但实际未开始履行劳动合同之前的期间；实际履行劳动合同后则适用"非劳动者原因停工停产期间"，应依法支付工资）。

1.4　经用人单位同意的事假期间。

1.5　无合法理由不提供劳动（无故旷工）。

1.6　由于劳动者本人的原因中止劳动合同。

1.7　解除或终止劳动合同的争议期间（若被法院裁决恢复劳动关系，则须支付违法解除之日至劳动关系恢复之日期间即未提供劳动期间的工资）。

1.8　因劳动者个人过失原因，造成企业停工停产期间。

春秋微言：《江苏省工资支付条例》第 26 条，劳动者有下列情形之一的，用人单位可以不予支付其期间的工资。

（1）在事假期间的。

（2）无正当理由未提供劳动的。

（3）由于劳动者本人的原因中止劳动合同的。

春秋微言：薪酬管理中应秉持的既科学合理、又公平公正的 3P＋1M 的付薪理念：

Position	Person	Performance	Marketing
基于职位价值的固定薪酬/基本工资	基于个人能力的差异薪酬/岗位工资	基于绩效表现的浮动薪酬/绩效工资	基于行业水平及企业支付能力的市场薪酬

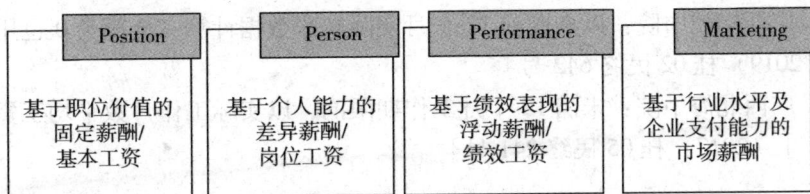

春秋微言：国家统计局《关于工资总额组成的规定》及解释第 4 条：工资总额由下列 6 个部分组成：

（1）计时工资。

（2）计件工资。

（3）奖金。

（4）津贴和补贴。

（5）加班加点工资。

（6）特殊情况下支付的工资。

2. 劳动合同解除前未正常上班，如何计算前 12 个月的平均工资

2.1　如何理解"前 12 个月的平均工资"？

前推至正常提供劳动的、12 个自然月的、正常工作期间的、双方确认的平均工资［（2020）桂 02 民终 78 号］。

2.2　自然月的地方性规定。

◆ 北京：按照阳历来计算，每月 1 日至月底为一个自然月。

◆ 上海：以每月 1 日至月底为一个自然月，但计薪周期通常为上月 25 日至本月 24 日。

◆ 广州/成都：以每月 1 日至月底为一个自然月，但计薪周期通常为上月 1 日至本月 30 日。

◆ 深圳：以每月 1 日至月底为一个自然月，但计薪周期通常为上月 26 日至本月 25 日。

◆ 重庆：包含特殊情况下支付工资（如出席党/工/青/妇活动期间，视为出勤并发放工资）的月份，即无任何扣除。

◆ 烟台中院、人社局：不区分是否正常劳动，不向前顺推。

2.3　正常工作期间的地方性规定。

◆ 广东深圳中院：前 12 个月的平均正常工作时间工资。

◆ 广东东莞中院、仲裁委：正常满勤月份，且对劳动者非正常出勤一般不区分原因。

◆ 内蒙古/浙江：正常工作状态下 12 个月的平均工资，不含医疗期。

◆ 浙江宁波中院：如因员工请假较多、单位停业等，应扣除上述月份。

◆ 广西柳州中院：以离职前 12 个月实际转账数据计算，金额为 0 也用于计算 〔（2019）桂 02 民终 642 号〕。

◆ 广西北海中院：未满 12 个月工作期限的，以实际工作月数平均工资为基数计算 〔（2017）桂 05 民终 241 号〕。

春秋微言：司法裁判口径——

（1）一般情况下，因企业或职工个人原因导致职工少量月份低工资的，法院在核算解除劳动合同前平均工资时，不予扣除低工资月份工资，而直接推算月平均工资。

（2）特殊情况下，明显因企业原因故意减少劳动报酬，意在拉低解除劳动合同前平均工资，进而降低补偿金或迫使劳动者离职的，司法实践中法院可能再往前推 12 个月或扣除低工资月份以推算月平均工资。

（3）特殊情况下，因劳动者个人客观原因导致多数月份工资低的，实践中往往再往前推月份或扣除低工资月份以推算月平均工资。

3. 工资支付法律风险控制 9 大要点

3.1　工资至少每月支付一次；实行周、日、小时工资制的可按周、日、小时支付。

3.2　遇节假日或休息日，应提前而非延后支付。

3.3　《工资支付暂行规定》（1994 年 12 月 6 日劳部发〔1994〕489 号）第 16 条：因劳动者本人原因给用人单位造成经济损失的……可从劳动者本人的工资中扣除；但每月扣除的部分不得超过劳动者当月工资的 20%（深圳为 30%）。若扣除后的剩余工资部分低于当地月最低工资标准，则按最低工资标准支付。

春秋微言：低于最低工资标准支付工资，劳动者据此提出解除劳动合同的，用人单位应支付经济补偿金 〔（2013）二中民终字第 08466 号〕。

3.4　建立加班审批制度，劳动者仅以电子考勤记录主张存在加班事实的，不予支持（因不符合证据的真实/合法/关联性即三性原则）。

3.5　劳动合同中合理约定加班费计算基数。

春秋微言：以基本工资标准作为加班费计算基数——

北京、上海、广东 〔（2018）粤民再 295 号〕、深圳、山东 〔（2020）鲁民申 1441 号〕、广西、郑州等 21 个省区和城市均予支持。

但个别地区不支持该约定。

3.6　法定休息日安排劳动者加班的，首先应安排调休或补休，不能调休或补休的则应支付 200% 的加班费。

3.7　法定节假日安排劳动者加班的，不能采用调休或补休，应将法定节假日视为正常出勤，故除支付正常工资之外，还应另行支付 300% 的加班费，即员工该法定节假日的收入总额应为 100% 有薪假工资＋300% 法定节假日加班工资＝400% 的法定节假日工资总收入。

春秋微言：《工资支付暂行规定》有关问题的补充规定（劳部发〔1995〕226 号）第 2 条第 1 款：安排在法定休假节日工作的，应**另外支付**给劳动者不低于劳动合同规定的劳动者本人小时或日工资标准 300% 的工资。

3.8　综合计算工时制和不定时工作制须经行政许可，否则无效。

3.9　企业应正确制作职工签字确认的《月度考勤记录表》《请假单/调休单/年休假单》《工资支付表/单》[该表/单必须含有工资年月份、支付日期、考勤天数、请假情况、正常工作时间及工资、三项加班时间及加班费（无加班则填写 0）、应扣项目、实发工资额、职工本人签名]。

春秋微言：避免工资和休息休假争议的必杀三技——

（1）《月度考勤记录表》《请假单/调休单/年休假单》《工资支付表/单》三者同时具备，是完整的考勤/休息休假/工资管理措施，亦是避免工资和休息休假争议的必杀三技。

（2）虽无前两者，而仅有职工签字确认的结构完整的《工资支付表/单》，也是避免工资和休息休假争议的必杀绝技。因此，"用人单位必须书面记录支付劳动者工资的数额、时间、领取者的姓名以及签字，并保存两年以上备查。用人单位在支付工资时应向劳动者提供一份其个人的工资清单（《工资支付暂行规定》第 6 条）。"

（3）案例：企业提供的考勤表、工资单，成为员工考勤记录和劳动报酬的有力依据和证据；员工请求支付加班费被驳回；广东广州[（2023）粤 01 民终 12147 号]。

春秋微言：拖欠/克扣工资的法律后果——

（1）《劳动合同法》第 38 条第（2）项：未及时足额支付劳动报酬的，劳动者可以解除劳动合同。

（2）《劳动合同法》第 85 条第（1）项：未按照劳动合同的约定或者国家规定及时足额支付劳动者劳动报酬的，限期支付；逾期不支付的，责令用人单位按应付金额百分之五十以上百分之一百以下的标准向劳动者加付赔偿金。

实例：用人单位制定的名为"负激励"实为克扣工资的规章制度，不具有法律效力[（2022）鲁 1603 民初 2933 号]。

4. 企业不得安排加班的若干情形

4.1 怀孕 7 个月以上的女职工（怀孕女职工建议采取自愿原则加班，体弱或怀孕 7 个月以上的，不得强制加班）。

4.2 哺乳未满一周岁婴儿的女职工。

4.3 在校实习生。

4.4 怀孕不满 3 个月的女职工。

4.5 日最高气温达到 35℃～37℃时的户外露天作业劳动者（限制夏季室外作业）。

4.1、4.2、4.3 情形，用人单位绝对不得安排加班。

4.4、4.5 情形，部分省份（安徽、江西、河南、河北、陕西、江苏、山东、广东）规定不得安排加班。

春秋微言： 哪些加班员工不得拒绝——劳动部办公厅关于《中华人民共和国劳动法》若干条文的说明［1994－09－05 劳动部办公厅劳办发（1994）289 号］第 42 条，《关于〈国务院关于职工工作时间的规定〉的实施办法》［劳部发（1995）143 号］第 7 条。

（1）发生自然灾害、事故或者因其他原因，威胁劳动者生命健康和财产安全，需要紧急处理的。

（2）生产设备、交通运输线路、公共设施发生故障，影响生产和公众利益，必须及时抢修的。

（3）在法定节日和公休假日内工作不能间断，必须连续生产、运输或者营业的。

（4）必须利用法定节日或公休假日的停产期间进行设备检修、保养的。

（5）为完成国防紧急任务的。

（6）为完成国家下达的其他紧急生产任务的。

5. 加班与值班的异同

表 4－1　　　　　　　　　　加班与值班的异同

	加班	值班
概念	延长工作时间里继续从事本职工作	从事安全、消防、节假日等与本职工作无关的任务（天津：值班不应与本职工作有直接关系）
工作内容	继续从事本职工作	值班期间可以休息
工资待遇	加班费：1.5 倍/2 倍/3 倍工资或补休	值班补贴：规章制度或劳动合同约定
支付依据	《劳动法》《工资支付暂行规定》	规章制度或劳动合同约定

春秋微言：值班的实操建议——

（1）勿以"值班"之名行"加班"之实。

（2）事先在劳动合同及相关规章制度中，明确值班与加班的区别，对值班内容、工作要求、是否可以休息以及值班待遇等内容进行约定或规定。

（3）对全天吃住在单位的保安、传达室门卫、消防控制岗、物业电工岗、仓库保管员、电站值班员等特殊岗位，申报综合计算工时制。

（4）确属休息日安排劳动者加班而非值班的，首先应安排调休或补休，不能调休或补休的则应支付 200% 的加班费；平时及法定节假日安排加班而非值班的，则只能足额支付加班费，而不能调休或补休。

（5）避免超时工作：无论加班还是值班，都应严格遵守劳动时间的法律法规。

（6）做好相关证据留存至少两年以上，以备不时之需。

6. 年终奖发放的争议焦点及法律风险防控

有些企业认为，年终奖虽然被列入工资总额范畴，但其性质属于用人单位对于员工奖励、激励的自主分配方式；故奖金的支付条件当以劳动合同约定或者用人单位规章制度规定为准。

但在司法实践上是这样的。

6.1　年终奖的性质：是工资总额中的非法定、非固定组成部分，而不是用人单位的福利，是基于用人单位和劳动者约定（协议或制度）而产生且受法律保护的劳动报酬，企业享有一定程度自主权。

6.2　企业可充分利用年终奖的自主权，对当年度是否设立年终奖及年终奖总额，设置产生条件、享有权利、总额比例、考核标准、支付条件等，支付条件成就则必须支付，支付条件不成就即使职工诉请年终奖也难获支持。

广东广州：〔（2023）粤 01 民终 6274 号〕。

天津北辰：〔（2023）津 02 民终 2914 号〕。

北京朝阳：〔（2023）京 03 民终 2125 号〕。

6.3　只要职工在自然年度或一个年终奖年度内在职，就不能因次年度离职而减扣其年终奖。

山东：〔（2022）鲁 1092 民初 721 号〕。

山东：〔（2022）鲁 10 民终 2999 号〕。

6.4　若职工有证据证明有年终奖约定/规章制度/发放惯例，在发生年终奖支付争议时，企业对职工是否享有年终奖承担举证责任；企业不能举证（即无法证明职工不符合享有或应扣减其年终奖条件的证据），则法院支持职工关于年终奖的诉求。

北京：年终绩效考核应遵循考核程序，故判决××信托公司应当支付胡× 2013年度年终奖金［（2015）二中民终字第03710号］。

6.5 没有年终奖的书面规定，但每年发放已形成惯例，劳动者已产生合理预期的，应该发放。

北京：［（2019）京03民16224号］。

6.6 如果规定绩效考核不合格不发放年终奖且能举证的，可以不发放。

北京：［（2019）京01民终10336号］。

6.7 年终奖争议的仲裁时效：一年。

春秋微言：年终奖发放的合规建议——

（1）制定绩效考核和年终奖发放制度，妥善保存其民主和公示程序的相关证据。

（2）明确规定年终奖的发放对象/条件/标准/金额/时间以及不享受年终奖的情形等。

（3）如年终奖与绩效考核挂钩，则须确保绩效考核过程的公开、公平、公正。

（4）根据绩效考核结果决定如何发放年终奖。

（5）离职员工一般按在职时间比例发放年终奖。

经典案例七

1. 杨××与广东深圳××公司签订的《关于值班加班费的协议》载明：员工值班期间，除保证正常工作外，还须实行夜间睡班制度（可以休息，有突发情况需处理）。该岗位实行轮值，周六、日正常上班；除法定节假日外，公司支付500元/月作为包干加班费。

2. 杨××诉求：每天工作时间为24小时，从早上8点开始工作至次日8点交班。要求支付除正常工作时间外的所有加班工资。

3. 公司主张及证据：员工每天上班10小时，每月工作150~160小时，其余时间属睡班或休息时间，有突发情况才需处理；员工实发工资高出合同约定部分为加班工资。

值班制度：员工实行24小时值班制，两人轮班，每月工作15天，上1休1。

工作日志：员工每月出勤情况以工作日志方式进行记录，值班时段为早8点至次日8点，22点以后无相关的巡视检查记录。

问题：杨××的诉求能否得到支持？

法院判词［（2016）粤03民终8089-8092号］：

1. "24小时值班"与正常的工作时间明显不同，也不符合生活常理和人的体能状态。该主张明显过高，应予以调整。

2. 工作日志显示，22 点之后没有相关的工作记录，但员工在夜间睡班时仍需处理突发状况，应予合理计算工作时间，据此酌定员工每天工作 14 小时符合常理，故公司应补足平时延长工作时间的加班工资。

3. 员工虽然存在休息日值班的情况，但上班 1 天，休息 1 天，应视为公司已经通过轮休的方式安排员工调休，故无须另行支付其休息日加班工资。

判决公司需支付员工平时延长工作时间的加班工资，无须支付休息日的加班工资。

春秋微言：该判决告诉我们——

（1）事先在劳动合同及相关规章制度中，明确约定或规定值班内容、工作要求、是否可以休息以及值班待遇等非常重要。

（2）对全天吃住在单位的保安、传达室门卫、消防控制岗、物业电工岗、仓库保管员、电站值班员等特殊岗位，申报综合计算工时制，可达一劳永逸之目的。

（3）做好相关证据留存工作，以备对簿公堂之需。

经典案例八

1. 苗×于 2015 年 6 月 10 日入职北京西城××公司，任职物业主任，月工资 7250 元，双方签订了劳动合同。2016 年 3 月 31 日苗×正式离职，3 月 25 日，公司向其支付了工资，但未发放 2015 年年终奖。另查明：公司员工手册明确"公司可根据企业的经营情况决定是否向员工发放奖金"，同时明确规定了年终奖的计算方法。

2. 员工诉求：要求公司向其支付 2015 年度年终奖 29000 元。

3. 员工主张：其 2015 年度评级为 B 级，根据员工手册公司应支付 4 个月本人工资，并提供电子邮件等显示公司已发放其他员工 2015 年度年终奖。

4. 公司主张：

4.1　年终奖的发放属于用人单位的自主权，即使发放，也需根据公司业绩及员工考核结果确定。

4.2　员工手册明确规定：若双方的劳动合同在奖金发放之前解除或终止或员工本人在绩效奖金发放前提出辞职申请的，则员工无权享受上述奖金。

4.3　苗×的考核评级不符合发放年终奖的条件。

问题：苗×的诉求能否得到支持？

法院判词［（2017）京 02 民终 484 号］：

劳动者享有取得劳动报酬的权利；年终奖亦是其正常劳动的劳动报酬；公司员工手册的奖金发放规定排除了劳动者获得劳动报酬的权利，应为无效。

公司主张的苗×的考核评级不符合发放年终奖的条件，但并未提交相关证据材料证明。

故判决公司支付苗×2015年度年终奖15950元。

春秋微言：该判决告诉我们——

（1）规章制度排除了劳动者权利的，应为无效。

（2）只要职工在自然年度或一个年终奖年度内在职，不能因次年度离职而减扣其年终奖（本章第6.3节）。

（3）如果规定绩效考核不合格不发放年终奖，必须能够举证，方可不予发放［（2019）京01民终10336号］。

第五章
社会保险、住房公积金与医疗期中的法律知识要点与风险防控

1. 社保常见问题 7 问

1.1 单位按最低基数缴纳社保，员工工伤后能找单位补差吗？能到法院起诉吗？

能。属于劳动争议。能提请仲裁、起诉。

春秋微言：

（1）关于伤残补助金差额，全国统一法律规定，企业未按职工实际工资缴纳工伤保险费，导致职工伤残补助金减少的，职工可以向用人单位主张差额。

（2）在实践中，有部分地区支持职工诉求伤残补助金差额，如《广东省工伤保险条例》第 56 条规定和广东法院司法实践案例；有部分地区不支持职工诉求伤残补助金差额，如浙江省。但法律法规发展趋势、司法实践趋势，是支持职工诉求伤残补助金差额的。

（3）总之，职工不能不诉请而得差额，企业可据地方规定和司法实践抗辩无差额。

春秋微言：

（1）关于医疗补助金差额，有的省份规定以统筹地区（现一般为省级统筹）月平均工资为基数支付，则该省份发生的争议不支持医疗补助金差额；有的省份规定以职工本人工资为基数支付，则该省份发生的争议支持医疗补助金差额。

（2）关于就业补助金差额，同上述医疗补助金差额标准。

（3）有的省份，对医疗补助金和就业补助金的标准，采用定额方式确定，则不支持医疗补助金和就业补助金差额。

1.2　员工要求单位不缴社保，后又以未缴社保为由提出解除劳动合同并主张经济补偿，能否得到支持？

春秋微言：对于是否支持，实践中存在重大分歧。

（1）有的省区直辖市法院，以缴纳社会保险费是法律强制性要求，企业和职工私约不缴纳无效，且有损社保基金法益为由，支持职工解除劳动合同并主张经济补偿金（北京，劳动者承诺放弃缴纳社保违反法律规定无效〔（2015）二中民终字第 13554 号〕；湖北〔（2019）鄂 03 民终 184 号〕）。

（2）有的省级法院认为职工签订《不缴纳社会保险协议书》存在过错，协议后又以公司不缴纳社会保险费为由解除合同主张经济补偿金，有违"诚信原则"，不支持职工解除劳动合同并主张经济补偿金。

（3）企业与职工签订《不缴纳社会保险协议书》，或职工出具《弃保承诺书》，职工发生工伤、疾病、失业、生育、养老保险待遇损失时，各地法院均支持职工诉请单位承担社保待遇赔偿，否则《社会保险法》形同虚设。

（4）综上分析，企业与职工签订《不缴纳社会保险协议书》、职工签署《弃保承诺书》等，都必将导致企业重大法律风险及重大经济损失，实为火中取栗、得不偿失。

春秋微言：未依法缴纳社会保险费的责任由谁来负？

《最高人民法院关于审理劳动争议案件适用法律问题的解释（二）》（征求意见稿）第二十三条——

用人单位与劳动者有关不缴纳社会保险费的约定无效。

劳动者与用人单位约定不缴纳社会保险费，劳动者以用人单位未依法缴纳社会保险费为由请求支付经济补偿的，人民法院应予支持。

用人单位补缴社会保险费后，请求劳动者返还已给付的社会保险补偿的，人民法院应予支持。

1.3　劳动者自己缴纳社保后，能否要求单位赔偿未缴纳社保的损失？

有争议，原则上建立劳动关系同时，依法应当建立社会保险关系。

1.4　外籍员工能否以公司未缴社保为由离职并要求经济补偿金？

外籍人员获得《外国人工作许可证》（不含港澳台），享有劳动法规定的劳动者权益。

1.5　劳动关系建立主体、工资发放主体和社保缴纳主体不一致有什么风险？

不能办理社保缴交；记入信用档案；情节严重的，处以1~5倍罚款。

属于混同经营、混同用工的，发生劳动争议时，只需确立与其中一家企业存在劳动关系，其他企业则承担连带赔偿责任。

1.6 以公司存在违法违规行为为要挟手段，向其索取超过法定补偿标准的高额赔偿，属敲诈勒索吗？

是的。

1.7 未为职工缴纳社保，职工患病支出的医疗费用由谁承担？

用人单位承担（可报销金额）。

春秋微言：劳动者以单位未足额缴纳社会保险费为由提出解除劳动合同，能否得到支持？

（1）法律审查重点在于用人单位是否参加社保，即是否办理了社保申报缴费手续。

（2）如用人单位在劳动者离职前已经办理了参保手续的，不予支持。

（3）用人单位存在"未及时参保""未足额缴费""社保欠费"等情形的，劳动者依法可通过行政救济途径即行政复议、行政诉讼、行政赔偿维护其社保权益，但不属于可以提出解除劳动合同的事由。

春秋微言：公司欠缴社保超过两年的，还能追讨吗？

（1）《最高人民法院行政法官专业会议纪要（七）》（工伤保险领域）第六项企业补缴社会保险费2年查处时效的适用：法院支持，当然能追讨。

（2）人力资源社会保障部对十二届全国人大五次会议第5063号建议（关于养老保险追诉期和自主选择参保地建议）的答复（人社建字〔2017〕105号）第一条关于追缴时限问题：清缴企业欠费问题和地方经办机构追缴历史欠费均未设置追诉期，当然能追讨。

（3）理论与实践：社保费是否超过10年20年也能追诉？

正方：支持两年后的追缴。

①广州铁路运输中级法院〔（2016）粤71行终1867号〕。

②广州铁路运输中级法院〔（2017）粤71行终193号〕。

③重庆高院〔（2019）渝行申156号〕。

④重庆第一中院〔（2021）渝01行终52号〕。

反方：不支持两年后的追缴。

①深圳中院〔（2016）粤03行终262号〕。

②东莞中院〔（2016）粤19行终88号〕。

③部分高院行政裁定不支持两年后的追缴。

◆广东省高级人民法院行政裁定书：（2019）粤行申1444号。

◆浙江省高级人民法院行政裁定书：（2020）浙行申121号。

◆ 江苏省高级人民法院行政裁定书：（2020）苏行申 284 号。

④部分中院判决不支持两年后的追缴，如山东青岛中院、河北石家庄中院。

春秋微言：代缴社保会坐牢吗？

（1）《社会保险法》规定：退回骗取的社会保险金，处骗取金额 2～5 倍的罚款。

（2）《社会保险基金监督举报工作管理办法》第 1 条：违法。

（3）《北京市社会保险基金监督举报奖励暂行办法》：社保挂靠代缴违法。

（4）上海市：代缴不合法。

（5）《广东省查处侵害社会保险基金行为办法》：涉嫌犯罪的，将按照规定移送公安机关处理。

（6）深圳：代缴不合法。

（7）重庆："挂靠"行为实质是骗取参保资格，属于违法行为。

（8）天津：通过"代缴""挂靠"等手段参保补缴本身就是违法违规行为。

（9）代缴社保的风险：

①代缴企业会被处以罚款。

②会被没收所有违法所得，个人领取的保险待遇要退回社保基金。

③个人代缴形成的社会保险缴费期间不予认可，将直接影响退休工龄的计算。

④数额较大，情节严重的，可能构成诈骗罪，其量刑标准如下——

◆ 数额为 3000 元至 10000 元以上的，处三年以下有期徒刑、拘役或者管制，并处或者单处罚金。

◆ 数额 30000 元至 100000 元以上或有其他严重情节的，处三年以上十年以下有期徒刑，并处罚金。

◆ 数额 500000 万元以上或有其他特别严重情节的，处十年以上有期徒刑或者无期徒刑，并处罚金或者没收财产。

2. 住房公积金常见问题 14 问

2.1　"补充住房公积金"有何特点？

各省市规定不同。未缴纳公积金由公积金管理部门处罚或强制缴纳，但不属于劳动争议案件，仲裁委或法院不予受理。

2.2　企业必须为所有城镇户籍员工缴存住房公积金吗？

是。

上海、江苏、河南、云南、厦门：农村户籍的员工，不作强制要求。

重庆、山东、甘肃、成都、西安、浙江温州/台州/永康：农村户籍的员工也应缴存。

2.3　劳动者自行申请不缴纳住房公积金合法有效吗？

首先，违法；其次，无效。

2.4　港澳台员工必须缴存住房公积金吗？

支持缴存（广州）。

自取消港澳台公民内地工作行政许可后，趋势上港澳台与国内劳动者权益趋近相同。

2.5　外籍员工必须缴存住房公积金吗？

不作强制性规定。

2.6　新员工入职当月是否需要缴存住房公积金？

新参加工作的，从第二个月开始缴存。

新调入的员工，从入职当月开始缴存。

2.7　离职当月是否需要缴存住房公积金？

◆ 离职日期跨公积金扣费日期的应当缴存当月公积金。

◆ 离职日期在公积金扣费日期之前的可以不缴存当月公积金。

◆ 双方约定不予缴存的，该约定不具法律约束力。

2.8　住房公积金缴存争议是否属于劳动争议范畴？是否有时效限制？

◆ 北京：不属于劳动争议。

◆ 天津：双方可以协商处分住房公积金。

◆ 住房补贴属于工资总额的一部分，故住房补贴争议属于劳动争议范畴。

◆ 员工应到当地住房公积金管理中心投诉举报；没有时效限制。

2.9　员工能否以企业未缴存住房公积金为由提出解除劳动合同并主张经济补偿金？

不能。解除劳动关系经济补偿金，由《中华人民共和国劳动法》《中华人民共和国劳动合同法》《中华人民共和国劳动合同法实施条例》规定，目前"未缴存住房公积金"不是该三法规规定的员工可以解除劳动合同的理由。

2.10　企业可否缓缴住房公积金？

由住房公积金部门根据情况统一发布通知，或单位提出缓缴申请获得批准后方可进行。

2.11　什么情况下员工可以提取住房公积金存储余额？

《住房公积金管理条例》第 24 条：职工有下列情形之一的，可以提取职工住房公积金账户内的存储余额。

◆ 购买、建造、翻建、大修自住住房的。

◆ 离休、退休的。

◆ 完全丧失劳动能力，并与单位终止劳动关系的。

◆ 出境定居的。

◆ 偿还购房贷款本息的。

◆ 房租超出家庭工资收入的规定比例的。

2.12 企业欠缴公积金，在员工离职时协议以现金形式补偿，作数么？

不作数。此乃企业法定责任，并应以法定形式在住房公积金专户缴存。

违反住房公积金管理法律法规规定，有损公积金法益，私下约定无效。

2.13 企业不办理住房公积金缴存登记或账户设立手续需要承担什么责任？

由住房公积金管理中心责令限期办理；逾期不办者，处 10000 ~ 50000 元罚款。

2.14 企业不缴纳、少缴纳住房公积金需要承担哪些责任？

由住房公积金管理中心责令限期缴存；逾期仍不缴存的，申请人民法院强制执行。

春秋微言：追缴拖欠 24 年的住房公积金，能胜诉吗？

（1）《关于住房公积金管理若干具体问题的指导意见》第 6 条：单位从未缴存住房公积金的，原则上应当补缴自国务院令第 262 号《条例》发布之月起欠缴职工的住房公积金——即单位最长补缴年限可追溯到 1999 年 4 月 ［东莞中院 （2017）粤 19 行终 350 号］。

（2）公积金管理中心依法追缴，依据的是《住房公积金管理条例》；既非劳动仲裁、也非民事纠纷，故既不适用劳动仲裁的 1 年时效，也不适用民事诉讼的 3 年时效，因此没有时效。

（3）如果个别住房公积金管理中心以《中华人民共和国行政处罚法》的 2 年追诉时效来拒绝追诉，可向其上级机关申请行政复议或向人民法院提起行政诉讼。

（4）各地司法实践。

①广东高院 ［（2017）粤行终 347 号］：缴纳住房公积金属强制义务，无户籍限制，也无时效限制。

②广东高院 ［（2018）粤行申 1182 号］：缴纳住房公积金是强制义务，没有时效规定；法律没有规定住房公积金的追缴期限，住房公积金具有强制性。

③北京第二中院 ［（2021）京 02 行终 371 号］：住房公积金管理机构依据《住房公积金管理条例》第三十八条的规定，作出的责令限期缴存决定，不属于行政处罚，不适用《中华人民共和国行政处罚法》的规定。

④广东高院 ［（2020）粤行申 1906 号］——

◆ 一审判决：追缴决定并非行政处罚行为，不适用《劳动保障监察条例》规定的两年时效规定。

◆ 二审判决：法律、法规对住房公积金追缴时效并无限制性规定。

◆ 住房公积金的缴存具有强制性、义务性和专属性，《住房公积金管理条例》对住房公积金追缴在时效方面并未作限制性的规定。

⑤部分可以追缴的地区——

◆ 湖北宜昌：可以追缴。

◆ 河南许昌：可以追缴。

◆ 江苏南京/南通：可以追缴。

3. 医疗期常见问题 9 问

3.1 "医疗期"就是"病假"吗？

不是，但医疗期包含病休期，病休期未必包含医疗期。

3.2 医疗期期限有多长？病假工资怎么算？

医疗期限与病假工资算法见表 5-1。

表 5-1　　　　　　　　　医疗期限与病假工资算法

一般工龄 （累计工龄）	本企工龄 （连续工龄）	医疗期 月数	累计 病休期间	病假工资 计算规则
<10 年	<5 年	3 个月	6 个月内	①《关于贯彻执行〈劳动法〉若干问题的意见》（劳部发〔1995〕309 号）规定，病假工资或疾病救济费可以低于当地最低工资标准支付，但不能低于最低工资标准的 80%。 ②各省、自治区、直辖市另有具体规定的，其下限不得低于上述意见规定标准
	≥5 年	6 个月	12 个月内	
≥10 年	<5 年	6 个月	12 个月内	
	10 年 > 年限 ≥5 年	9 个月	15 个月内	
	15 年 > 年限 ≥10 年	12 个月	18 个月内	
	20 年 > 年限 ≥15 年	18 个月	24 个月内	
	≥20 年	24 个月	30 个月内	

3.3 医疗期内一定不能解除劳动合同吗？

不一定。比如严重违纪违规，就不受此限。医疗期是指企业职工因患病或非因工负伤、停止工作治病休息、不得解除劳动合同的时限。

春秋微言：典型案例。

1. 被告于 2014 年 2 月 10 日入职原告处，双方于 2014 年 2 月 10 日签订期限为 2014 年 2 月 10 日至 2020 年 2 月 9 日的劳动合同，约定被告的岗位为采购部高级采购经理。被告在职期间负责原告澳大利亚关联公司在中国区的采购工作，后因该关联公司于 2019 年 7 月决定取消其在中国区的采购业务，被告的工作岗位和内容也随之取消。

2. 原告认为：解除双方劳动合同符合客观情况发生重大变化，系合法解除；被告的岗位已经取消，原告也没有任何可能提供新的岗位；同时，被告存在极大"泡病假"的嫌疑……故而继续履行劳动合同已经不具备任何客观可能性和基础。

3. 被告答辩：原告属于违法解除双方劳动合同，理应恢复双方劳动关系。根据劳动者的合同工资作为计发依据更符合客观事实和上海市法院的一贯裁判观点。

4. 基于被告被辞退时正处于医疗期，后续亦在就诊治疗，双方劳动合同于2020年2月9日期满，被告要求恢复双方劳动关系至2020年2月9日为止的诉讼请求，并无不妥，本院予以支持。故判决：

（1）恢复原告×××（中国）公司与被告孙××劳动关系至2020年2月9日止。

（2）原告×××（中国）公司于本判决生效之日起十日内支付被告孙××2019年8月1日至2020年2月9日期间工资54781.25元〔（2020）沪0115民初4194号〕。

3.4 医疗期内能否因劳动合同期满而终止劳动合同？

不可以，要顺延。

3.5 医疗期满后，劳动合同到期终止的，用人单位是否需要支付"疾病救济费"？

病假工资与疾病救济费二选其一。

3.6 员工在休病假期间被发现从事其他有报酬的工作，可否停止支付其病假工资？

可以。但在停止支付病假工资时应综合考虑员工工龄、工资总额情况，且审慎处理解除劳动关系。

3.7 病假是否可以剔除节假日？

不可以（上海地区可以）。

病休期间，公休、假日和法定节日包含在内。

3.8 医疗期期满后可否延长？

可以。

3.9 如何处理医疗期争议？

3.9.1 单位未办理社保手续，社保机构又不能补办故导致无法享受社保待遇，劳动者要求赔偿损失而发生争议的，人民法院应予受理。

3.9.2 单位已办理社保手续，但不按规定为其缴纳社会保险金，无论欠缴或拒缴，社保管理部门均可依法强制征缴。

3.9.3 征缴、补缴社保是行政行为，不属于人民法院受理劳动争议案件的受案范围。

4. 单位有权要求员工到指定医院就诊吗

4.1 指定就诊剥夺了劳动者的就医选择权（知情同意权实际上包括了患者的知情权、同意权和对于同意权的选择权），缺乏法律依据，应当归于无效。

4.2 但指定就诊同时也属于用人单位的管理自主权范畴。

4.3 因此，合法性、合理性应该成为"指定就诊"的必要条件，它包括：

4.3.1 被指定的医院合法及符合相关资质（如医保定点）。

4.3.2 指定医院就诊在劳动合同或规章制度上有约定或规定。

4.3.3 被指定的就诊医院具有便利性。

4.3.4 用人单位依法支付病假工资待遇。

4.3.5 对多次病假，长时病假存疑的，用人单位可要求提供指定医院的诊断书及病假证明。

4.3.6 员工事先书面同意指定就诊的（合同约定或制度规定），应遵守约定。

春秋微言：有的单位在保证病假工资符合法律底线标准的情况下，对未到医保定点医院就医的职工实施待遇限制，如规定：在医保定点医院就诊的，病假期间按当地最低工资标准发放工资；未到医保定点医院就诊的，按当地最低工资标准的80%发放。

但一般不建议采取此类待遇限制，这是企业高危、高风险行为，易导致高工龄、高工资职工以"未及时足额支付劳动报酬"为由解除合同并主张经济补偿金。

4.4 员工因病休假需要以用人单位批准为前提吗？

不需要。因病休假乃法定权利，是否病休以病情（紧急程度等）及医院证明为准。

4.5 如何进行病假管理？

◆ 规范病假申请与销假程序。

◆ 细化病假管理流程。

◆ 强化对长期病假的管理。

◆ 设计病假薪酬待遇（以国家、地方法律法规规定为上下限）。

5. 病假和医疗期有什么联系与区别

表 5 - 2 病假和医疗期的联系与区别

病假	员工因患病或非因工负伤，需要停止工作医疗时，用人单位给予的一定的医疗假期
医疗期	员工因患病或非因工负伤，停止工作治病休息时，不得解除劳动合同的时限

联系	医疗期是以病假为基础的，劳动合同： ◆ 当病假期限＜医疗期时，在病假期限内不得解除或终止。 ◆ 当病假期限＞医疗期时，在医疗期满后符合法律法规的，可以解除或终止
区别	◆ 性质不同：病假是生理概念，事实期间；医疗期是法律概念，法定期间。 ◆ 期限不同：病假是弹性的时间段，其长短需根据劳动者的病情而定；医疗期则是刚性的时间段，其长短有法定标准。 ◆ 内涵不同：病假更多属于用人单位用工管理的范畴，它强调了劳动关系的存续；医疗期是法律对劳动者的一种特殊保护，强调了劳动关系的解除和终止。 ◆ 计薪不同：病假期内可以计算病假工资，医疗期内不得计算病假工资。 ◆ 适用不同：病假可以适用于多种情形，而医疗期主要适用于患病或非因工负伤的情形

6. 如何确定医疗期

6.1 确定医疗期长短上的例外。

《企业职工患病或非因工负伤医疗期的规定》（1995 年）与《关于本市劳动者在履行劳动合同期间患病或者非因工负伤的医疗期标准的规定》（沪府发〔2015〕40 号）相比：上海地区忽略了员工一般工龄/累计工龄，只考虑劳动者的本企工龄/连续工龄，缩短了劳动者原应享有的医疗期。

［（2015）沪一中民三（民）终字第 768 号］。

［（2017）沪 01 民终 6427 号］。

6.2 如何延长医疗期？

◆ 国家层面：劳动鉴定委员会进行劳动能力鉴定。

◆ 北京：医疗期后仍然不能痊愈的，可以申请延长 6 个月、9 个月、12 个月、18 个月或 24 个月，具体长度根据个人病情和工龄确定。

◆ 广州/深圳：医疗期后仍然不能痊愈的，可以申请延长 6 个月、9 个月、12 个月、18 个月，具体长度根据个人病情和工龄确定。

◆ 江苏：只要医疗期未超过 24 个月，特殊疾病的医疗期均可自动延长而无须任何审批或鉴定程序。

◆ 重庆/武汉：企业和劳动部门批准。

6.3 医疗期已超过 24 个月的，是否可以继续延长？

《关于贯彻〈企业职工患病或非因工负伤医疗期的规定〉的通知》（劳部发〔1995〕236 号）规定：对某些患特殊疾病（如癌症、精神病、瘫痪等）的职工，在 24 个月内尚不能痊愈的，经企业和当地劳动部门批准，可以适当延长医疗期。

春秋微言：患病或非因工负伤致残，经鉴定完全丧失劳动能力的，医疗期满后能否解除劳动合同？

（1）最长可以享受24个月医疗期。

（2）医疗期满后，可依法解除劳动合同，并支付经济补偿金。

（3）但无须支付医疗补助费。

春秋微言：解除患病或非因工负伤者的劳动合同，是否应当支付医疗补助费？

（1）员工患病或非因工负伤，还在医疗期内的，用人单位不能解除劳动合同。

（2）在医疗期满后员工不能从事原工作，也不能从事用人单位另行安排的工作的，用人单位可以提前一个月通知或额外支付一个月工资后解除劳动合同。

（3）解除劳动合同应按员工在本单位的工龄，每满一年支付一个月的工资作为补偿金。

（4）根据《关于实行劳动合同制度若干问题的通知》：劳动者患病或者非因工负伤，合同期满终止劳动合同时，医疗期满或者医疗终结时被劳动鉴定委员会鉴定为5～10级的，用人单位应当支付不低于六个月工资的医疗补助费［（2021）沪01民终11590号］。

经典案例九

1. 罗××2009年入职广东广州××制造厂，月平均工资1500元。2010年6月，罗××在工作中受伤。7月，双方签订《工伤协议》：罗××因工作疏忽造成右手受伤，厂方全额支付医疗费40000元，并一次性补偿误工费、伤残费等合计22000元，以后一切后果责任与厂方无关。落款为"罗××（罗××的父亲）代"的字样及厂方公章。

2. 罗××2011年2月被认定为工伤；4月被鉴定为伤残等级七级；停工留薪期7个月。

3. 罗××诉求：停工留薪期间待遇、一次性伤残就业补助金。

4. 厂方主张：厂方和员工进行了协商，在3名员工的见证下达成书面协议，并履行完毕，具有法律效力，双方应共同信守。

5. 罗××主张：对此协议不予认可；并没有委托其父亲代理其签名；因工伤鉴定尚未认定，故该款项非工伤赔偿。

问题：罗××的诉求能否得到支持？

法院判词［（2012）穗中法民一终字第1160号］：

1. 《工伤协议》不予采纳。罗××是完全民事行为能力人，对代理行为不予追认；见证人均为公司的员工，与厂方关系密切，其证明力相对较弱，故法院不予采信。

2. 厂方应支付停工留薪期工资 10500 元（1500 元×7 个月）。

3. 厂方应支付一次性伤残就业补助金 61515 元（2460.60 元×25 个月）。

春秋微言：该判决告诉我们——

（1）工伤补偿/赔偿应在认定工伤、鉴定伤残等级后进行；在此之前签订协议，均为对未来不确定性及信息不对称条件下的对赌，因此，风险极大，尤其对用人单位而言更是如此，故非常不建议事前签订。

（2）对于完全民事行为能力人而言，如涉及代理行为，必须有授权委托书。

（3）用人单位员工因为与用人单位具有利害关系，故作为证人证言，效力极其低下，一般不会得到采信。但如果员工为员工作证，鉴于相互间并无利害关系，故证明力自然不可同日而语。

（4）用人单位不得通过与受伤职工签订协议的方式来规避工伤责任（[（2018）京 02 行终 891 号]）。

春秋微言：重庆二审法院——工伤私了金额低于法定标准的 75%，一律无效。

经典案例十

1. 2014 年 1 月，胡×× 入职湖北房县 ×××× 公司，任职工程部主管，工作至 2019 年 5 月 10 日。双方劳动关系存续期间，公司未为胡×× 缴纳各项社会保险，每月仅支付社保补助金 100 元。2019 年 5 月 14 日，胡×× 以公司未缴纳社会保险为由，以快递方式向公司发出解除劳动关系通知书。

2. 员工诉求：要求支付解除劳动关系经济补偿金。

3. 员工主张：公司未为其缴纳社保，故需支付经济补偿金。

4. 公司主张：

（1）公司确实未为胡×× 缴纳社会保险，但是系胡×× 主动提出，经双方协商一致以社保补助的形式每月发放给胡××。

（2）胡×× 申请并同意不缴纳社保后，又以公司未为其缴纳社保为由，起诉要求支付其经济补偿金，违背诚实信用原则，依法不应予以支持。

问题：胡×× 的诉求能否得到支持？

法院判词[（2019）鄂 03 民终 184 号]：

1. 根据《劳动合同法》第 38 条、第 46 条的规定，用人单位未依法为劳动者缴纳社会保险费的，劳动者可以解除劳动合同，用人单位应当向劳动者支付经济补偿。

2. 胡×× 自 2014 年 1 月入职公司至 2019 年 5 月离开，公司未为胡×× 缴纳社会保险费，故胡××可以解除劳动合同，公司应当向其支付经济补偿。

判决公司向胡××支付解除劳动关系经济补偿金73711元。

春秋微言：该判决告诉我们——

本章1.2原文：员工要求单位不缴社保，后又以未缴社保为由提出解除劳动合同并主张经济补偿，能否得到支持？

（1）有的省区直辖市法院，以缴纳社会保险费是法律强制性要求，用人单位和职工私约不缴纳无效，且有损社保基金法益，支持职工解除合同并主张经济补偿金（北京、湖北）。

（2）因此，用人单位与职工签订《不缴纳社会保险协议书》或职工签署《放弃社会保险承诺书》等，都将导致用人单位重大法律风险及重大经济损失。

（3）用人单位以社保补助的形式每月发放一定金额给到员工，以此替代社保。这是无效行为，因为缴交社保是用人单位的法定责任，并应以法定形式专户缴存方为有效。

春秋微言：根据本章第1.2节下《最高人民法院关于审理劳动争议案件适用法律问题的解释（二）》（征求意见稿）第二十三条的规定，现在不仅北京、湖北，全国都已经统一裁判口径了。

第六章
工伤保险法律实务中的法律
知识要点与风险防控

1. 工伤费用
2. 工伤停工留薪期的 10 个法律问题
3. 工作原因导致的腰椎病、颈椎病、视力下降算不算工伤
4. 争议工伤 6 种
5. 工伤处理的全部程序指引
6. 详解 48 小时内抢救无效死亡视同工伤

（经典案例十一、十二）

1. 工伤费用

1.1　1～10 级一次性伤残补助金。

作出《伤残鉴定结论书》后，由工伤保险基金支付。

1.2　1～6 级伤残津贴。

1～4 级由工伤保险基金按月支付。

5～6 级继续在岗则在工资之外由用人单位按月支付，解除劳动关系时由用人单位一次性支付。

1.3　5～10 级一次性工伤医疗补助金和伤残就业补助金。

前者解除劳动关系后由工伤保险基金支付，后者解除劳动关系时由用人单位支付。

1.4　停工留薪期工资。

主流做法：按工伤前 12 个月平均工资确定。

1.5　停工留薪期护理。

如单位未安排护理，则由单位支付护理费。

1.6　评残后的护理费。

确认需要生活护理的，从工伤保险基金按月支付。

◆ 生活完全不能自理：社平工资×50%。

◆ 生活大部分不能自理：社平工资×40%。

◆ 生活部分不能自理：社平工资×30%。

1.7　住院伙食补助费。

多数地区由工伤保险基金支付。

合理的交通及食宿费由企业承担。

1.8　医疗费。

超出工伤保险诊疗项目目录/药品目录/住院服务标准的由谁承担，各地处理不同。

综合考虑各因素判定用人单位和职工负担比例，如因何受伤、职工个人是否要求过度医疗，病情需要等因素。

1.9　工伤康复费。

由工伤保险基金支付。

1.10　辅助器具费。

一般应限于辅助日常生活及生产劳动之必需，并采用国内市场的普及型产品（由工伤保险基金支付）。

选择其他型号产品，费用高出部分由个人自付。

1.11　工伤复发待遇。

享受工伤医疗费、辅助器具费，停工留薪期工资。

1.12　因工死亡待遇。

◆ 丧葬补助金：6 个月上年度职工月平工资。

◆ 供养亲属抚恤金：配偶/孤寡老人/孤儿为职工工资的 40%/月，其他亲属 30%/月。

◆ 一次性工亡补助金——逐年增加；2024 年标准为 1036420 元。

2. 工伤停工留薪期的 10 个法律问题

2.1　停工留薪期工资的计算基数怎么确定？
按照工伤职工前 12 个月的平均月工资计算。

2.2　停工留薪期期限怎么确定？
由设区的市劳动能力鉴定委员会确认。

2.3　工伤职工在非定点医院开具的休假证明是否一概否认？
因地制宜、综合考虑。

2.4　停工留薪期工资是否属于劳动报酬？
主流观点：仅属于工伤保险待遇赔偿项目之一。
江苏：属于劳动报酬。

2.5　无病假条及任何收入证明材料，如何确定停工留薪期期限和基数？
参考行业标准。

2.6　用人单位多支付的停工留薪期工资是否应当返还？
不支持用人单位要求返还。

2.7 用人单位关于停工留薪期的相关规定与法律法规相冲突怎么办?

以法律法规为准,就高不就低。

2.8 第三人侵权已获误工费,工伤停工留薪期工资是否双得?

是。停工留薪期工资不属于工伤医疗费用范畴。

2.9 用人单位支付的生活费、营养费等是否可以冲抵停工留薪期工资?

工伤待遇中并无此项目,所以不支持冲抵。住院伙食费有法律规定,生活费无法律规定,营养费根据医嘱酌定。

2.10 未经劳动能力鉴定委员会申请延期的,超过 12 个月的休假是否计算病假工资?

应计算病假工资。

春秋微言:经劳动能力鉴定委员会批准延期的,继续计算停工留薪期间;未批准延期、医院也未出具病休证明的,属于"泡工伤假",构成旷工。

3. 工作原因导致的腰椎病、颈椎病、视力下降算不算工伤

3.1 雨天路滑,上下班摔伤算不算工伤?

单位外部,不能认定工伤;单位内部,可以认定工伤。

3.2 高温天气下工作中暑算不算工伤?

职业性中暑才算工伤。

3.3 工作期间感染新冠肺炎算不算工伤?

医护及相关工作人员因履行工作职责,感染新冠肺炎死亡的,认定为工伤/工亡。

3.4 工作原因导致腰椎病、颈椎病、视力下降算不算工伤?

上述疾病都不在《职业病分类和目录》中,故既不能算职业病,也不能认定为工伤。

3.5 外派出差受伤算不算工伤?

高铁上被开水烫伤,酒店洗澡或突发心脏病死亡等,可以认定为工伤或因工死亡。

3.6 工作岗位突发疾病去世算不算因工死亡?

工作时间/工作岗位,突发疾病死亡或者在 48 小时之内经抢救无效死亡的,视同工亡。

经抢救超过 48 小时后死亡的,不能算"因工死亡"[(2019)苏民申 3868 号]。

在办公室自杀身亡的,也不能认定为"因工死亡"。

春秋微言:

(1)病人已脑死亡或医院已告知医治无效仅靠医疗手段维持昏迷状态,家

属在抢救时间临界 48 小时前放弃治疗的，多数地区法院支持视同工亡（江西大余［（2018）赣 07 民终 572 号］）。

（2）工作期间身体不适或突发疾病，请病假后，简单就医结束回住所休息或直接回住所休息，48 小时内死亡的，多数地区法院支持视同工亡。

3.7　参加年会演出受伤算不算工伤？

职工参加单位（包括单位工会、单位认可的兴趣小组等）组织的各种业余文体活动中受伤，都可以认定为工伤。

春秋微言：精神类疾病属于工伤吗？

最高人民法院经审查认为［（2018）最高法行申 332 号］：

本案张××患精神分裂症之前既未受到事故伤害或意外伤害，亦未被诊断为职业病，故其所患精神分裂症既不是工伤或职业病直接所致，也不是工伤或职业病过程中伴发而生。工作环境恶劣可能会影响张××身心健康，从而诱发精神分裂症，但患精神分裂症的主要原因还是在于张××自身的生物学素质，因此工作环境恶劣与精神分裂症之间并不具有直接因果关系，不能认定其所患精神分裂症系由工作原因引起。

金昌市人社局对张××的精神分裂症不予认定为工伤，并无不当。张××的自残、自伤的确不适用《工伤保险条例》第十六条第三项"自残或者自杀的，不得认定为工伤或者视同工伤"的规定，但其自残、自伤系由精神分裂症导致，既然精神分裂症不认定为工伤，自残、自伤亦不应认定为工伤。金昌市人社局对张××的割腕伤及烧伤不予认定工伤，并无不当。原审法院驳回张××的诉讼请求亦无不当。

各地司法裁判口径——

◆ 工作中所发生的事故引发抑郁，视为工伤［（2016）吉 0702 行初 19 号］。

◆ 工作原因而遭受性暴力伤害，以及进而导致抑郁症，被认定为工伤［（2018）湘 01 行终 398 号］。

◆ 工作伤害引起的抑郁后自杀，工伤［（2019）闽 04 行终 13 号］。

◆ 工作期间发现患有重度抑郁症伴发精神分裂症，未认定为工伤［（2014）一中行监字第 3656 号］。

4. 争议工伤 6 种

4.1　迟到早退发生的交通事故，是否构成工伤？

否（主流意见）。理据有三——

◆ 上下班途中。

◆ 非本人主要责任。

◆ 路线及上下班的时间应该合理（由于工伤不问对错，故此点有分歧）。

春秋微言： 河南焦作中院认为：迟到或早退属于违反单位规章制度的行为，用人单位有权按照规章制度及劳动纪律的规定对职工作出相应的处理。而工伤是另一种法律关系，只要职工在上下班途中发生事故，符合法定条件的就应认定工伤，不能将违反单位规章制度、劳动纪律等作为否定工伤的理由［（2020）豫 08 行终 124 号］。

春秋微言： 用人单位承担的工伤赔偿责任属于民法上的"无过错赔偿责任"；但《工伤保险条例》第 16 条规定——职工有下列情形之一的，不得认定为工伤或者视同工伤。

◆ 因犯罪或者违反治安管理伤亡的。

◆ 醉酒导致伤亡的。

◆ 自残或者自杀的。

4.2 因为工作性质为管理，与被管理者发生争执而打架受伤，是否属于工伤？

否。原因是——

◆ 这种伤害应与直接管理有因果关系；

◆ 如果管理过程中自身有过错，因扩大了争议从而导致伤害，就难以被认定为工伤；

◆ 因此，把握冲突中的自我防卫与防卫过当又成为一个问题。

4.3 发生交通事故，无法认定责任，是否认定为工伤？

是。

工伤认定部门：申请一方须提供"非本人主要责任"的证据，否则不予认定工伤。

司法解释：如果没有"本人主要责任"的证据，则应当认定为工伤。

4.4 因骑自行车发生的事故，是否认定为工伤？

是。因其符合工伤认定诸要素即"非本人主要责任""交通事故""车辆""道路"等。

春秋微言： 同理，走路上班掉水沟中受伤不是工伤；如果骑单车上班掉水沟中受伤，则是工伤。

4.5 下班去父母家或男/女朋友家，发生交通事故是否认定为工伤？

◆ 去父母家是、去男朋友/女朋友家不是。因为满足在合理时间内往返于工作地与配偶、父母、子女居住地的合理路线的上下班途中的相关规定。

◆ 因此，去兄弟姐妹家也不是工伤。

4.6　出差外地时，从事个人活动受到的伤害能否认定为工伤？

否。因需满足外出学习或者开会期间，从事与工作职责有关的活动的条件。

5. 工伤处理的全部程序指引

5.1　正确参加或取消工伤保险时间，确保工伤发生时保险关系处于存续期间。

5.2　积极救治工伤职工，且应在正规医疗机构就医。

5.3　收集能证明工伤事实的证据。

5.4　补缴工伤保险（有的省市可补缴，有的省市不可补缴）。

5.5　收集申请工伤所需材料。

5.6　在三个法定时限内提出工伤申请：

5.6.1　一个月内（用人单位一方的申请时限）。

5.6.2　一年内（可由工伤职工或者其近亲属、工会组织申请的时限）。

5.6.3　特别情形下，可超过一年（不属于职工或者其近亲属自身原因）。

5.6.4　认定工伤最长不超过60日。

5.7　发生工伤，但无直接劳动关系证据时，需通过仲裁或诉讼确立劳动关系。

5.8　因工伤认定决定有争议，可提请行政复议或行政诉讼，要求撤销决定书。

5.9　向人社局申请并到其指定的劳动能力鉴定委员会接受伤残鉴定。

5.10　用人单位未参加工伤保险，且拒绝支付医疗费等工伤待遇，但职工被认定工伤的，可向劳动仲裁委员会申请先予执行。

5.11　用人单位拒绝支付工伤待遇的，申请调解。

5.12　协商及调解均未达成一致的，可提起劳动争议仲裁、诉讼、执行。

5.13　职工超时申请工伤认定被不予受理的，可经司法鉴定致残等级后直接提请人身损害赔偿，或提请仲裁、诉讼，要求参照工伤保险规定赔偿。

春秋微言：上述仲裁、诉讼等，司法实践中有不同的处理模式，有的地方一裁二审，有的地方仲裁不受理。

6. 详解48小时内抢救无效死亡视同工伤

6.1　必须是在特定的工作时间和工作岗位上突发疾病。

春秋微言：典型案例之江苏溧阳〔（2022）苏04民终5792号〕。

孙×为超过退休年龄人员，其隐瞒高血压病史，任职保安，上班7日，值班期间猝死。江苏省常州市中级人民法院终审判决用人单位按工亡待遇赔偿家属——

（1）一次性工亡补助金720103元。

（2）自本判决生效之日起十日内支付马××供养亲属抚恤金8462.16元；自2022年7月1日起，按月支付马××供养亲属抚恤金356.09元，并根据职工平均工资和生活费用变化等情况适时调整。

（3）自本判决生效之日起十日内支付陈××供养亲属抚恤金14931.84元；自2022年7月1日起，按月支付陈××供养亲属抚恤金626.83元，并根据职工平均工资和生活费用变化等情况适时调整。

春秋微言：典型案例之浙江宁波〔（2022）浙02民终2856号〕。

朱××、王×，陈××三人合伙，但未注册营业执照。用工期间，员工苏××猝死，遂提起工伤保险待遇纠纷诉讼。浙江省宁波市中级人民法院终审判决：维持一审原判，判决三人向苏××家属支付1323520元。

反例：视同工伤情形中"在工作时间和工作岗位上突发疾病"的认定。

《工伤保险条例》第十五条第一款第（一）项规定的视同工伤情形要求在工作时间和工作岗位上突发疾病，并未要求住院时间要在工作时间，亦未要求突发疾病系工作原因。疾病发生、病程进展、死亡结果往往因为疾病的种类以及病人的身体状况不同而存在个体差异，劳动者在住院后陈述心前区疼痛一天并不影响其在工作时间、工作岗位突发疾病的认定〔（2021）京03行终429号〕。

6.2　必须是直接导致不能坚持工作，需要当场抢救或紧急就医的疾病（强调事件的紧迫性与救治的连贯性）。

反例："职工突发疾病应从工作岗位上直接送往医院抢救并在48小时内死亡的情形"的解释（北京）——该规定并没有限定突发疾病死亡的地点必须在工作岗位或者医院内，也没有要求职工发病后必须由单位直接送往医院抢救且在48小时内死亡才属于视同工伤的情形（〔（2017）京02行终1298号〕）。

反例：工作原因并非视同工伤的认定标准（〔（2020）京01行终40号〕）。

6.3　该疾病必须是导致当场死亡或当场开始抢救无效死亡的后果。

上班期间感到身体不适请假回家48小时内死亡的，不认定为工伤〔（2017）最高法行申3687号〕。

反例：最高人民检察院支持和肯定一直靠机器维持生命体征，抢救超过48小时的认定为视同工伤——因该案的办理取得了良好效果，被最高检列入"工伤认定和工伤保险类行政检察监督典型案例"。

反例：劳动者被宣布临床死亡时间超过"48小时"，是其家属在其已无存活可能的情况下，本着尽最大努力维持生命的期望，不愿放弃呼吸机、心外按压等抢救手段的结果。在劳动者危重之际，其家属坚持抢救、不离不弃，亦属人之常情，符合社会伦理道德。此种情形符合《工伤保险条例》第十五条第一款第一项有关"在48小时之内经抢救无效死亡"规定的基本内涵及立法本意，应予适用〔（2019）京 0108 行初 1045 号〕。

6.4　死亡不包括家属放弃治疗导致的死亡，放弃治疗不包括在医院经过诊断，确定职工没有继续存活的可能性，家属放弃治疗后导致的死亡。

反例："在劳动者危重之际，其家属坚持抢救、不离不弃，亦属人之常情，符合社会伦理道德"〔（2019）京 0108 行初 1045 号〕。

6.5　死亡包括"脑死亡"。

6.5.1　最高院：我们认为，脑死亡应当是人死亡的标准，对"48 小时"内脑死亡、"48 小时"后停止呼吸者予以认定为工伤。

6.5.2　河南省高院：我国法律目前对死亡标准的判定没有明确规定，为了保护劳动者合法权益，在适用时不宜作出对劳动者不利的解释，脑死亡时其死亡已具有不可逆性，持续救治只能延缓临床死亡时间，因此医疗机构病历记载有"脑死亡"和"临床死亡"不同时间的，工伤认定时应当以"脑死亡"的时间为死亡时间。

6.5.3　山东潍坊中院：脑死亡具有不可逆性，应当按照脑死亡而非仅以临床死亡认定死亡时间（〔（2016）鲁 07 行终 149 号〕）。

6.5.4　部分采用"脑死亡"说，并不以"死亡证明"开具时间为准的地区：内蒙古呼伦贝尔、山东济南/日照/潍坊、河南郑州、陕西西安、湖南长沙/常德、江西赣州/遂川、广东韶关。

6.6　死亡时间应以医疗机构出具的证明为准。

6.6.1　最高院：死亡时间的认定应当以医疗机构出具的证明为准；如确有证据证明医疗机构涂改病历、违规操作的，以鉴定机构的认定为准。

6.6.2　河南省高院：劳动和社会保障部《关于实施〈工伤保险条例〉若干问题的意见》（劳社部函〔2004〕256 号）中明确："48 小时的起算时间，以医疗机构的初次诊断时间作为突发疾病的起算时间"。通常情况下，如无相反证据证明，一般应以医疗机构出具的病历等材料为准。

6.6.3　广州中院：应以病历记载的客观事实而非仅以《居民医学死亡证明书》认定死亡时间（〔（2014）穗中法行终字第 662 号〕）。

6.6.4　部分采用"心肺死亡"说，以"死亡证明"开具的时间为准的地区：江苏苏州/连云港、甘肃陇南、四川峨眉山、广东东莞/深圳。

春秋微言："在工作时间和工作岗位，突发疾病死亡或者在 48 小时之内经抢救无效死亡"各地的裁判口径。

（1）江苏：只要是合适的主体、在合理的地点、采取必要的手段对职工进行了救治，就应当认定存在抢救的事实（〔（2022）苏 06 行终 415 号〕）。

工作期间身体不适或突发疾病，请病假后，简单就医结束回住所休息或直接回住所休息，48 小时内死亡的，多数地区法院支持视同工亡（江苏淮安

[（2015）通中民终字第 01015 号]）。

（2）北京：未直接前往医院进行救治并不必然影响"视同工伤"的认定 [（2020）京 01 行终 612 号]。

（3）重庆："视同工伤"认定应综合考量生活情理与立法意旨 [（2020）渝行再 1 号]。

（4）河南：《工伤保险条例》的立法目的就是保障职工权益、分散用人单位的工伤风险，重点在于保护劳动者的合法权益。当法律、法规、技术规范对相关标准没有规定或者规定不明确时，为保护劳动者的合法权益，应作出对劳动者有利的解释（[（2019）豫行再 154 号]）。

（5）山东：职工在工作时间和工作岗位突发疾病后下班回家，立即接受医生到家中诊治。其回家的目的具有合理性、正当性，属于因正当理由未及时送医疗机构抢救，但在 48 小时内死亡的情形。不予认定工伤，既有悖于人之常理又不符合劳动法关于保护劳动者合法权利的基本原则 [（2020）鲁行再 31 号]。

经典案例十一

1. 原告蒋××在被告甘肃白银×××建筑工程有限公司承包、蒋常×分包的××通信电缆施工中从事安放电缆工作，并兼职给职工做饭。2019 年 3 月 30 日，蒋××在给职工做饭剁肉时，剁肉刀砍在其左手上，造成左手掌指骨骨折，多指完全离断。蒋××受伤后两次住院治疗，先后花费医疗费 52403.58 元。后经司法鉴定，蒋××为十级伤残，误工期为 80～90 日，护理期为 25～30 日，营养期为 25～30 日。蒋××受伤住院后，公司拒不支付任何费用。

2. 蒋××发生事故后，为了申请工伤并获得工伤赔付，其与公司事后倒签了 2019 年 3 月 10 日至 2019 年 4 月 20 日的固定期限劳动合同。

3. 蒋××请求判令公司及分包商蒋常×承担诉讼费及连带支付：医疗费、误工费、护理费、住院伙食补助费、营养费、交通费、伤残赔偿金、精神抚慰金等合计 93141.78 元。

4. 公司辩称，蒋××的诉请与事实不符：

（1）原告起诉的被告公司名称与本案提交的公司名称不一致，请求法庭查明被告主体是否适格。

（2）原告在做饭过程中遭受的人身损害我方不承担责任。

（3）劳动合同中产生的纠纷不属于人民法院管辖范畴。

问题：蒋××的诉求能否得到支持？

法院判词 [（2020）甘 0111 民初 284 号]：

1. 原、被告之间法律关系的定性

（1）蒋××与公司产生劳务关系时并未签订劳动合同，双方倒签劳动合同的行为有可能导致工伤保险基金受损，进而损害社会公共利益，因此，依法应当认定其自始、当然、确定无效。故本院依法认定双方劳动合同不具有法律约束力，双方不成立劳动合同关系。

（2）公司主张其与分包商蒋常×成立劳动关系，因此应当适用劳动仲裁前置的相关规定，但未能提供其向蒋常×发放工资的支付凭证，亦未提供其考勤记录等，且双方劳动合同依法被认定为无效。综上，双方不成立事实劳动关系。

（3）公司主张其将相关业务分包给蒋常×，因此蒋××与蒋常×成立劳动关系，对此，提交了工程集成分包合同作为证据。但该合同并未经蒋常×签字或盖章确认，因此尚未发生效力，本庭不予认定。

（4）公司的营业执照显示其经营范围包括光伏发电建设工程施工等，因此，蒋××所从事的电缆安装业务属于公司业务组成部分，并且原、被告之间地位平等，不存在隶属关系。综上，原、被告之间成立劳务关系。

2. 本案是否属于法院受理案件范围

依照《中华人民共和国劳动争议调解仲裁法》第二条的规定，蒋××与公司之间成立劳务关系，应当适用《中华人民共和国民法通则》和《中华人民共和国合同法》的规定。因此，本案依法属于人民法院受案范围，不适用劳动争议仲裁前置的规定。

3. 被告是否应当承担相应责任

（1）蒋××主张其兼职为被告公司其他员工做饭，属于执行被告公司授权和指示范围内的工作任务，并且对于此项工作，被告支付了相应工资，但对此原告未能在举证期限内提出相应证据予以证明，因此承担不利后果。

（2）综上所述，原告蒋××的诉讼请求缺乏证据支持，依法驳回其要求二被告连带支付各种费用合计93141.78元的诉讼请求。

（3）案件受理费2129元，减半收取1065元，由原告蒋××负担。

春秋微言：该判决告诉我们——

假的真不了，1个谎言需要100个谎言来掩盖。

这不是劳动合同的补签或倒签进而是否有效的问题，而是将劳务关系硬生生捏造成劳动关系或事实劳动关系，进而申报工伤、最终骗取工伤保险待遇的问题。

经典案例十二

1. 赵××为四川成都××包装厂员工。2014年5月18日18时10分，在下班后骑摩托车前往女友家途中，遇小轿车失控，与路边电线杆相撞，当场死亡。事故地距厂区8公里左右。5月23日，交警出具道路交通事故证明，不能确认摩托车与小轿车是否发生接触，经司法鉴定也无法确认。

经民事诉讼，小轿车车主与赵××父亲达成赔偿协议，以双方为同等责任的意见，法院出具《调解意见书》。2015 年 10 月，赵××父亲向人社局申请工伤认定，人社局予以认定。厂方不服，申请复议，四川省人社厅作出行政复议决定，维持工伤认定。厂方不服，提起行政诉讼。

2. 厂方诉求：请求撤销市人社局认定工伤决定书及省人社厅的行政复议决定书。

3. 厂方主张：赵××系擅自提前下班，并提供厂方证人证言，且行动路线与其本人经常居住地不符；没有交警出具的明确的非本人主要责任的交通事故责任认定书和生效裁决。

4. 人社局：根据赵××父亲提交的社区居委会证明，可以证明赵××系下班返回经常居住地途中发生交通事故死亡。根据交通事故责任划分、法院民事调解书及情况说明等，双方达成同等责任一致意见。

问题：公司的诉求能否得到支持？

一审法院判词［（2017）川 0114 民初 7038 号］／二审法院判词［（2018）川 01 民终 10889 号］：

1. 赵××于 2014 年 5 月 8 日 18 时左右，虽不是返回其住处，但是从工作地前往女友家途中，是职工日常生活合理的要求，且在合理时间内未改变"上下班"为目的的合理路线，应当认定为"上下班途中"。

2. 无有权机构出具的事故责任认定书、结论性意见和法院生效裁判文书认定该交通事故系赵××负主要责任，故属于受到非本人主要责任的交通事故。

3. 工伤责任与侵权责任两者分属不同的法律关系，产生的两个请求权并行不悖，其法理在于人身利益是无价的，属于人身赔偿项目，可以重复赔偿。

故判决驳回厂方的诉讼请求。

春秋微言：该判决告诉我们——

（1）虽然本章第 4.5 节已经讨论过，下班去女朋友家，发生交通事故，不认定为工伤，但同时女朋友家也为其临时居住地，故有此判决。

（2）同样，本章第 4.3 节讨论过，发生交通事故，无法认定责任，是否认定为工伤？答案如果没有"本人主要责任"的证据，则应当认定为工伤，此处得到印证。

（3）生命无价，故工伤责任与侵权责任两个请求权并行不悖，可以重复赔偿。

再审法院判词［（2017）川行申 587 号］：

公司不服二审判决，向四川高院申请再审。高院认为：经审查后认为部分事实不清，故裁定指令四川省成都市中院再审。

成都中院再审判词：

关于经常居住地的认定。因赵××户籍重庆，在公司所在地未购置房产，来此地仅两月，故在此地并无经常居住地，仅为临时居住，故居委会和社区证明可以采信。

公司正常下班时间为 18 时。在无充分证据证明赵××早退的情况下，其于下班后 10 分钟因事故死亡，应当属于下班途中的合理时间范围，且事故地点也属下班合理范围。

最终判决公司向赵××的法定继承人支付工亡待遇 562920 元。

春秋微言：该判决告诉我们——

诚如本章第 4.1 节所讨论的，迟到早退发生的交通事故，是否构成工伤？

主流意见认为不构成工伤，其理据有三。

（1）上下班途中。

（2）非本人主要责任。

（3）路线及上下班的时间应该合理。本案中："在无充分证据证明赵××早退的情况下，其于下班后 10 分钟因事故死亡，应当属于下班途中的合理时间范围。"

◆ 此处对待"合理时间、合理地点"上颇为"较真"，即有探究员工过错的成分。

◆ 而在另一场景中，例如员工因为违规操作——即自身过错才导致伤害，但因此申请工伤却并无太多太大分歧或障碍，即并不会去追究其操作上的合理、合规性。

◆ 因此，如前所述，用人单位承担的工伤赔偿责任应属民法上的"无过错赔偿责任"。

◆ 河南焦作中院的判决可作非主流意见代表：只要职工在上下班途中发生事故，符合法定条件的就应认定工伤；不能将违反单位规章制度、劳动纪律等作为否定工伤的理由〔（2020）豫 08 行终 124 号〕。

第七章
保密、竞业限制与竞业禁止中的
法律知识要点与风险防控

1. 保密与竞业限制有什么不同
2. 竞业限制与竞业禁止的区别
3. 竞业限制常见问题 5 问
4. 把工资的一部分作为竞业补偿是否有效？期权方式呢
5. 竞业限制实务建议
6. 如何权衡劳动合同期限与培训服务期限的轻重缓急并有效应对违约金的支付问题

（经典案例十三、十四）

1. 保密与竞业限制有什么不同

表 7 - 1 保密与竞业限制的区别

区别点	保密协议	竞业限制协议
义务的基础不同	法定义务/无偿	约定义务/有偿
义务的侧重内容不同	不能"说"	不能"做"
义务的期限不同	长期/在职/离职	离职后 2 年内
违约责任不同	实际损害	约定支付违约金

春秋微言：用人单位和劳动者可以在劳动合同中约定保密条款，劳动者对在工作中获知的商业秘密有保密义务，若公开、披露、使用或允许他人使用用人单位商业秘密的，应承担相应的民事责任（广东中山，2022 年）。

春秋微言：负有竞业限制义务的劳动者在竞业限制期限内入职存在竞争关系的其他用人单位，属于违反竞业限制义务的行为，应承担相应的违约责任。故判处甘×归还已经支付的补偿金 201501.93 元，并向公司支付违约金 346485.72 元（广东东莞，2022 年）。

2. 竞业限制与竞业禁止的区别

表7－2　　　　　　　　　　　竞业限制与竞业禁止的区别

区别	竞业限制	竞业禁止
约束对象不同	高级管理人员、高级技术人员和其他负有保密义务的人员	董、监、高
法律依据不同	《劳动合同法》：约定形成义务	《中华人民共和国公司法》：法定义务/附随义务
履行义务的期限不同	离职后不得超过二年	在职期间
不履行义务的法律后果不同	支付违约金/承担赔偿责任	承担赔偿责任
履行义务是否支付对价的不同	在职期间无须另行支付对价；但在劳动合同解除或终止后，应及时足额支付经济补偿金	无须支付经济补偿金或其他对价

春秋微言：

公司高管与其参与设立的同业公司为利益共同体，对原公司的同业竞争过程中具有共同的侵权行为，二者应当承担连带责任（［（2016）黔01民再166号］）。

公司与公司之间系彼此独立的经营主体，互相都不负有忠实义务和勤勉义务。公司不因其高管就任另一同业公司而当然负有竞业禁止义务，也不当然因此与高管承担连带责任。公司并非《中华人民共和国公司法》规定的竞业禁止义务主体，不应承担法律责任（［（2018）鲁01民终3965号］）。

3. 竞业限制常见问题5问

3.1　员工配偶开设与原单位相竞争的公司，可否认定员工违反了竞业限制义务？

可以认定或无法认定，视该公司设立时间、职工在该公司是否发挥作用来决定。

3.2　解除劳动合同时签署的权利义务结清条款能否覆盖竞业限制事项？

解除劳动合同前已订立《保密与竞业限制协议》且为离职后是否履行义务设置条件的，《解除劳动合同协议》条款明确约定须继续履行竞业限制义务的则须继续履行，约定无须继续履行的则可无须继续履行。

3.3　经济补偿/违约金应当如何约定？

经济补偿一般约定为员工离职前12个月工资总额的30%以上（国家标准）而不能过低。发生违约时认定违约金过高显失公平的，法院酌情调整。

3.4 员工支付了违约金，就可以不履行竞业限制义务了吗？

不是。在竞业限制期限内，用人单位仍然有权要求员工继续履行义务。

3.5 竞业限制补偿可否在员工在职期间按月发放？

约定在职期间支付竞业限制补偿金违反法律规定，只能在员工离职后按月发放。

反例：［（2021）沪01民终10801号］。

4. 把工资的一部分作为竞业补偿是否有效？期权方式呢

对这个问题存在不同看法。

4.1 认为有效派："法无禁止即自由"。法律不禁止提前发放竞业限制经济补偿，劳动者签字确认的工资条中有"竞业限制经济补偿"项目，视为已通过实际履行方式对工资进行了明确（［（2021）沪01民终10801号］）。

4.2 认为无效派：《劳动合同法》明确规定竞业限制经济补偿要在劳动者离职之后发放，用人单位与劳动者约定工资包含竞业限制经济补偿，明显违反法律规定（北京、广州、深圳等地，［（2014）穗中法民一终字第6155号］［（2021）粤03民终31512号］）。

4.3 中立派：深圳地区同时存在竞业限制经济补偿可包含在工资内，以及不得包含在工资内的判例（［（2017）粤03民终16473号］）。

4.4 尽管如此，并不建议如此操作，以免员工二次主张竞业限制经济补偿金。

4.5 期权在职给白给，离职后没必要给，故不建议。

5. 竞业限制实务建议

5.1 审慎签订。

一般为入职时、岗位晋升或调岗为三类人员（高级管理人员、高级技术人员和其他负有保密义务的人员）前、开始接触公司商业秘密信息前［（2023）鲁02民终4018号］。

春秋微言：典型案例。

（1）劳动合同中竞业限制条款应当严格依法确定主体范围（范×为旅游公司驾驶员），否则该条款不具有约束力［（2022）吉75民终36号］。

（2）竞业限制仅适用于特定人员［（2021）京01民终2804号］。

（3）教培公司老师王××在职8个月，离职后违反竞业限制约定，终审维持一审判决：于判决生效之日起7日内支付北京××公司违反竞业限制义务违约金748080元［（2023）京01民终2585号］。

5.2 合理设置竞业限制期限、经济补偿及违约金。

（1）竞业限制期限不得超过2年。

（2）经济补偿在国家层面为劳动合同解除或终止前12个月平均工资的30%（与当地标准冲突时，就高不就低［（2016）粤民再177号］）。

（3）发生违约时认定违约金过高显失公平的，法院酌情调整。

春秋微言：部分地区竞业限制的补偿标准。

◆ 北京：双方劳动关系终止前最后一个年度劳动者工资的20%～60%。

◆ 上海：劳动者在职期间工资的20%～50%。

◆ 广州/重庆：劳动者离职前十二个月平均工资的30%。

◆ 深圳/珠海/宁波：劳动者离职前十二个月平均工资的二分之一。

◆ 江苏/苏州：劳动者离职前十二个月的月平均工资的三分之一。

◆ 浙江：劳动合同终止前一个年度劳动者所获得报酬总额的三分之二。

5.3　签订《保密与竞业限制协议》时，在该协议条款设置离职后是否继续履行协议的条件。

《保密与竞业限制协议》应约定：职工离职后是否继续履行保密与竞业限制义务，以用人单位书面通知为准；离职时用人单位有通知继续履行竞业限制的，则继续履行义务，否则无须继续履行。

如果需要员工继续履行义务，则一定要按月支付经济补偿。

5.4　《保密与竞业限制协议》未约定竞业限制补偿金或约定标准过低，但并不影响该协议效力的，职工可另行依法主张竞业限制补偿金。

春秋微言： 竞业限制补偿金的多少并不影响竞业限制协议的效力［（2022）京03民终11562号］。

春秋微言：竞业限制可以在职期间予以约定吗？竞业限制的范围与劳动者违反竞业的责任是什么？

《最高人民法院关于审理劳动争议案件适用法律问题的解释（二）》（征求意见稿）

第十八条［竞业限制条款的效力］用人单位与高级管理人员、高级技术人员和其他负有保密义务的人员约定在职期间竞业限制条款，劳动者以在职期间不得约定竞业限制、未支付经济补偿为由请求确认竞业限制条款无效的，人民法院不予支持。

第十九条［劳动者违反竞业限制约定应承担的责任］竞业限制条款约定的竞业限制范围、地域、期限等内容应当与劳动者知悉、接触的商业秘密和与知识产权相关的保密事项、具有的商业价值和形成的竞争优势相适应。劳动者违反竞业限制约定，用人单位按照约定依法要求劳动者返还违反竞业限制约定期间已经支付的经济补偿、支付违约金的，人民法院应予支持。

6. 如何权衡劳动合同期限与培训服务期限的轻重缓急并有效应对违约金的支付问题

春秋微言：《中华人民共和国劳动合同法实施条例》（以下简称《劳动合同法实施条例》）第17条（服务期与劳动合同期限）规定，劳动合同期满，但是用人单位与劳动者依照《劳动合同法》第22条的规定约定的服务期尚未到期的，劳动合同应当续延至服务期满；双方另有约定的，从其约定。

因此需在培训服务协议或劳动合同中约定：在本合同期内，由甲方出资培训并签订培训协议，如培训协议约定的服务期超过劳动合同期限的，按如下处理。

6.1 本劳动合同期满前30日内，如甲方未书面提出终止劳动合同，那么本劳动合同期限将自动顺延至培训服务期满之日。

6.2 本劳动合同期满前30日内，如甲方书面提出终止劳动合同，那么双方的劳动关系将无条件终止，同时视为甲方免除了乙方自书面提出终止劳动合同后的培训服务期的责任。

6.3 乙方违反培训服务期约定的，应当按照培训协议之相关约定支付违约金。

春秋微言：典型案例与实操要点提示。

（1）违约金"代培费"10万元已经履行，要求返还违反诚实信用原则，故驳回邢×请求［（2014）二中民终字第10403号］。

（2）以高福利待遇为对价约定工作期限，劳动者因个人原因提前离职的，应按照公平原则予以返还；法院均支持了基金公司要求徐×退还住房补贴80万元的请求［（2014）二中民终字第10487号］。

（3）《培训与服务期协议》约定的服务期限，应综合考量并包含在合同约定的期限内。

（4）《培训与服务期协议》的服务期限长于劳动合同期限的，首次劳动合同期满而《培训与服务期协议》约定服务期未满，企业以首次劳动合同期满提出解除劳动合同的，属于违法解除劳动关系。

（5）职工在《培训与服务期协议》约定服务期内提出解除劳动关系，应当承担违约金；违约金按职工已提供的服务期时间除以约定服务期时间的比例，承担对应比例的而非全部的违约金。

春秋微言：企业对哪些事项享有知识产权？

（1）企业产生的文字作品。

（2）工程设计图。

（3）产品设计图。

（4）计算机软件。

（5）各类发明专利。

（6）商业秘密等。

经典案例十三

1. 胡××任职上海淞沪××公司销售经理，月工资4300元。签订的保密协议约定：如违反，公司有权提前终止劳动合同并要求支付因违约造成的直接/间接损失；公司每月支付保密津贴180元，但未约定竞业限制补偿金。

2. 2014年1月，侯××（胡××配偶）开设A公司，与上海淞沪××公司经营范围有重合。2月，胡××提出离职，9月，苏州B公司的销售员孙××通过网上公布的销售热线，与A公司初步签订了加工承揽合同一份。

3. 公司诉求及证据：胡××立即停止违约并继续履行竞业限制义务，赔偿公司损失。证据：劳动合同、保密协议、A公司网上销售热线的用户资料为胡××的证明、申请孙××出庭作证。

4. 胡××主张：合同没有约定履行义务的经济补偿，违反了法律的强制性规定，该协议应认定为无效；公司的设立并不代表已开始经营，故未违反竞业限制义务。

问题：公司的诉求能否得到支持？

法院判词〔（2014）沪一中民三（民）终字第2115号〕：

1. 竞业限制协议未约定经济补偿金是否影响其效力？

竞业限制协议未约定经济补偿金，并不属于缺乏合同主要条款的情形，不影响合同的成立。

根据《最高人民法院关于审理劳动争议案件适用法律若干问题的解释（四）》第六条的规定〔旧版司法解释一至四现已统一为《最高人民法院关于审理劳动争议案件适用法律问题的解释（一）》（法释〔2020〕26号）〕：竞业限制未约定经济补偿金，并不必然导致竞业限制的约定无效，而是可以通过法规来弥补、衡平双方的利益。

2. 胡××配偶开设的A公司与其原公司经营范围有重合，存在竞争关系。A公司在其公司网站上公布的销售热线的用户资料为胡××，足以证明其参与了A公司的销售工作，故胡××存在违反竞业限制约定的行为，需依法向公司支付违反竞业限制的违约金。

春秋微言：该判决告诉我们——

（1）不给钱，就违约？当然不是！

（2）极其重要的一点就是竞业限制协议未约定经济补偿金，并不影响合同的成立，并不必然导致竞业限制的约定无效。因为国家层面有"劳动合同解除或终止前12个月平均工资的30%"的经济补偿金的兜底保障。

（3）劳动者履行义务后，要求用人单位支付经济补偿的，法院应予支持（该案中胡××并未履行义务）。

（4）用人单位三个月未支付补偿，劳动者请求解除约定的，法院应予支持（该案中胡××未提出解除约定，因此竞业限制协议仍然有效）。

（5）在解除协议时，劳动者请求用人单位额外支付三个月经济补偿金的，法院应予支持。

经典案例十四

1. 吴××于2013年4月1日入职广东深圳××公司，任职高级咨询师，月工资为6000元固定工资+6000元项目补贴（补贴需出勤22天，不足22天需折算），最后工作时间为2013年4月18日。双方签署了《保密、竞业限制及职务成果归属协议》，明确"甲方每月支付乙方的报酬中已包含乙方'履行保密义务、竞业限制义务以及知识产权'的经济补偿"。

2. 员工诉求：要求公司支付2013年4月19日至2014年8月18日期间的竞业限制经济补偿金96000元。

3. 员工主张：《保密、竞业限制及职务成果归属协议》中关于工资已包含竞业限制补偿的条款无效。虽未明确竞业限制补偿标准，但应根据《深圳经济特区企业技术和秘密保护条例》的规定，按照本人工资50%的标准按月支付。

4. 公司诉求：要求吴××支付违反《保密、竞业限制及职务成果归属协议》第八条的违约金100000元。

5. 公司主张：吴××在入职公司前及离职后一直是律师事务所专职律师，其隐瞒该项重大事实，在公司处从事第二职业，公司在不知情的情形下签订上述协议，在欺诈情况下签订的协议应当被撤销或认定无效。吴××没有履行竞业限制协议，公司无须支付竞业限制经济补偿金。

问题：吴××的诉求能否得到支持？

一审法院判词［（2014）深福法民四初字第1191号］：

《保密、竞业限制及职务成果归属协议》未明确约定保密、竞业限制补偿金的具体数额，且公司亦未提交有效证据证明其支付工资中已包含保密、竞业限制补偿金，该条款免除了公司的法定义务，排除了吴××应得权益，应属无效条款。

应以《深圳经济特区企业技术和秘密保护条例》竞业限制补偿的标准，按吴××固定工资6000元的50%，支付吴××竞业限制补偿金计6000×50%×16＝48000（元）。

春秋微言：该判决告诉我们，《保密、竞业限制及职务成果归属协议》未明确约定保密、竞业限制补偿金的具体数额，用人单位未提交有效证据证明其支付工资中已包含保密、竞业限制补偿金（间接认同本章第4.2节——把工资的一部分作为竞业补偿无效），由于条款免除了用人单位的法定义务，排除了劳动者应得权益，故属无效条款。

诚如本章第5.2节所言，竞业限制经济补偿金在国家层面为劳动者劳动合同解除或终止前12个月平均工资的30%，但与各地标准相悖时，应本着就高不就低的原则作出判断。

二审法院判词［（2015）深中法劳终字第2082号］：

竞业限制补偿金应当在竞业限制期限内按月给予劳动者经济补偿，公司协议免除了自己的法定义务，排除了员工权利，应为无效，视为双方未约定竞业限制补偿金，但该条款无效并不影响其他条款效力。

根据《最高人民法院关于审理劳动争议案件适用法律若干问题的解释（四）》第六条的规定，双方未约定竞业限制补偿金的，竞业限制补偿金的每月支付标准为劳动者在劳动合同解除或者终止前十二个月平均工资的30%。故公司应支付吴××竞业限制补偿金57600元（12000×30%×16）。

春秋微言：该判决告诉我们，除维持了一审关于《保密、竞业限制及职务成果归属协议》中条款无效的判决外，二审法院的认定与一审法院并不相同。

一审法院认为公司有"未明确约定保密、竞业限制补偿金"之过错，二审法院则认为"双方未约定竞业限制补偿金，但该条款无效并不影响其他条款效力"，显然二审法院更符合最高院司法解释中关于"竞业限制未约定经济补偿金，并不必然导致竞业限制的约定无效"的结论。

但在竞业限制经济补偿金上却采用国家层面标准而非深圳标准即并未遵循"就高不就低"的原则。

再审法院判词［（2016）粤民再177号］：

根据《中华人民共和国立法法》的规定，经济特区法规根据授权对法律、行政法规、地方性法规作变通规定的，在本经济特区适用经济特区法规的规定。在深圳经济特区，应当优先适用《深圳经济特区企业技术秘密保护条例》这一地方性法规。

故判决公司应支付吴××2013年4月19日至2014年8月18日期间竞业限制经济补偿金为96000元（12000×50%×16）。

春秋微言：该判决告诉我们，在深圳经济特区，应当优先适用《深圳经济特区企业技术秘密保护条例》这一地方性法规，故在竞业限制经济补偿金上需采用一审标准即"就高不就低"的原则。

第八章
产假、生育津贴与"三期"女职工的管理中的法律知识要点与风险防控

1. 违反女职工劳动禁忌相关规定的法律责任
2. "三期"期间必须享受的假期有哪些
3. 如何发放产假工资
4. 如何发放"三期"期间工资
5. 生育津贴的计算与支付
6. 女职工退休年龄的认定与劳动合同解除

（经典案例十五、十六）

1. 违反女职工劳动禁忌相关规定的法律责任

1.1 违反规定，造成损害的，除承担赔偿责任外，还可能承担行政甚至刑事责任。

1.2 违反规定，限期改正，并处以受侵害女职工每人 1000～5000 元的罚款。

1.3 违反规定，限期治理，并处以 50000～300000 元的罚款；情节严重的，责令停止作业甚至关闭。

2. "三期"期间必须享受的假期有哪些

2.1 产假。

2.1.1 98 天产假，其中产前可以休假 15 天。

2.1.2 80 天生育奖励假期（广东）。

2.1.3 难产，增加产假 30 天。

2.1.4 生育多胞胎，每多生育 1 个婴儿，增加产假 15 天。

2.1.5 怀孕未满 4 个月流产的，享受 15～30 天产假。

2.1.6 怀孕满 4～7 个月流产的，享受 42 天产假。

2.1.7 怀孕满 7 个月流产的，享受 75 天产假。

2.2 产前检查（包括妊娠十二周内的初查），应算作劳动时间；产前工间休息：怀孕七个月以上，每天工间休息一小时，不得安排夜班劳动。

春秋微言：女职工孕期未到岗不能一概认定为旷工，判决公司向李×支付违法解除劳动合同的赔偿金［（2016）京02民终1329号］。

2.3 哺乳时间：婴儿一周岁内每天两次哺乳时间，每次30分钟，也可合并使用。

春秋微言：员工王××于哺乳期因调岗、事假等原因未上班，被呼和浩特市××药房解除劳动合同。内蒙古自治区呼和浩特市中级人民法院终审判决：维持一审原判，即××药房于判决生效后十五日内支付王××违法解除劳动合同经济赔偿金176100.36元［（2023）内01民终2858号］。

3. 如何发放产假工资

春秋微言：产假工资和生育津贴的区别是什么？

（1）概念不同。生育津贴是女职工享受国家规定产假，并由国家给予的生活费用；而产假工资则是用人单位发放给休产假女职工的劳动报酬。

（2）发放主体不同。生育津贴一般是由社会保险机构发放给用人单位，再由用人单位支付给生育员工；产假工资则由用人单位直接发放给生育员工。

（3）享受条件不同。享受生育津贴的前提条件是单位必须参加生育保险，且部分城市规定必须缴纳生育保险费用满一定年限，例如一年；但用人单位即使没有参加生育保险，没有达到缴费年限，仍需发放产假工资。

（4）范围不同。在实行生育津贴制度的地区，生育津贴包含产假工资；当生育津贴高于产假工资时，由用人单位将生育津贴余额支付给职工；而当生育津贴低于职工工资标准时，差额部分则由用人单位补足［（2023）京02民终4966号］。

3.1 女职工的产假期间和产假工资。

◆ 产前检查＋哺乳时间计为劳动时间。

◆ 参加生育保险的，产假工资由生育保险基金支付；未参加的，由用人单位支付。

◆ 产假工资按产前平均工资计算［（2023）京02民终5035号］［（2023）苏02民终2732号］。

3.2 女职工生育津贴的发放标准是什么？

春秋微言：《女职工劳动保护特别规定》第8条规定，女职工产假期间的生育津贴，对已经参加生育保险的，按照用人单位上年度职工月平均工资的标准由生育保险基金支付；对未参加生育保险的，按照女职工产假前工资的标准由用人单位支付。

按休假前12个月的平均工资计算，包括福利待遇和全勤评奖（不含加班工资）。

高于原工资标准的，用人单位不能截留；低于的，差额部分由用人单位补足。

3.3 女职工生育津贴发放的时间是如何规定的？

用人单位先行逐月垫付，再由社保经办机构拨付给用人单位或直接给到个人。

3.4 不支付或不足额支付产假工资的法律风险。

劳动者被迫辞职并主张经济补偿金。

用人单位承担行政责任/刑事责任。

3.5 实操建议。

◆ 以员工生育前12个月工资标准发放（包括福利待遇和全勤评奖，不包括加班工资）。

◆ 要求员工在《工资支付签收表/单》上签名确认。

◆ 不能通过约定方式改变发放时间。

4. 如何发放"三期"期间工资

4.1 不得在"三期"降低基本工资。

4.2 产假期间照发全额工资（不含加班工资），不影响原有福利待遇和全勤评奖。

4.3 产假后可请哺乳假至婴儿一周岁；期间工资不得低于原来工资的75%。

4.4 职工产假期满上班，应允许有一至两周的适应时间；如有超过产假期间待遇的，按患病规定办理。

4.5 2023年全国最新婚假/产假/陪护假天数排名前三的地区。

4.5.1 婚假。

◆ 山西、甘肃：30天。

◆ 河南：28天（参加婚检）。

◆ 黑龙江：25天（参加婚检）。

4.5.2 产假。

◆ 吉林：158～365天。

◆ 河南、海南：190天。

◆ 江西、河北、内蒙古：188天。

4.5.3 陪产假。

◆ 江西、安徽、云南、河南、甘肃、西藏：30天。

◆ 吉林、内蒙古、陕西、宁夏、广西：25天。

◆ 辽宁、重庆、湖南：20天。

春秋微言：用人单位能否解除"三期"女职工的劳动合同？

女职工在孕期、产期、哺乳期的，用人单位不得依据《劳动合同法》第40条（N＋1条款）、第41条（裁员条款）的规定解除劳动合同；但女职工如存在《劳动合同法》第39条（单位可以解除劳动合同的6种情形）规定情形的，用人单位可以依法解除劳动合同。

5. 生育津贴的计算与支付

5.1 生育津贴核算的具体公式：女职工生育当月的缴费基数÷30（天）×假期天数。生育津贴低于本人产假工资的，差额部分由用人单位补足；高于的，用人单位不得截留。

5.2 北京、上海、天津、重庆、四川、云南、宁夏、山西、安徽、河北、陕西等地区：所有产假（国家法定产假和地方生育奖励假）均由生育保险基金支付生育津贴。

5.3 江苏、浙江、福建、广东、广西、湖南、辽宁、青海等地区：享受生育津贴的天数为98天，生育奖励假期间由用人单位支付产假工资。

5.4 各地生育津贴主要的三种支付方式：

◆ 你给她，我给你；

◆ 我给你，你给她；

◆ 我给它，它给她。

（你：企业；我：社保机构；它：商业银行；她：女员工。）

6. 女职工退休年龄的认定与劳动合同解除

6.1 是否为管理或技术岗位谁说了算？

◆ 因是否属于管理或技术岗位而引发的争议，不属于劳动争议案件的受理范围。

◆ "三资"及民营企业：企业说了算（深圳）。

◆ 国有企业：本级/上级组织说了算（上海）。

◆ 女职工的最后一份劳动合同中的岗位约定说了算（北京）。

6.2 女职工在临近退休时签订的劳动合同，必须注意——

◆ 岗位的具体约定。

◆ 岗位调动条件的约定。

◆ 岗位聘期和劳动合同期限关系的约定。

6.3 用人单位在为女职工办理退休手续时，如何避免法律风险？

◆ 用人单位行使退休申报权，即通过向人社局沟通办理退休预审。

◆ 报送所属社保经办机构，由社保中心行使退休审核权，以取得人社部门对退休年龄、退休条件材料的确认。

◆ 用人单位避免违法终止，依法"批准退休"。

6.4 岗位发生变动的如何确认？

以新岗位为准。

及时通过签订岗位变动协议或者变更劳动合同等合法有效形式确定，并向社会保险经办机构申报变更岗位的性质等信息。

6.5 违法解除劳动合同赔偿了事吗？

如果劳动者确系管理/技术岗位的，可以主张恢复劳动关系，而非支付经济赔偿了事。

春秋微言：违法解除"三期"女职工劳动关系的后果及司法判例。

（1）恢复与"三期"女职工的劳动关系。

（2）补足拖欠的相应工资及福利待遇。

（3）支付违法解除劳动关系赔偿金。

（4）广州：赔偿产期工资，孕期及哺乳期按照20%工资比例赔付。

（5）深圳：只有主张继续履行劳动合同时才支持违法解除劳动合同期间的工资损失。

（6）江苏：支持违法解除劳动合同的赔偿金并支持违法解除前的工资损失。

春秋微言：违反计划生育有关规定生育，是否应享受孕期、产期、哺乳期相关待遇？单位是否应该承担三期待遇？

《女职工劳动保护特别规定》第5条、第7条：即便女职工违反计划生育有关规定生育的，其仍应按照《女职工劳动保护特别规定》享受产假及产假期间相关福利待遇。

《中华人民共和国人口与计划生育法》第25条及地方性人口与计划生育条例中规定的延长生育假是对符合法律及条例生育子女的夫妻给予的奖励；对于不符合者，不应享受延长生育假、护理假及其相关待遇。

春秋微言：用人单位能否以违反计划生育有关规定，属于严重违反规章制度为由，解除劳动者的劳动合同？

（1）国家法律法规、地方行政法规，并未明确说明（甚至删除了）违反计划生育有关规定属于违法且用人单位可以解除劳动关系，故用人单位据此解除劳动合同，属于违法。

（2）基于目前鼓励生育的大趋势，现时司法实践中，法院也不支持用人单位可据此依法解除劳动关系。

（3）有些省份，明确规定了用人单位以劳动者违反计划生育政策为由解除劳动合同属于违法。如《广东高院、广东省劳动仲裁委关于劳动人事争议仲裁与诉讼衔接若干意见》（粤高法发〔2018〕2号）第13条规定：用人单位以劳动者违反计划生育政策为由解除劳动合同的，应承担违法解除劳动合同的法律责任。

反例：广东深圳〔（2020）粤03民终19410号〕

<h2 style="text-align:center">经典案例十五</h2>

1. 蔡×与广东深圳××公司签订的劳动合同约定：月工资10000元，其中基本工资6000元，岗位工资4000元。蔡×于2014年10月13日至12月10日休病假，后开始休产假。公司按照基本工资的70%支付病假工资；按基本工资发放产假工资。2015年5月，蔡×以公司"未足额支付工资"为由提出辞职。

2. 蔡×诉求：要求公司支付2014年年终奖；病假、产假期间工资差额；经济补偿金。

3. 蔡×主张及证据：2012年有发年终奖，2013年2月实发7760元年终奖，但2014年未发放；公司未按照法律规定支付病假、产假工资，并提供了银行流水记录；案外3名员工2014年年终奖发放记录及劳动合同。

4. 公司主张：2013年2月实发的7760元不是年终奖，是报销款项（未提供证据证明）；因员工在病假、产假期间不在岗，应按其月基本工资的标准支付上述病假、产假期间工资。

问题：蔡×的诉求能否得到支持？

法院判词〔（2016）粤03民终1510号〕：

1. 关于年终奖。公司否认存在发放年终奖的事实，主张2013年发放蔡×的7760元为报销的招待费。法院认为，公司未能举证证明其所主张的相关事实，故据此推定蔡×主张发放年终奖的事实成立，结合其在2014年休病假时间较长的事实，参照2013年标准，酌定公司支付其2014年年终奖5000元。

2. 关于病假工资差额。根据法律规定，公司应按蔡×月工资标准10000元的60%支付其病假期间工资。

3. 关于产假工资差额。根据《深圳市员工工资支付条例》第22条：员工依法享受产假的，用人单位应当视为提供正常劳动并支付工资，故公司应按蔡×月工资标准支付产假工资。

4. 关于经济补偿金。因蔡×向公司提出被迫解除劳动关系的事实清楚，公司亦确实存在未足额支付病假、产假工资之情形，据此，判决公司应当支付解除劳动关系经济补偿金有事实和法律依据。

春秋微言：该判决告诉我们——

（1）不支付或不足额支付产假工资的，劳动者可以被迫辞职并主张经济补偿金（本章第3.4节）。

（2）没有年终奖的书面规定，但每年发放已形成惯例，劳动者已产生合理预期的，应该发放 [（2019）京03民16224号]（第四章第6.5节）。

（3）病假工资或疾病救济费可以低于当地最低工资标准支付，但不能低于最低工资标准的80%（第五章第3.2节表5-1）。

（4）员工依法享受产假的，产假期间照发全额工资（不含加班工资），不影响原有福利待遇和全勤评奖（本章第4.2节）。

（5）员工提出被迫解除劳动关系事实清楚、证据确凿的，用人单位应当支付解除劳动关系经济补偿金（《劳动合同法》第38条、第85条）。

经典案例十六

1. 邱××为广东深圳××公司员工，其休产假前工资构成为基本工资4410元、福利性补贴5790元、工龄补贴100元及月奖800元，合计11100元。同时公司规定员工享有年终双薪。2014年邱××因生育而休产假，公司按照每月4410元的标准向其支付产假待遇。

2. 员工诉求：要求公司按照全额工资标准补发产假待遇差额并补发年终双薪。

3. 公司主张：邱××产假期间未实际在岗，故无权享受福利性待遇。

问题：邱××的请求能否得到支持？

法院判词 [（2015）深中法劳终字第5940号]：

1. 本案的争议焦点在于公司是否应向邱××支付产假工资及2014年度年终双薪的数额。

2. 在邱××依法享受产假期间，公司应当视为其提供正常劳动并支付工资，故公司关于邱××产假期间未实际在岗，无权享受福利性待遇的上诉请求，缺乏法律依据，本院不予支持。

3. 故判决公司应按照全额工资11100元的标准，补发产假工资差额，同时按照11100元的标准补发年终双薪。

春秋微言：该判决告诉我们，不支付或不足额支付产假工资的，劳动者可主张补足拖欠的相应工资及福利待遇。

产假工资为全额工资（加班工资除外），且不影响原有福利待遇和全勤评奖（如年终双薪；本章第4.2节）。

第九章

年休假与法定节假日中的法律知识要点与风险防控

1. 年休假的享受条件"连续工作一年以上的"中的"一年以上"如何理解？如何核定

2. 职工依法不能享受年休假的情形有哪些

3. 常见问题 12 问

4. 法定节假日的具体放假情况是如何规定的

5. 哪些假期遇到法定节假日顺延

6. 调休和补休有什么差别

（经典案例十七、十八）

1. 年休假的享受条件"连续工作一年以上的"中的"一年以上"如何理解？如何核定

"连续工作 1 年以上"，是指连续 12 个月不间断地工作，而且可以是在不同单位的工作——既包括职工在本单位的工作时间（本企工龄/连续工龄）也包括在以前单位工作的时间（一般工龄/累计工龄）。

1.1　北京：只要曾经连续工作满 12 个月，即可享受年休假〔（2022）京 03 民终 307 号〕；入职前"连续工作满 12 个月"，入职后当年可享受带薪年休假〔（2014）二中民终字第 09206 号〕。

1.2　重庆：进入新公司前的中断就业时间不能超过一个月。

1.3　上海/深圳：进入新公司前不能中断就业，即两个单位必须无缝对接〔（2016）沪 0115 民初 51560 号〕〔（2020）沪 0104 民初 10 号〕〔（2020）沪 0110 民初 22818 号〕。

春秋微言：核定有薪年休假的实操指引。

根据职工人事档案记载、社保缴费记录、劳动合同或其他具有法律效力的证明材料核定有薪年休假。

2. 职工依法不能享受年休假的情形有哪些

2.1　依法享受寒暑假，其休假天数多于年休假天数的。

2.2　请事假累计 20 天以上且单位按照规定不扣工资的。

2.3　累计工作满 1 年不满 10 年，请病假累计 2 个月以上的。

2.4　累计工作满 10 年不满 20 年，请病假累计 3 个月以上的。

2.5　累计工作满 20 年以上的职工，请病假累计 4 个月以上的。

3. 常见问题 12 问

3.1　年休假是单位安排还是员工申请？

需单位主动安排且保留《请假/休假申请单》证据；未能安排的需支付未休年休假工资。

3.2　单位因工作需要，可否安排在来年休假？

只能跨 1 个工作年度安排；且应征得员工本人同意。

3.3　用人单位既未安排年休假又不支付工资报酬的，将会承担什么法律责任？

需按未休年休假工资报酬标准支付 300% 的金额；即在已支付正常工作期间工资的基础上，再支付 200% 的未休年休假工资。

3.4　哪些假期不包含在年休假假期内？

国家法定休假日、休息日、探亲假、婚假、丧假、产假、工伤停工留薪期间。

3.5　年休假中的"年度"可以是劳动合同约定的年度吗？

不可以。此处"年度"为公历年度。

事实上，年度内按自然天数进行折算反而对用人单位更为有利。

3.6　合同解除时员工已休完本年度应休年休假的，应如何处理？

已休完的，用人单位不能再扣回。

解决之道：不允许提前预支年休假。

3.7　员工因严重违纪违规被解除合同或主动提出辞职，是否还需支付其未休年休假工资？

仍需支付。

3.8　员工退休、中途死亡等，未休年休假还需要折现吗？

特定终止劳动合同的情形，应以劳动合同终止日期为限折现。

3.9　丧假是如何规定的？

1~3 天。

含父母（公婆、岳父母）、配偶、子女。

3.10　季节性行业每年固定给员工的假期可否视为年休假？

可算作年休假。

3.11　单位每年春节给员工多放几天假，可以算作年休假吗？

可以。但须有证据证明并清楚告知员工，以免误认为是单位统一安排的有薪假期。

3.12　单位以年为周期安排劳动者调休是否具有合理性？年休假纠纷的解决途径是什么？

将部分加班时长安排在当年度进行调休，否则年终一并支付加班费。

劳动监察，或劳动仲裁。

春秋微言：实操指引。

按自然年度、职工在该自然年度的工龄，折算在职职工年休假天数。

在春节超7天之外的休假期间统一安排为对应天数年休假，或将发生不可抗力（如疫情）而无法工作期间调整为对应天数年休假。

4. 法定节假日的具体放假情况是如何规定的

全体公民放假的节日：

◆ 新年，1天（1月1日）。

◆ 春节，3天（农历正月初一、初二、初三）。

◆ 清明节，1天（农历清明当日）。

◆ 劳动节，1天（5月1日）。

◆ 端午节，1天（农历端午当日）。

◆ 中秋节，1天（农历中秋当日）。

◆ 国庆节，3天（10月1日、2日、3日）。

部分公民放假的节日及纪念日：

◆ 妇女节（3月8日），妇女放假半天。

◆ 青年节（5月4日），14周岁以上的青年放假半天。

◆ 儿童节（6月1日），不满14周岁的少年儿童放假1天。

◆ 中国人民解放军建军纪念日（8月1日），现役军人放假半天。

5. 哪些假期遇到法定节假日顺延

5.1　产假：不顺延（江苏/上海的其中30天产假中，可顺延或补假）。

5.2　生育假：顺延。

5.3　看护假/陪产假/陪护假/护理假：顺延。

5.4　婚假：不顺延。

5.5　各地在3天的婚假外增加的7天婚假：顺延。

5.6　丧假：不顺延。

5.7　病假：不顺延但应剔除节假日。

5.8　年休假：顺延，或节假日不计入年休假。

6. 调休和补休有什么差别

表 9-1		调休和补休的差别
调休	调整休息时间	◆ 国务院调整全民休息时间，即节假日挪假； ◆ 企业调整内部休息时间，主要表现为特殊工时制和标准工时制中的调休
补休	弥补休息时间	◆ 事后用其他时间来弥补之前该休而未休的时间； ◆ 用来弥补劳动者在休息日正常工作而失去的休息时间； ◆ 补休时间等同于加班时间
加班时间一定可以用"补休"来弥补吗？		不一定——"补休"仅适用于公休日即周六周日加班

经典案例十七

1. 姚××任四川成都某商场促销员，其工作分 A/B 班，每日分别工作 5～7 小时，每周休息 1 天；法定节假日上班，公司给予 50 元加班费；约定工资按销售业绩核定。

2. 双方发生争议后，公司认为姚××系自动离职，姚××认为系公司裁员而被迫离职。

3. 姚××诉求：违法解除劳动关系赔偿金、加班费等共计 130222 元。

4. 公司主张（加班费）：作为一名促销员，法定节假日是销售黄金期，法定节假日公司会发固定加班工资给员工，员工还可按其销售量获取业绩提成和奖金，故公司不应再行支付法定节假日加班工资。

问题：姚××的诉求能否得到支持？

法院判词 [（2015）长中民四终字第 02335 号]。

1. 是否需支付经济补偿金？

双方均未提交充分证据证明解除劳动合同的原因，故可视为公司提出且经双方协商一致解除劳动合同，公司应向姚××支付经济补偿金。

2. 关于加班工资。

平日加班：姚××每天按 A/B 班轮班工作，每周休息 1 天，其每周工作时间并未超过国家法定工作时间，故其主张的平日加班，不予支持。

法定休假日加班：公司主张"不应再行支付法定节假日加班工资"没有事实与法律依据，姚××法定节假日工作的，公司应当支付不低于工资的百分之三百的加班费。

3. 判决公司支付姚××协商一致解除劳动关系补偿金及法定节假日加班费共 22955 元。

春秋微言：该判决告诉我们——

（1）双方均未能提交充分证据证明解除劳动合同原因的，一般视为用人单位提出且经双方协商一致解除劳动合同，故用人单位应向员工支付经济补偿金。此裁判口径以三地最具代表性：广东、北京、重庆。

（2）法定节假日工作的，用人单位应当支付不低于工资的 300% 的加班费。

（3）《工资支付暂行规定》有关问题的补充规定（劳部发〔1995〕226 号）第二条第 1 款：安排在法定休假节日工作的，应**另外支付**给劳动者不低于劳动合同规定的劳动者本人小时或日工资标准 300% 的工资。故第四章 3.7 提到：法定节假日安排劳动者加班的，除支付正常工资之外，还应另行支付 300% 的加班费，即加班员工法定节假日当日收入总额应为 400% 的工资。

经典案例十八

1. 王××于 2008 年入职云南楚雄××公司，先后任职办公室主任、总经理助理和副总经理职务。在公司工作期间未休过年休假。2014 年 3 月 5 日，双方协商解除劳动关系。

2. 员工诉求：要求公司支付共计 57 天的带薪年休假工资 50655.33 元。

3. 员工主张：自 1998 年 7 月 1 日毕业后，先后在会计师事务所、航空公司以及该地产公司处工作。虽在地产公司工龄近 6 年，但其累计工作已满 10 年不满 20 年，应按此标准每年享受 10 天带薪年休假，公司应按照 300% 的标准支付其应休未休年休假待遇共计 50655.33 元。

4. 公司主张：因王××从未向公司申请休年休假，故公司未安排其休年休假，应认定为其自行放弃。

问题：王××的诉求能否得到支持？

法院判词〔（2015）楚中民一终字第 304 号〕：

1. 劳动者连续工作满 1 年，应享受带薪年休假，年休假天数应根据员工累计工龄计算，故王××每年应享受的带薪年休假天数为 10 天。

2. 申请劳动仲裁的时效为 1 年，本案双方系于 2014 年 3 月协商解除劳动关系，故 2013 年之前未休年休假工资报酬的诉求已过诉讼时效，本院不予支持。

3. 未休年休假待遇中的 300%，其中包含用人单位支付职工正常工作期间的工资收入。判决公司向王××支付未休年休假工资 23703.24 元。

春秋微言：该判决告诉我们——

（1）诚如本章第 1 节所言：年休假的享受条件"连续工作一年以上的"中的"一年以上"，是指连续 12 个月不间断地工作，而且可以是在不同单位的工作，既包括职工在本单位的工作时间（本企工龄／连续工龄），也包括在以前单位工作的时间（一般工龄／累计工龄）。

（2）未休年休假待遇中的 300%，包含了用人单位支付职工正常工作期间的工资收入的 100%，故只需再行支付剩余 200% 即可（本章 3.3）。

（3）未休年休假待遇中的 300%，指日工资。

第十章
规章制度与《员工手册》中的
法律知识要点与风险防控

1. 规章制度应当如何制定及如何达致协商程序
2. 规章制度公示告知的 7 种方式
3. 严重违反规章制度的劳动合同解除操作流程
4. 规章制度 8 大硬伤
5. 企业可以对员工进行罚款吗
6. 《员工手册》中常见的 10 大员工签字也无效的条款
（经典案例十九、二十）

1. 规章制度应当如何制定及如何达致协商程序

1.1　公布草案征求意见，经职代会或全体职工讨论，提出方案和意见，平等协商确定（规章制度未经民主程序法院不予采信［（2023）京 02 民终 6815 号］）。

1.2　决定实施中，工会或职工认为不适当的，有权提出，协商完善。

1.3　应将直接涉及职工切身利益的规章制度公示/告知职工。

（规章制度未向职工送达不发生效力［（2023）京 01 民终 3790 号］）。

1.4　必须体现协商过程：对于职工/职代会/工会的合法合理意见，应当采纳。

1.5　国有/集体企业的规章制度必须经职代会审议通过。

1.6　规章制度的产生程序，要有保存记录的证据、工会参与的证据。

1.7　公示告知可采用张贴、网络、邮件、培训等方式进行。

1.8　职工签收时应载明其已全部知晓、认可及同意遵守所签收之规章制度。

春秋微言：

（1）规章制度的法定的协商制定及公式告知程序［（2021）京 0118 民初 6656 号］：民主讨论—提出方案—平等协商—共同确定—公示告知。

（2）用人单位规章制度禁止的"代刷卡"行为可以作为解除劳动合同的事

由［（2020）吉 0104 民初 7643 号］。

（3）即便用人单位的规章制度中未作出明确规定，如果劳动者存在的违反劳动纪律或职业道德的行为达到一定的严重程度，仍可以视为对用人单位规章制度的严重违反，用人单位的类推适用《劳动合同法》第 39 条第 2 项的规定（即"严重违反用人单位的规章制度的"）来解除劳动合同（［（2021）京 01 民终 8826 号］）。

2. 规章制度公示告知的 7 种方式

2.1 分发传阅，签名确认。

2.2 规章制度作为合同附件。

2.3 纸质文件，张而贴之。

2.4 组织培训，签名确认。

2.5 组织考核，保留试卷。

2.6 OA 办公，网络公示（后补书面签收手续）。

2.7 电子邮件，瞬息告知（后补书面签收手续）。

3. 严重违反规章制度的劳动合同解除操作流程

3.1 制定合法有效的规章制度。

◆ 程序合法即需民主程序 + 告知程序［（2015）三中民终字第 02173 号］。

◆ 内容合法即不与现行法律法规抵触［（2023）辽 02 民终 3176 号］。

◆ 员工手册未经民主程序制定；劳动者提出合理质疑，用人单位依此解除劳动合同违法［（2017）京 02 民终 6959 号］。

3.2 将违反规章制度的事实用证据固定下来。

3.2.1 让劳动者对违纪事实进行自认，如写检讨书/申诉书。

3.2.2 找劳动者谈话时录音、做笔录。

3.2.3 如有旁证，第一时间做笔录。

3.2.4 及时保存好监控录像、视频、照片等。

3.3 将解除理由通知工会。

本书第十一章 2.2：就算用人单位理据充分，单方解除劳动合同时如不通知工会，便意味着程序不合法，即视为违法解除劳动合同。

3.4 将解除决定告知劳动者。

《最高人民法院关于审理劳动争议案件适用法律问题的解释（一）》（法释〔2020〕26 号）第 44 条：因用人单位作出的开除、除名、辞退、解除劳动合同、减少劳动报酬、计算劳动者工作年限等决定而发生的劳动争议，用人单位负举证责任。

3.5 办理工作交接及员工离职手续。

4. 规章制度8大硬伤

4.1 用人单位没有相关规章制度，无"法"可依。

4.2 规章制度没有相关规定，无的放矢［（2014）朝民初字第33940号］。

4.3 规章制度没有依民主程序制定，完全由用人单位单方制作［（2014）朝民初字第33940号］［（2015）三中民终字第02173号］。

4.4 规章制度没有公示或告知劳动者，或没有证据显示已经公示或告知。

4.5 规章制度内容违法或不合理（如对员工予以罚款、末位淘汰、限制如厕时间等）。

4.6 规章制度内容相互冲突或与劳动合同约定不一致。

4.7 没有证据证明员工有严重违规行为［（2023）沪01民终1344号］［（2014）朝民初字第33940号］。

4.8 员工的违规行为被一事二罚、重复处理。

春秋微言：依照规章制度处理职工违规时，应把握如下7大原则。

（1）有证据证明违规事实存在。

（2）处理时间合理，对违规行为应尽快作出处理，否则可能视为单位放弃处分权。

（3）处分公正合理，处分决定与违规行为之情节轻重、事件性质相对称。

（4）不得重复处分，即同一违规行为不能受到一次以上的处分或一种以上不同形式的处分。

（5）避免溯及既往劳动合同期间的违规，如果职工多次签订固定期限劳动合同，处分本合同期内发生的违规，应避免溯及前期合同内的违规，以及连续计算违规次数。

（6）处分程序合法，不得违反法定程序和内部规章制度的规定。

（7）处分文书有效送达职工。

5. 企业可以对员工进行罚款吗

5.1 2008年已废止的《企业职工奖惩条例》第11条规定：可以罚款。

5.2 《中华人民共和国行政处罚法》规定：只有被授权的国家行政机关才有罚款权。

5.3 《广东省劳动保障监察条例》第50条：用人单位的规章制度规定了罚款内容的，责令改正，给予警告；已对劳动者实施罚款的，责令限期改正；逾期未改正的，按照被罚款的人数每人处以2000～5000元的罚款。

春秋微言：各地企业无权罚款之司法裁判口径——

[（2023）京 02 民终 7050 号]。

[（2023）京 03 民终 6282 号]。

[（2019）沪 01 民终 13217 号]。

[（2021）粤 03 民终 33752 号]。

[（2020）粤 04 民终 564 号]。

[（2021）皖 0604 民初 112 号]。

[（2020）湘 01 民终 5914 号]。

[（2020）冀 01 民终 6827 号]。

[（2019）内民申 440 号]。

5.4 《深圳经济特区和谐劳动关系促进条例》第 16 条、《深圳市员工工资支付条例》第 34 条：处分金额/经济处罚不超过当月工资的 30%，且扣除后不得低于最低工资标准。

5.5 《江苏省工资支付条例》第 12 条第（四）项：给用人单位造成经济损失，用人单位按照劳动合同的约定以及依法制定的规章制度的规定需要从工资中扣除赔偿费的。

5.6 司法裁判上认可有处罚权的地区：

5.6.1 四川成都。

5.6.2 湖南岳阳。

5.6.3 上海：企业罚款属于企业正常经营自主权范围，但前提是企业经法定程序，制定了合法有效的规章制度，且员工已经签收确认。

5.6.4 北京[（2020）京 03 民终 2629 号]：公司的《员工手册》经过民主程序制定且已经进行公示，不违反法律、行政法规及政策规定，系合法有效，公司有权依据《员工手册》对员工进行处罚。

5.6.5 江西[（2020）赣 04 民终 74 号]：虽然规定了罚款处罚，但该项处罚是该公司针对员工违反公司管理制度行为作出的经济制裁，是企业行使经营自主权的体现，这与国家机关面向不特定对象行使社会管理职权，作出罚款等行政或司法行为，有着本质区别。

5.6.6 浙江[（2019）浙 0902 民初 2874 号]：用人单位依法制定并经职代会批准的厂规、厂纪中明确规定可以扣减劳动者工资的，不属于《工资支付暂行规定》第十五条中所称"克扣"之情形。

6. 《员工手册》中常见的 10 大员工签字也无效的条款

6.1 迟到一次，罚款 100 元/200 元/500 元。

用人单位不具行政处罚权（[（2022）沪 01 民终 13168 号][（2021）粤 03

民终 7503 号])。

6.2　旷工 3 天，视为自动离职。

春秋微言：自动离职后职工未与其他单位建立劳动关系的，则与本单位劳动关系处于不确定状态，发生的风险由本单位承担。

因旷工无法联系的，应当在旷工第二日按照劳动合同约定送达地址通过EMS 邮寄送达《催告返岗工作通知书》，在合理时间内持续两次邮寄催告；连续旷工 3～10 天（根据送达情况而定），第三次邮寄《解除劳动关系通知书》。

6.3　年休假当年必须休完，过期作废。

可以跨 1 个年度安排；应休未休年休假应按日工资的 300% 支付工资。

6.4　员工离职后不再发放年终奖。

免除自身法定责任，排除劳动者权利，大概率败诉。

6.5　绩效考核处于末位的员工，单位可以直接解除劳动合同。

末位淘汰及其变种竞争上岗均属违法。

6.6　工资中包含社保。

法定义务及责任，私下约定无效。北京/湖北：法院支持员工反悔。

6.7　合同期未满辞职，须交纳相当于员工个人一个月工资的违约金。

仅专项技术培训及竞业限制可以约定违约金。

春秋微言：在违反服务期约定和违反竞业限制约定两种情形下，劳动者需向用人单位支付违约金。劳动合同的违约条款超出法律规定可以约定违约金的范围，属无效约定；用人单位不得利用其强势地位，以保护商业秘密为由，随意扩大劳动者承担违约责任的范围（广东广州，2022 年）。

春秋微言：特殊待遇问题的司法判断——

《最高人民法院关于审理劳动争议案件适用法律问题的解释（二）》（征求意见稿）第二十六条——

用人单位除向劳动者支付正常劳动报酬外，与劳动者约定服务期限并提供住房等特殊待遇，劳动者违反劳动合同约定提前解除劳动合同且不符合劳动合同法第三十八条规定情形时，用人单位请求劳动者折价补偿服务期限尚未履行部分应分摊费用或者赔偿造成的损失的，人民法院可以判令劳动者承担相应责任。

6.8　岗位特殊，入职 3 年内不能结婚/怀孕。

侵犯了员工的婚姻自由权/生育权。

6.9　试用期不享受年休/病/婚/丧/产假。

只要符合条件，均可正常享受。

6.10 单位安排加班，应无条件服从。

只适用于下列6种情形的加班：

6.10.1 发生自然灾害、事故或者因其他原因，威胁劳动者生命健康和财产安全，需要紧急处理的。

6.10.2 生产设备、交通运输线路、公共设施发生故障，影响生产和公众利益，必须及时抢修的。

6.10.3 在法定节日和公休假日内工作不能间断，必须连续生产、运输或者营业的。

6.10.4 必须利用法定节日或公休假日的停产期间进行设备检修、保养的。

6.10.5 为完成国防紧急任务的。

6.10.6 为完成国家下达的其他紧急生产任务的。

经典案例十九

1. 2013年，湖北武汉××公司发现店长田××存在弄虚作假、虚领赠品的行为，便于2013年6月26日作出处罚通知：将田××调至南湖店任实习员工，试用1个月；记大过一次；罚款1000元。2013年7月17日，公司认为田××违反了《员工守则》第21条、第59条的规定，遂作出开除田××的决定，并于2013年7月24日将开除通知送达给田××，田××拒绝在回执上签名。

2. 田××诉求：要求公司支付违法解除劳动关系赔偿金、补偿金、未签无固定期限劳动合同双倍工资等。

3. 公司证据及主张：《员工守则》田××有培训签收，且其对弄虚作假、虚领赠品的事实予以确认。田××严重违纪，公司依据规章制度作出处分合乎法理。

问题：田××的主张能否得到支持？

一审法院判词：

1. 劳动者严重违反用人单位规章制度的，用人单位可以解除劳动合同。

2. 公司的证据能够证明田××存在违反《员工守则》的行为。

3. 公司依据《员工守则》的规定对田××作出开除的决定，未违反法律规定，无须支付经济赔偿金。

春秋微言：

该判决告诉我们，一审法院显然罔顾公司一事多罚的基本事实，作出错误判决。

二审法院判词：

1. 公司在解除田××劳动关系之前，以冒领赠品、私自销售产品为由实际已两次对田××作出处罚（降职、记过及罚款）；2013年7月17日，公司再次以相同事由作出对田××解除劳动关系的处罚没有事实依据，公司应属违法解除劳动关系（不得违反一事不再罚原则），应当支付经济赔偿金。

2. 根据《劳动合同法实施条例》第25条的相关规定，劳动者不能同时要求经济赔偿和经济补偿。

3. 根据《劳动合同法实施条例》第11条的规定，劳动者并未提交证据证明其要求订立无固定期限劳动合同而单位不愿订立，因此，该项请求不予支持。

春秋微言：一事不再罚原则是法理学上的概念，是指对违法行为人的同一个违法行为，不得以同一事实和同一依据，给予两次或者两次以上的处罚。一事不再罚作为行政处罚的原则，目的在于防止重复处罚，体现过罚相当的法律原则，以保护行政相对人的合法权益。

春秋微言：该判决告诉我们——

（1）公司将田××由店长调岗至实习店员，具有侮辱性和惩罚性，且调整后岗位与原岗位落差极大，违背了调岗调薪的基本原则及合理性，属违法调岗，此乃公司违法一。

（2）"将田××调至南湖店任实习员工，试用1个月"——同一单位与同一劳动者之间，只能约定一次试用期，此乃公司违法二。

（3）公司对田××罚款1000元，此乃公司违法三。

（4）先调岗试用、后记过罚款、再作出开除，违反了"一事不再罚"的原则，此乃公司违法四。

（5）严格来讲，自2008年被废止后，开除、除名［《企业职工奖惩条例》(1982年出台、1994年废止)］、辞退［《国营企业辞退违纪职工暂行规定》(1986年出台、1994年废止)］等说法就早已无法可依了。如果较真，官司必输无疑，因为"适用法律不当"。当然，这就不是一家企业的事情，而是全中国司法界都无法厘清的公案了。

经典案例二十

1. 王×于2010年8月23日入职北京朝阳××公司，双方签有劳动合同，期限至2014年8月22日终止，解除前十二个月平均工资为10720元。单位于2014年1月21日向王×发出《解除劳动合同通知书》，以王×未经批准缺勤、在工作时间处理私人事务及提供虚假考勤申报、虚假就诊记录等行为违反了《员工手册》为由，解除了与王×的劳动合同。

公司《员工手册》8.10.2规定："单位可按情况的严重性，以口头警告或书面警告等方式对员工采取纪律行动，如书面警告后再违反者，视为严重违反单位制度"。8.10.3规定："员工有下列行为将受到纪律处分，严重者将予以即时解雇而不获任何经济补偿或赔偿：①未经批准缺勤或屡次迟到……②在工作时间处理私人事务……"

2. 员工诉求：要求单位支付违法解除劳动关系经济赔偿金 75040 元。

3. 员工主张：规章制度未经民主程序；其并不存在单位主张的违纪；单位提供的保安以及司机的陈述，与单位有利害关系，故不予认可。

4. 单位主张：

4.1 规章制度经民主程序，且员工已签收。

4.2 会谈纪要，显示保安员证明王×在工作时间购物，未亲自到医院开假条，假条是由保安员代办。

4.3 单位司机对王×用车情况的说明，证明王×公车私用。

问题：王×的诉求能否得到支持？

一审法院判词［（2014）朝民初字第 33940 号］：

1.《员工手册》8.10.2 规定：单位应以口头或书面警告的方式对员工的违规行为进行处理，员工在受到书面警告后再违反的，视为严重违反单位的规章制度。但单位却未能就其已向王×作出过口头或书面警告进行举证，故对单位关于王×严重违反规章制度的主张不予采信。

2. 8.10.3 规定：严重违纪将予以解雇，但该条并未对达到何种程度才构成严重违纪作出规定。

3. 单位也未举证证明其《员工手册》经过了相应的民主程序而制定。

故本院认为单位与王×解除劳动合同的行为于法无据，应视为违法解除，判决单位支付王×违法解除劳动合同的赔偿金 75040 元。

春秋微言：该判决告诉我们——

（1）正如本章 4.2 所言，规章制度没有相关规定，无的放矢。

（2）又如本章 4.3 所言，规章制度没有依民主程序制定，完全由用人单位单方制作。

（3）再如本章 4.7 所言，没有证据证明员工有严重违规行为。

如此规章制度，无非是向法庭提供了一份完整的违法解除劳动合同的证据罢了。

二审法院判词［（2015）三中民终字第 02173 号］：

1.《劳动合同法》规定：单位在直接涉及劳动者切身利益的规章制度或重大事项时，应当经职工代表大会或者全体职工讨论，提出方案和意见，与工会或者职工代表平等协商确定。

2. 单位未能提供证据证明其《员工手册》已经职工代表大会或全体职工讨论，并提出过相关方案和意见，故本院对单位的上诉主张无法采信。

综上，驳回单位上诉，维持原判。

春秋微言：该判决告诉我们——

（1）如本章第4.3节所言，规章制度没有依民主程序制定，完全由用人单位单方制作。

（2）如本章第3.1节所言，制定合法有效的规章制度包括：

程序合法即需民主程序＋告知程序；内容合法即不与现行法律法规抵触。

（3）规章制度制定中的民主程序包括——

①需经职工代表大会或全体职工讨论。

②由职工代表或全体职工提出方案和意见。

③用人单位还应与工会或职工代表平等协商。

第十一章
工会与职工代表大会中的法律知识
要点与风险防控

1. 工会的组建程序
2. 工会对企业具有的巨大而不可替代的两大现实作用与影响
3. 未建立工会的，单方解除劳动合同时是否需要通知工会
4. 越级通知工会，影响劳动关系解除的合法性吗
5. 职工代表大会在替代工会职能中的两次例外
6. 如何组建职工代表大会

（经典案例二十一、二十二）

1. 工会的组建程序

1.1　企业向上级工会提出申请并报批。

1.2　成立筹备机构，宣传工会知识。

1.3　登记发展会员，建立工会小组。

1.4　推荐工会委员会候选人，召开工会成立大会。

1.5　将选举结果报批上级工会。

2. 工会对企业具有的巨大而不可替代的两大现实作用与影响

2.1　企业工会一旦参与了重大事项，尤其是规章制度的制定与实施，则规章制度作为处理员工依据的合法性将板上钉钉、不可动摇（制度合法）。

2.2　企业就算理据充分，单方解除劳动合同时如不通知工会，便意味着程序不合法，即视为违法解除劳动合同（程序合法）。

2.3　强调工会参与/知情/建议权，可见——

2.3.1　《劳动合同法》第4条、第43条、第56条。

2.3.2　《中华人民共和国工会法》（2022年）第22条。

2.3.3　《最高人民法院关于审理劳动争议案件适用法律问题的解释（一）》（法释〔2020〕26号）第47条。

2.3.4　《江苏省劳动合同条例》第31条。

2.4　《劳动合同法》第43条（强调工会在劳动合同解除中的监督作用）：

用人单位单方解除劳动合同，应当事先将理由通知工会。用人单位违反法律、行政法规规定或者劳动合同约定的，工会有权要求用人单位纠正。用人单位应当研究工会的意见，并将处理结果书面通知工会。

2.5　《最高人民法院关于审理劳动争议案件适用法律问题的解释（一）》（法释〔2020〕26号）第47条：建立了工会组织的用人单位解除劳动合同符合劳动合同法第39条、第40条规定，但未按照劳动合同法第43条规定事先通知工会，劳动者以用人单位违法解除劳动合同为由请求用人单位支付赔偿金的，人民法院应予支持，但起诉前用人单位已经补正有关程序的除外。

3. 未建立工会的，单方解除劳动合同时是否需要通知工会

观点一——

3.1　即使单位尚未建立基层工会，也应当通过告知并听取职工代表的意见的方式或向单位所在地工会/总工会征求意见的变通方式来履行告知义务这一法定程序。

春秋微言：《江苏省劳动合同条例》第31条第2款规定，用人单位单方解除劳动合同，应当事先将理由通知工会；用人单位尚未建立工会的，通知用人单位所在地工会［（2023）苏08民终353号］；与此裁判口径一致或近似的省市有以下12个。

安徽［（2021）皖03民终2845号］。

福建［（2021）闽0213民初1404号］。

天津［（2017）津01民终5399号］。

江苏［（2014）锡民终字第0590］。

山东［（2022）鲁17民终2193号］。

辽宁［（2021）辽03民终3450号］。

四川［（2021）川01民终15768号］。

浙江［（2019）浙02民终403号］。

广东［（2019）粤04民终24号］。

山西［（2018）晋01民终311号］。

重庆［（2017）渝04民终1019号］。

海南［（2016）琼民申898号］。

（浅灰颜色者为同时持有观点一和观点二的省市）

3.2　没有工会的用人单位将解除劳动合同的理由事先通知同级相关工会组织的判例：

山西［（2018）晋01民终311号］。

广东［（2019）粤04民终24号］。

江苏〔（2023）苏 08 民终 353 号〕。

3.3 如果未成立工会就能免除通知义务，一方面会助长用人单位跟风抵制成立工会，另一方面对于已经成立工会的用人单位，也不公平。

安徽〔（2021）皖 03 民终 2845 号〕。

四川〔（2021）川 01 民终 15768 号〕。

辽宁〔（2021）辽 03 民终 3450 号〕。

3.4 "事先通知工会"乃法定的必经程序，用人单位无论是否建立工会都应履行这一程序，否则将因程序不合法而构成违法解除劳动合同。

广东〔（2020）粤民申 1407 号〕。

广东〔（2018）粤 04 民终 2971 号〕。

海南〔（2016）琼民申 898 号〕。

3.5 天津市高级人民法院《天津法院劳动争议案件审理指南》第 21 条：

已经建立工会的用人单位根据《劳动合同法》第 39 条、第 40 条的规定解除劳动合同，事先已经通知工会；或者虽未通知工会，但是在起诉前已经补正有关程序。

未建立工会的用人单位根据《劳动合同法》第 39 条、第 40 条规定解除劳动合同，劳动者以用人单位未通知所在地工会或者行业工会为由主张违法解除劳动合同的，不予支持。

天津〔（2017）津 0102 民初 149 号〕。

天津〔（2017）津 01 民终 5399 号〕。

江苏〔（2017）苏 01 民终 7497 号〕。

3.6 相关规定允许用人单位在起诉至法院前仍可补正通知工会程序，既维护了法律的严肃性，又考虑到了用人单位的过错情况，借此平衡了劳资双方的关系：〔（2017）赣民申 835 号〕。

观点二——

不应该对《最高人民法院关于审理劳动争议案件适用法律问题的解释（一）》（法释〔2020〕26 号）第 47 条作扩大性理解；

未建立工会组织的用人单位在依法单方解除劳动合同时，"事先通知工会"不应作为必经程序。

春秋微言：认为"未建立工会或没有工会的用人单位则无此通知义务，不构成程序违法或违反禁止性规定"的判例有以下 11 个。

安徽〔（2020）皖 02 民终 499 号〕。

福建〔（2019）闽 05 民终 4127 号〕。

天津〔（2017）津 0102 民初 149 号〕。

天津〔（2017）津 01 民终 5399 号〕。

北京［（2019）京 02 民终 11084 号］。

北京［（2018）京 0102 民初 28505］。

上海［（2019）沪民申 849 号］。

上海［（2018）沪 02 民终 4123 号］。

上海［（2018）沪 0104 民初 16424］。

山西［（2019）晋 0702 民初 5549 号］。

云南［（2018）云 2504 民初 393 号］。

（浅灰颜色者为同时持有观点一和观点二的省市）

4. 越级通知工会，影响劳动关系解除的合法性吗

4.1　越级通知的个案裁判：直接向上一级工会通知并征得同意，程序合法（湖北高院 & 江苏盐城中院）。

4.2　有工会的必须履行通知义务，并非征得同意；若劳动者是工会主席或副主席的，在解除劳动关系时，除征得本级工会同意外，还应向上一级工会通知并征得同意。

4.3　其他观点：

①若严格执行《最高人民法院关于审理劳动争议案件适用法律问题的解释（一）》（法释〔2020〕26 号）第 47 条，则不需要通知，因为只规定了通知，并没有规定无工会企业怎么通知。

② 3.1 案例中，近三分之一的裁判意见非常相似，"即使用人单位尚未建立基层工会，也应当通过告知并听取职工代表的意见的方式或者向当地总工会征求意见的变通方式来履行告知义务这一法定程序（［（2021）辽 03 民终 3450号］）"——"向当地总工会征求意见"，这就是越级。

③通知工会能够降低违法解除风险。建议采用 EMS 履行告知义务，并留存相应证据。

5. 职工代表大会在替代工会职能中的两次例外

5.1　工会在规章制度和企业单方解除合同中的通知程序上拥有参与/知情/建议权。

5.2　这个权利一般来讲是独享的。

5.3　目前的司法实践中，我们看到了两处极其罕见的变通：

单位尚未建立基层工会的，可以通过告知并听取职工代表意见的方式或向所在地工会征求意见的变通方式来履行告知义务这一法定程序。

单位尚未建立基层工会的，可以通过组建职工代表大会的方式来变通履行工会在规章制度制定、通过、施行过程中的法定程序。

春秋微言：这就是说——

（1）单位尚未建立基层工会，是一个长期存在的社会现实。

（2）在这个基本现实面前，工会也不得不作出某种权利上的让渡。

（3）如此，对于未有、未能建立基层工会的单位，便可以通过两种变通方式来遵守《劳动合同法》第43条，那就是通过告知并听取职工代表意见的变通方式来履行告知义务这一法定程序，以及通过组建职工代表大会的方式来变通履行工会在规章制度制定、通过、施行过程中的法定程序。

（4）那么，组建职工代表大会就需提上议程。

6. 如何组建职工代表大会

6.1 根据公司现有在职职工总数，确定职工代表总人数。

6.2 根据部门人数及比例，确定该部门的职工代表人数。

6.3 召开部门高/中/基层负责人会议，对职工代表大会的性质、意义和职权等进行广泛宣传。

6.4 以部门为单位，积极推荐职工代表候选人。

6.5 部门职工对候选人进行差额方式投票选举。

6.6 职工代表大会的硬性指标：

6.6.1 职工代表人数最少不得低于30人。

6.6.2 企业职工人数在50人以下的，应当召开职工大会。

6.6.3 企业中层以上管理人员和领导人员一般不得超过职工代表总人数的20%。

6.6.4 女职工和劳务派遣职工应当占有适当比例。

6.6.5 选举/撤换职工代表，须有选区全体职工三分之二以上参加，得到选区全体职工总数二分之一以上同意票者方可当选/撤换。

6.6.6 实践中，职工代表中中高层管理人员、非生产线职员、一线员工的比例以2∶3∶5为妥。

经典案例二十一

1. 匡××于2018年5月11日入职江苏无锡××公司，双方签订劳动合同书，载明劳动合同期限为2018年5月11日至2021年5月10日，试用期为6个月（2018年5月11日至2018年11月10日）。

2. 2018年8月9日，公司向匡××送达解除劳动关系通知书，原因为"劳动者在试用期间被证明不符合录用条件"。

3. 2018年10月18日，匡××向无锡市梁溪区仲裁委申请仲裁，不认可辞退理由，要求公司支付解除劳动合同的赔偿金5000元。后经匡××提出、仲裁委于 2018 年 12 月 18 日作出终结仲裁决定书。后匡××提起本案诉讼，要求继续履行劳动合同。

4. 公司认为：解除劳动合同的事由为"试用期不合格"。具体情形为试用期内请假 23 天、旷工 2 天、发生交通事故 1 次，解除依据为《员工手册》之相应条款。因属试用期内解除劳动合同，故公司无须支付经济赔偿金。公司虽有工会，因解除劳动合同时匡××尚处于试用期内，故未经通知及征求工会意见之程序。

问题：匡××的诉求能否得到支持？

一审法院判词［（2019）苏 0213 民初 3112 号］：

1. 劳动者在试用期间被证明不符合录用条件或者存在严重违反用人单位规章制度等情形的，用人单位可解除劳动合同；用人单位单方面解除劳动合同的，应当事先将理由通知工会。

2. 公司未事先将解除理由通知工会或征求工会意见，且在诉讼中自认其有工会，因此，应由公司自行承担相应的不利法律后果。

3. 由此，公司解除与匡××的劳动合同违反法律规定；在匡××已离职、劳动合同已不能继续履行的情形下，公司应依法支付赔偿金。

春秋微言：该判决告诉我们——

（1）《劳动合同法》第 43 条规定："用人单位单方解除劳动合同，应当事先将理由通知工会"。

（2）公司自认其有工会，仅因"解除劳动合同时匡××尚处于试用期内，故未经通知及征求工会意见"，非常实诚，但是没用。

（3）更为致命的是，尽管相关规定允许用人单位在起诉前仍然可以通过补正通知工会这一程序进行弥补，但事实是公司在最后之情势发展成为不可逆之前，仍然没能抓住"补正通知工会"这根救命稻草。

二审法院判词［（2020）苏 02 民终 21 号］：

《劳动合同法》第四十三条规定，用人单位单方解除劳动合同，应当事先将理由通知工会；用人单位违反法律、行政法规规定或者劳动合同约定的，工会有权要求用人单位纠正；用人单位应当研究工会的意见，并将处理结果书面通知工会。

据此，依法告知并听取工会意见系用人单位单方解除劳动合同应当履行的法定程序。本案中，公司未履行该程序，属于违反强制性规定，系违法解除劳动合同。

经典案例二十二

1. 严××于 2013 年 3 月 13 日至江苏无锡××公司工作，岗位为成本部主管。2014 年 12 月，公司董事会对其部门架构、岗位设置进行调整后，向严××

发出《解除劳动合同通知书》，称：因客观条件发生重大变化，致使双方之间的劳动合同无法继续履行，于2014年12月23日与其解除劳动合同，并支付经济补偿金37899.03元。

2015年1月6日，公司向严××发出《关于再次告知劳动合同解除的通知》，要求严××立即前来办理离职和交接手续。1月13日，严××办理了离职交接手续，公司为其办理了退工手续。

2015年3月30日，劳动人事争议仲裁委员会以超过45日为由作出仲裁决定书，终止审理，2015年4月，严××向法院起诉。2015年5月，公司向街道工会提交了一份《关于单方解除劳动合同备案事宜报告》，其中汇报了与严××单方解除劳动合同的情况。街道工会在该报告尾页上加盖了公章，但并未签署意见。

2. 员工诉求：要求公司支付违法解除劳动关系经济赔偿金差额16000.97元。

3. 员工主张：不存在劳动合同订立时客观情况发生变更的情形，且公司解除劳动合同未通知工会，属违法解除。

4. 公司主张：2014年12月，由于集团公司对下辖公司进行架构调整、业务整合，导致严××所在岗位被撤销，经与严××协商后才解除了双方的劳动合同，此情形属于"劳动合同订立时所依据的客观情况发生重大变化"。公司在解除劳动合同之前，已先行电话通知了所在区总工会，因总工会需要向所在街道工会反映，导致未及时办理相关手续。

问题：严××的诉求能否得到支持？

一审法院判词［（2015）锡滨民初字第00765号］：

1. 客观情况发生重大变化，通常是指发生不可抗力或出现致使劳动合同全部或部分条款无法履行的其他情况，如企业迁移、被兼并、企业资产转移等。现有证据无法充分证明公司存在导致劳动合同无法继续履行的情形。

2. 即使公司存在效益下降的事实，亦应通过合理的途径来提高效益，而不能轻易以"客观经济情况发生重大变化"为由解除劳动合同，损害劳动者权益。

3. 用人单位单方解除劳动合同应事先将理由通知工会，尚未建立工会的，应当通知用人单位所在地工会。虽然相关规定允许用人单位在起诉前补正通知工会的程序，但公司在起诉至法院后才补充提交了通知所在地区工会的材料，仍然说明其在本案诉讼前没有履行通知工会的法定程序。

综上，公司解除劳动合同的行为不符合法律规定的实体要件和程序要求，应当认定为违法解除。故判决如下：

1. 公司应于判决生效后立即支付严××赔偿金差额15899.13元。

2. 公司应于判决生效后立即支付原严××2014年第四季度绩效奖金2875元。

3. 公司应于判决生效后立即支付严××加班工资 464 元。

4. 驳回严××的其他诉讼请求。

春秋微言：该判决告诉我们——

（1）公司所提供证据无法充分证明公司存在导致劳动合同无法继续履行的情形。

（2）确属效益下降的，应通过合理途径来提高效益，而不能随便以"客观经济情况发生重大变化"为由解除劳动合同。

（3）关于履行通知工会这一法定程序上的错误如下：

①用人单位单方解除劳动合同的，应事先将理由通知工会。

②尚未建立工会的，应当通知用人单位所在地工会（本章 3.1，即使单位尚未建立基层工会，也应当通过告知并听取职工代表的意见的方式或向企业所在地工会征求意见的变通方式来履行告知义务这一法定程序）。

③虽然相关规定允许用人单位在起诉前补正通知工会的程序，但公司仍然没有抓住这最后的机会。

春秋微言：司法实践中认定不属于"客观情况发生重大变化"的 7 种情形。

（1）公司基于降低成本原因决定撤销岗位。

（2）公司基于经营亏损决定优化部门撤销岗位。

（3）公司基于经营困难决定撤销岗位。

（4）公司基于重组决定撤销岗位。

（5）公司基于管理层要求决定撤销岗位。

（6）公司基于执行董事要求决定撤销所有部门和总经理岗位。

（7）同一个区的企业搬迁。

关于部门取消，如企业合并、分立等，取消当属客观情况发生重大变化；而管理层单方决定取消部门，则应理解为"企业自主管理"范畴，不属于客观情况发生重大变化。

二审法院判词［（2015）锡民终字第 02742 号］：

驳回上诉，维持原判。

第十二章
劳务派遣中的法律知识要点与风险防控

1. 劳务派遣单位与用工单位的劳务派遣协议应当包括哪些内容
2. 劳动者有哪些情形用工单位可以将其退回，且劳务派遣单位亦可解除劳动合同
3. 在哪些情形下，用工单位不得依据客观情况发生重大变化及以经济性裁员为由退回劳动者
4. 常见问题 10 问
5. 劳动者履行工作职责时因过错给用人单位造成损失，用人单位请求赔偿能否获得支持
6. 劳务派遣协议终止后继续留用或退工的法律责任认定
（经典案例二十三、二十四）

1. 劳务派遣单位与用工单位的劳务派遣协议应当包括哪些内容

1.1 派遣单位与用工单位的名称、住所等信息。

1.2 派遣人员数量和派遣期限。

1.3 派遣工作地点。

1.4 派遣的工作岗位名称和岗位性质。

1.5 工作时间和休息休假事项。

1.6 劳动安全卫生事项。

1.7 同工同酬原则下的劳动报酬数额及其支付方式。

1.8 社会保险费的数额及其支付方式。

1.9 患病、工伤、"三期"期间的相关待遇。

1.10 违反劳务派遣协议的责任。

1.11 劳务派遣服务费的支付标准和方式。

1.12 法律、法规、规章规定的应当纳入劳务派遣协议的其他事项。

2. 劳动者有哪些情形用工单位可以将其退回，且劳务派遣单位亦可解除劳动合同

2.1 在试用期间被证明不符合录用条件的。

2.2　严重违反用工单位的规章制度的。

春秋微言：劳务派遣关系中用工单位的规章制度，需在履行公示告知程序后方具有约束力［（2023）吉 01 民终 501 号］。

2.3　严重失职，营私舞弊，给用工单位造成重大损害的。

2.4　劳动者同时与其他用人单位建立劳动关系，对完成本用工单位的工作任务造成严重影响，或经本用工单位提出，拒不改正的。

2.5　劳动者以欺诈、胁迫的手段或乘人之危，使用人单位在违背真实意思的情况下订立或变更劳动合同，导致劳动合同无效的。

2.6　被依法追究刑事责任的。

2.7　劳动者患病或非因工负伤，在规定的医疗期满后不能从事原工作，也不能从事由用工单位另行安排的工作的。

2.8　劳动者不能胜任工作，经过培训或调岗后，仍不能胜任工作的。

春秋微言：以上实为《劳动合同法》第 39 条、第 40 条第 1 项、第 2 项的相关内容。

3. 在哪些情形下，用工单位不得依据客观情况发生重大变化及以经济性裁员为由退回劳动者

3.1　在本单位连续工作满十五年，且距法定退休年龄不足五年的。

3.2　女职工在孕期、产期、哺乳期的。

3.3　从事接触职业病危害作业的劳动者未进行离岗前职业健康检查，或者疑似职业病病人在诊断或者医学观察期间的。

3.4　患病或者非因工负伤，在规定的医疗期内的。

3.5　在本单位患职业病或者因工负伤并被确认丧失或者部分丧失劳动能力的。

3.6　法律、行政法规规定的其他情形。

春秋微言：以上实为《劳动合同法》第 42 条即用人单位不得解除劳动合同的情形：劳动者有下列情形之一的，用人单位不得依照本法第 40 条（N＋1 条款第 1 项、第 2 项）、第 41 条（裁员条款）的规定解除劳动合同。

春秋微言：职业病健康检查对解除劳动合同的效力有什么影响？

《最高人民法院关于审理劳动争议案件适用法律问题的解释（二）》（征求意见稿）第二十二条——

用人单位未按照国务院安全生产监督管理部门、卫生行政部门的规定组织

从事接触职业病危害作业的劳动者进行离岗前的职业健康检查，双方协商一致解除劳动合同后，劳动者请求继续履行劳动合同的，人民法院应予支持，但有下列情形之一的除外：

（一）一审法庭辩论终结前用人单位已经组织劳动者进行职业健康检查且经检查劳动者未患职业病的；

（二）用人单位组织劳动者进行职业健康检查，劳动者无正当理由拒绝检查的。

4. 常见问题 10 问

4.1 劳务派遣的用工量有什么规定？

不得超过用工总量的 10%。

4.2 劳务派遣单位与劳动者之间是什么用工形式？劳动合同期限有什么要求？

只能建立全日制用工形式，且必须签订 2 年以上的固定期限劳动合同。

4.3 跨地区派遣劳动者的劳动报酬和劳动条件按什么标准执行？如何支付？

◆ 按用工单位所在地标准执行。

◆ 按月支付。

◆ 无工作期间，按所在地最低工资标准支付。

4.4 劳务派遣单位被依法宣告破产、吊销营业执照、责令关闭、撤销、决定提前解散或经营期限届满不再续营的，如何处理与被派遣劳动者的劳动关系？

劳动合同终止，用工单位应当与劳务派遣单位共同妥善安置被派遣劳动者。

4.5 何种单位使用劳务派遣不受临时/辅助/替代性岗位和用工比例的限制？

外国企业常驻代表机构、外国金融机构驻华代表机构等，以及船员用人单位。

4.6 将本单位员工派往境外或派往家庭、自然人处工作，是否属于劳务派遣？

不属于。

4.7 用人单位可否以承揽、外包等名义，按劳务派遣用工形式使用劳动者？

不可以。

4.8 境外劳务派遣能否要求员工支付押金？其劳动过程中产生的费用由谁承担？

不得要求押金或担保。

与工作无关的个人消费自行承担。

4.9　劳务派遣单位未发放或未足额发放工伤停工留薪期工资，劳动者能否以未及时足额支付劳动报酬为由要求解除合同并支付经济补偿金？

停工留薪期工资性质为工伤保险待遇，故不属劳动争议，不获支持。

4.10　规章制度未明确规定、劳动合同亦未明确约定，劳动者严重违反劳动纪律（而不是规章制度），劳务派遣单位能否解除劳动合同？

可依据《劳动法》第 25 条第 2 项的规定解除劳动合同。

春秋微言：违纪违规中的纪指的是什么？规指的又是什么？

纪指劳动纪律，规指规章制度。

5. 劳动者履行工作职责时因过错给用人单位造成损失，用人单位请求赔偿能否获得支持

5.1　属于用人单位经营风险，劳动者一般不承担赔偿责任；因此，制定完善的规章制度和操作规程，方为用人单位要求劳动者赔偿损失的最重要的处理依据。

5.2　劳动者无过错或轻微过错，无须承担赔偿责任；但劳动者因故意或重大过失给用人单位造成经济损失的，应予赔偿。因此，用人单位须及时固定造成经济损失的相关证据，尤其是损失金额须有确切证据来证明。

春秋微言：典型案例——广东深圳［（2021）粤 03 民终 24084 号］。

5.3　在确定赔偿金额时，应当根据劳动者过错程度、用人单位或其他配合者有无过错等原因，以及过错比例、损失大小、岗位职责、薪酬水平、劳动合同是否继续履行等因素来综合确定应承担责任的大小——需遵循公平合理之原则。

春秋微言：劳动者履职过程造成单位损失，应综合过错等因素确定赔偿责任［（2017）京 02 民终 223 号］。

5.4　依法承担赔偿责任的法律法规指引。

◆《劳动法》第 102 条。

◆《劳动合同法》第 29 条、第 90 条。

◆ 劳动部《违反〈劳动法〉有关劳动合同规定的赔偿办法》第 4 条。

◆《工资支付暂行规定》第 16 条。

◆《江苏省工资支付条例》第 12 条第（4）项。

◆《深圳经济特区和谐劳动关系促进条例》第16条。

5.5 依法承担赔偿责任的各种情形及其处罚尺度。

5.5.1 一般过失性错误造成的损失，每月扣除部分不得超过劳动者当月工资的20%（深圳为30%），且扣除后剩余工资部分不得低于当地月最低工资标准。

5.5.2 故意损坏财物造成重大损失甚至构成犯罪的，可报案追究刑事责任，并保留提起刑事附带民事要求赔偿经济损失之权利。

5.5.3 违反保密义务造成损失的，按照保密协议约定要求支付违约金及赔偿相关经济损失。

5.5.4 劳动者过错造成第三人损失的，用人单位在赔偿第三人损失后，可依据劳动合同或规章制度规定要求劳动者赔偿。

春秋微言："职务行为致人损害"规则在劳动争议中的适用（见表12－1）。

表12－1　　　　间接用工模式的损害责任分担

间接用工模式	损害责任分担
劳务派遣	用工单位承担被派遣工职务行为致人损害责任，但劳务派遣单位有过错的，承担相应的责任
业务外包	承包单位承担外包工职务行为致人损害责任；发包单位不承担责任
承揽	承揽人承担职务行为致人损害责任；但定作人对定作、指示或选任有过错的，承担相应责任

如果被认定为"假外包、真派遣"，因履行职务致人损害的，用工单位（名义上的发包单位）要承担侵权责任。

如果是真外包，那么履行的职务也是承包单位的职务，责任也由承包单位承担，发包单位无须担责。

6. 劳务派遣协议终止后继续留用或退工的法律责任认定

6.1 劳务派遣协议终止后，用工单位可依法退工，且无须承担任何法律责任。

6.2 其他用工单位可以退工的情形（职业病及"三期员工"例外）：

6.2.1 客观情况发生重大变化，致使劳务派遣协议无法履行，以及用工单位需要裁员的。

6.2.2 用工单位被依法宣告破产、吊销营业执照、责令关闭、撤销、决定提前解散或经营期限届满不再续营的。

6.2.3　劳动者违纪违规或不能从事/不能胜任工作的。

6.3　用工单位退工后，劳务派遣单位能否解除劳动合同？

原则上不能。除非劳动者违纪违规或不能从事/不能胜任工作，单位重新派遣时维持或提高劳动合同约定条件而被派遣者不同意的。

6.4　劳务派遣协议终止后用工单位继续用工，有何法律风险？

被视为成立事实劳动关系。

不仅须承担社保、工伤赔付等，还有可能因双重劳动关系而承担连带赔偿责任。

6.5　用工单位、劳务派遣单位因劳动者违纪违规而退工或解除劳动合同的要点。

合法有据（规章制度制定的民主程序＋告知程序）。

程序合法（用人单位单方解除劳动合同的，应事先将解除理由通知工会）。

春秋微言：劳务派遣之以案说法。

（1）不具劳务派遣资质：用工单位承担连带赔偿责任〔（2022）湘07民终2179号〕。

（2）假外包、真派遣：用工单位承担连带赔偿责任〔（2022）鄂01民终11058号〕。

（3）派遣单位未购买社保，用工单位承担连带赔偿责任〔（2021）苏05民终2762号〕。

（4）超时加班发生工伤，派遣单位承担连带赔偿责任〔（2020）苏11民终909号〕。

（5）超过退休年龄未享受养老保险待遇，派遣单位承担工伤责任〔（2021）鲁02行终195号〕。

（6）派遣单位用工单位均无法确定责任大小，双方承担同等责任〔（2021）鲁16民终1226号〕。

（7）派遣单位用工单位能够确定责任大小、双方按比例承担责任〔（2019）陕08民终3781号〕。

（8）派遣单位用工单位对工伤责任最终分担进行约定的，约定有效〔（2019）粤19民终665号〕。

春秋微言：劳务派遣之"逆向派遣"。

（1）广东韶关〔（2015）韶中法民一终字第251号〕：由于法律上并未对逆向劳务派遣进行明确的规定，朱××主张没有法律依据，本院不予支持。

（2）江苏南京〔（2014）宁民终字第5209号〕：该逆向派遣行为颠倒了劳务派遣单位、用工单位与劳动者之间的关系；改变了劳动者劳动关系的归属，且损害了劳动者的利益，故应当认定任×与益×公司签订的劳务派遣合同无效。

（3）辽宁鞍山［（2014）铁东民一初字第00864号］：法院认定派遣无效，裁决被派遣工与用工单位建立无固定期限劳动合同关系。

经典案例二十三

1. 高××入职××上海徐汇××劳务派遣公司，后被派遣至嘉兴××纺织公司工作。嘉兴××纺织公司的"销售规章"规定员工需每周拜访5位客户，高××未完成，公司向其发出"雇员动态纸"（违纪处分），员工签收。后又陆续获发三封"雇员动态纸"，理由分别是未按要求拜访客户和两次未经批准长时离岗（两次要求其开会，但均未参加），但这三封"雇员动态纸"高××均未签字。后嘉兴××纺织公司向××上海徐汇××劳务派遣公司发出离职通知，注明高××因严重违纪被解雇，于当日与其解除劳动关系。嘉兴××纺织公司亦于次日与高××解除了劳动关系。

2. 高××诉求：要求××上海徐汇××劳务派遣公司支付违法解除劳动关系经济赔偿金。

3. 公司证据及主张：四封"雇员动态纸"（一封有签字）、国内销售规章规定，主张已通过电子邮件告知高××规章制度，高××四次违反规章制度，已构成严重违纪。

4. 高××证据及主张：单位主张的电子邮件告知国内销售规章规定的真实性不予确认，从未收到过该规章规定。

问题：高××的诉求能否得到支持？

一审法院判词［（2013）徐民五（民）初字第754号］：

未完成拜访任务不构成严重违纪，而属于不胜任工作任务。单位应先培训或转岗，在采取上述措施后，员工仍不能胜任工作的，单位才可以解除劳动合同。

另外两次违纪仅为未准时参加会议，尚不构成严重违纪的程度。

综上，认定单位违法解除劳动合同。

春秋微言：该判决告诉我们——

（1）未准时参加会议一类的过错，尚不构成严重违纪的程度。

（2）未完成拜访任务不属于严重违纪，而属于不胜任工作。

（3）不胜任工作的处理程序是，认定员工不胜任；培训或调岗；仍不胜任的，以"N＋1"标准合法解除劳动合同。

二审法院判词［（2014）沪一中民三（民）终字第599号］：

在劳动争议纠纷案件中，因用人单位作出开除、除名、辞退、解除劳动合同、减少劳动报酬等决定而发生劳动争议的，由用人单位负举证责任。

单位提供的邮件不足以证明销售部规章制度已通知员工、员工知晓，因此，依据该制度对员工作出的处罚缺乏合理依据。

综上，认定单位违法解除劳动合同。

春秋微言：该判决告诉我们——

本案的核心证据是公司主张的已通过电子邮件告知高××规章制度。先不谈该制度的内容合不合法、合不合理（比如将未准时参加会议、未完成拜访任务等规定为严重违纪），仅在公示告知这一法定程序上就达不到要求。

诚如本书第十章第 2 节的规章制度公示告知的 7 种方式中提到的：

2.6　OA 办公，网络公示（后补书面签收手续）。

2.7　电子邮件，瞬息告知（后补书面签收手续）。

经典案例二十四

1. 2017 年 6 月 21 日，北京海淀××地产公司向王××发送了入职通知书：邀请王××办理入职手续，并明确劳动合同将与公司委托的劳务公司进行签订，合同期 2 年。2017 年 7 月 10 日，王××与××劳务公司签订《劳动合同书》，明确由劳务公司将王××派往房地产公司，任职物业经理。

双方同时确认：劳务公司有权根据需要将王××从用工单位撤回，届时劳务公司除可按法律规定或本合同约定与其解除、终止本合同或再行派遣至另一用工单位外，亦可安排王××在公司待岗。王××的工资为 23333 元/月。

2018 年 5 月 11 日，房地产公司发函：因架构调整，物业经理职位不存在，故将王××退回劳务公司。劳务公司于 5 月 14 日将王××撤回，并向其发出解除劳动关系通知，王××拒绝解除，仍前往房地产公司工作。

2. 员工诉求：要求确认与劳务公司自 2017 年 7 月 10 日至 2019 年 4 月 28 日期间存在劳动关系并支付 2018 年 5 月 9 日至 2018 年 12 月 31 日期间工资 121417.75 元；要求房地产公司与劳务公司承担连带赔偿责任。

3. 员工主张：关于解除劳动关系，两公司均有与其协商，但其并未同意；物业经理岗位并未撤销，其一直保持工作至 2019 年 2 月；但房地产公司将其剔除钉钉群并将办公室上锁导致其后来无法工作。

4. 劳务公司主张：其于 5 月 14 日向王××出具解聘通知以及协商解除协议，王××拒绝；5 月 19 日将解聘通知及协商协议以快件形式发送给王××；公司支付了经济补偿，并于 6 月停缴了社保，已与其解除关系。

5. 房地产公司主张：王××并非其员工，故公司无须承担连带赔偿责任。

问题：王××的请求能否得到支持？

法院判词［（2019）京 0115 民初 19422 号］：

1. 因用人单位作出的开除、除名、辞退、解除劳动合同、减少劳动报酬、计算劳动者工作年限等决定而发生的劳动争议，用人单位负举证责任。

2. 房地产公司作为用工单位以组织框架调整、原岗位将不复存在为由将王××退回劳务公司，为此劳务公司与王××解除劳动合同，两公司应就解除的合法性承担举证责任。房地产公司未就退回王××一事提供充足证据予以证明，且劳务公司未与王××就变更合同内容进行协商，即直接解除劳动合同，应认定违法解除。

3. 关于解除时间问题，王××认可房地产公司2018年5月25日向其出示了劳务公司作出的协商一致解除协议书，且劳务公司自2018年6月停缴了王××的社会保险的行为，可知劳务公司单方解除的意思表示已于2018年5月25日送达王××，故确认王××与劳务公司自2017年7月10日至2018年5月25日存在劳动关系。

故判决劳务公司向王××支付工资差额719元，房地产公司承担连带责任。

春秋微言：该判决告诉我们——

（1）"组织框架调整、原岗位将不复存在"，不属于本章6.2之其他用工单位可以退工的情形（职业病及"三期员工"例外）：

①客观情况发生重大变化，致使劳务派遣协议无法履行，以及用工单位需要裁员的。

②用工单位被依法宣告破产、吊销营业执照、责令关闭、撤销、决定提前解散或经营期限届满不再续营的。

③劳动者违纪违规或不能从事、不能胜任工作的。

（2）正如本章第6.3节所言：用工单位退工后，劳务派遣单位能否解除劳动合同？

原则上不能。除非劳动者违纪违规或不能从事、不能胜任工作；单位重新派遣时维持或提高劳动合同约定条件而被派遣者不同意的。

（3）证据、证据、还是证据！

具有真实性、关联性、合法性的证据才是胜诉的不二核心、关键和灵魂。

第十三章
无固定期限劳动合同中的法律知识
要点与风险防控

1. 如何理解"连续工作满十年，应当订立无固定期限劳动合同"
2. 什么样的情形下，可以解除无固定期限劳动合同
3. 常见问题 7 问
4. 二次合同期满时，单位是否需要主动通知劳动者有权签订无固定期限劳动合同
5. 续订无固定期限劳动合同是否需要协商一致
6. 连续工作满十年未签"无固定期限劳动合同"，用人单位应该赔偿吗
（经典案例二十五、二十六）

1. 如何理解"连续工作满十年，应当订立无固定期限劳动合同"

"劳动者非因本人原因从原用人单位被安排到新用人单位工作"，如母子公司或关联公司变更用人单位的，连续工龄应当如何认定？

1.1　北京、广东、浙江：工龄连续计算，经济补偿金不再重复支付。

1.2　上海：已支付经济补偿金的，工龄不连续计算。

1.3　江苏：因改制重组变更单位，已支付经济补偿金的，工龄不连续计算。

"提出或同意续签劳动合同"，如果劳动者或双方均未提出或表达相关意愿的，则用人单位没有签订无固定期限劳动合同的法定义务。那么，谁负举证责任？

1.4　上海：劳动者就曾经提出及连续工作满十年承担主要举证责任；用人单位就存在特殊例外情形承担举证责任。

1.5　广东省高院：《劳动合同法》第14条明确规定某些情形下必须订立无固定期限劳动合同，主要是为了解决劳动合同短期化的问题，促进劳动者的就业稳定，并不以用人单位同意续订劳动合同为前提条件；认为该规定应当订立无固定期限劳动合同的前提条件之一是双方同意续订劳动合同，属适用法律不当。

1.6　深圳中院："当事人举证"。

1.7　《江苏省劳动合同条例》第18条：用人单位举证。

春秋微言：用人单位应当订立无固定期限劳动合同的三种法定情形——

（1）劳动者在该用人单位连续工作满十年的；

（2）劳动者在该用人单位连续工作满十年且距法定退休年龄不足十年的；

（3）劳动者与用人单位连续签订两次固定期限劳动合同，签订第三次劳动合同时，劳动者没有《劳动合同法》第39条（用人单位可以单方解除劳动合同的6种法定情形）和第40条第1项、第2项规定的情形（所谓"N+1"情形即不胜任、患病或非因工负伤导致的不胜任），续订劳动合同的。

春秋微言：什么样的情形下视为已订立无固定期限劳动合同？

（1）用人单位自用工之日起满一年不与劳动者订立书面劳动合同的；

（2）用人单位自劳动合同期满次日起满一年不与劳动者续订书面劳动合同，但劳动者继续在用人单位工作的；

（3）劳动合同期满前，符合订立无固定期限劳动合同条件的劳动者未书面提出订立固定期限劳动合同，也未书面提出终止劳动合同，劳动合同期满后继续在用人单位工作的。

2. 什么样的情形下，可以解除无固定期限劳动合同

劳动者可以解除的情形（13种）：

2.1　双方协商一致的。

2.2　劳动者提前30日以书面形式通知用人单位的。

2.3　劳动者在试用期内提前3日通知用人单位的。

2.4　用人单位未按照劳动合同约定提供劳动保护或者劳动条件的。

2.5　用人单位未及时足额支付劳动报酬的。

2.6　用人单位未依法为劳动者缴纳社会保险费的。

2.7　用人单位的规章制度违反法律、法规的规定，损害劳动者权益的。

2.8　用人单位以欺诈、胁迫的手段或者乘人之危，使劳动者在违背真实意思的情况下订立或者变更劳动合同的。

2.9　用人单位在劳动合同中免除自己的法定责任、排除劳动者权利的。

2.10　用人单位违反法律、行政法规的强制性规定的。

2.11　用人单位以暴力、威胁或者非法限制人身自由的手段强迫劳动者劳动的。

2.12　用人单位违章指挥、强令冒险作业危及劳动者人身安全的。

2.13　法律、行政法规规定劳动者可以解除劳动合同的其他情形。

用人单位可以解除的情形（14种）：

2.14　双方协商一致的。

2.15　劳动者在试用期间被证明不符合录用条件的。

2.16　劳动者严重违反用人单位的规章制度的。

2.17　劳动者严重失职，营私舞弊，给用人单位造成重大损害的。

2.18　劳动者同时与其他用人单位建立劳动关系、对本职工作造成影响且经提出后拒不改正的。

2.19　劳动者以欺诈、胁迫手段或者乘人之危，使用人单位在违背真实意思的情况下订立或者变更劳动合同的。

2.20　劳动者被依法追究刑事责任的。

2.21　劳动者患病或非因工负伤，在规定的医疗期满后不能从事原工作，也不能从事另行安排的工作的。

2.22　劳动者不能胜任工作，经过培训或者调岗后，仍不能胜任工作的。

2.23　劳动合同订立时所依据的客观情况发生重大变化，致使劳动合同无法履行，双方协商未果的。

2.24　用人单位依照企业破产法规定进行重整的。

2.25　用人单位生产经营发生严重困难的。

2.26　企业转产、重大技术革新或者经营方式调整，经变更劳动合同后，仍需裁减人员的。

2.27　其他因合同订立时所依据的客观经济情况发生重大变化，致使劳动合同无法履行的。

3. 常见问题 7 问

3.1　劳动合同以期限划分有几种类型？

固定期限、无固定期限、以完成一定工作任务为期限的劳动合同。

3.2　应当签订无固定期限劳动合同但未签订的，有什么法律后果？

自应当订立无固定期限劳动合同之日起向劳动者每月支付二倍的工资（最长 11 个月）；

超过 12 个月仍未签订的，视为已经订立了无固定期限劳动合同。

春秋微言：用人单位规避订立无固定期限劳动合同的义务违背公平原则；……该劳动合同于 2010 年 3 月 31 日到期，且关×符合订立无固定期限劳动合同的条件，据此认定关×与物业公司自 2010 年 4 月 1 日起存在无固定期限劳动关系［（2014）二中民终字第 03705 号］。

3.3　签订了无固定期限劳动合同就是"铁饭碗"吗？

当然不是。长期并不等于永久，满足一定条件同样可以解除［详见本章用人单位可以解除的情形（14 种）2.14～2.27］。

3.4 二次劳动合同期满时用人单位必须与劳动者签订无固定期限劳动合同吗?

除劳动者提出订立固定期限劳动合同外,必须订立无固定期限劳动合同。

春秋微言:二次劳动合同期满,用人单位已无续签选择权。

贾×诉××粉末冶金(东莞)有限公司无固定期限劳动合同纠纷一案,经仲裁、初审、终审、高检民事抗诉、高院再审,历时三年一个月,最终判决如下:

1. 撤销广东省东莞市中级人民法院〔(2018)粤19民终71号〕民事判决和广东省东莞市第一人民法院〔(2017)粤1971民初17088号〕民事判决。

2. 确认贾×与××粉末冶金(东莞)有限公司已存在事实上的无固定期限劳动合同关系。

3. ××粉末冶金(东莞)有限公司于本判决生效之日起15日内向贾×支付2017年4月计至2020年5月被违法解除劳动关系期间的劳动工资209717.7元。

3.5 连续订立两次以完成一定工作任务为期限的劳动合同,劳动者有权要求订立无固定期限劳动合同吗?

不可以。

3.6 如何预防劳动者不签无固定期限劳动合同,然后向用人单位追讨双倍工资?

以书面形式向劳动者征询需订立哪种类型的劳动合同并保留相关书面证据。

3.7 可否用自动延续或期限延长的方式规避无固定期限劳动合同?

无法规避。

自动续延的,视为双方连续订立劳动合同;协商延长期限累计超过六个月的,亦视为双方已连续订立了劳动合同。

4. 二次合同期满时,单位是否需要主动通知劳动者有权签订无固定期限劳动合同

4.1 劳动者签订无固定期限劳动合同既可以是劳动者提出的方式,也可以是用人单位提出后劳动者同意的方式。

4.2 虽然用人单位应当与劳动者续签,但《劳动合同法》并没有规定此情形下的续签必须以用人单位同意续签为前提。

4.3 如果认为《劳动合同法》第14条明确规定应当订立无固定期限劳动合同的前提条件之一是双方同意续订劳动合同,属于适用法律错误(广东省高院)。

4.4 法律并没有规定劳动合同到期前双方必须提前通知(《民法典》第502条:依法成立的合同,自成立时生效,但是法律另有规定或者当事人另有约

定的除外）。

4.5　劳动合同期满的，劳动合同即告终止，用人单位无须另行提前通知，更无须支付 1 个月代通知金——

4.5.1　劳动合同期限是劳动合同的必备条款。

4.5.2　合同双方对于劳动合同何时到期均应明知。

4.5.3　如果用人单位要续签的，需在劳动合同期满前 30 天通知劳动者的话——那么反过来说，用人单位不续签的，则无须通知。

春秋微言：用人单位有没有主动通知的义务？

（1）是否需要签订无固定期限劳动合同，双方本就存在理解分歧。

（2）法律并未规定单位必须主动通知，相反，双方协商订立新的固定期限劳动合同，并不违反法律规定。

（3）《江苏省劳动合同条例》第 18 条："在《劳动合同法》实施后，用人单位与劳动者连续订立了二次固定期限劳动合同，且劳动者没有《劳动合同法》第 39 条（用人单位可以单方解除劳动合同的 6 种法定情形）和第 40 条第 1 项、第 2 项（所谓"N＋1"情形即不胜任、患病或非因工负伤导致的不胜任）规定的情形的，用人单位应当在第二次劳动合同期满 30 日前，书面告知劳动者可以订立无固定期限劳动合同。"

——规定单位有主动通知的义务，既无法理基础，也与其上位法即《劳动合同法》相抵触，这不仅加重了用人单位的负担，还排斥了其重要权利。

5. 续订无固定期限劳动合同是否需要协商一致

5.1　在符合订立无固定期限劳动合同的三种情形以及"视为用人单位与劳动者已订立无固定期限劳动合同"的情形下（《劳动合同法》第 14 条），原有劳动关系并不因劳动合同期限届满而必然终止。

5.2　特定条件下，无固定期限劳动合同的订立无须协商一致——尤其是"视为用人单位与劳动者已订立无固定期限劳动合同"之情形（《劳动合同法》第 14 条）。

5.3　特定情形下，用人单位负有强制缔约义务（《劳动合同法》第 14 条）。

春秋微言：连续签订二次固定期限劳动合同后，续订无固定期限劳动合同无须用人单位同意之判例——

［（2017）粤 1971 民初 17088 号］。

［（2018）粤 19 民终 71 号］。

［（2019）粤民再 234 号］。

5.4 用人单位不得降低劳动合同约定条件而要求劳动者续订劳动合同。

春秋微言：双方协商对履行中的劳动合同期限作出变更，是否认定属于签订了二次劳动合同？

如存在恶意规避签订无固定期限劳动合同的情形，应认定为构成连续二次订立劳动合同。

6. 连续工作满十年未签"无固定期限劳动合同"，用人单位应该赔偿吗

6.1 单位既拒绝签订无固定期限劳动合同，又未终止合同，主张二倍工资的差额能否获得法院支持，受诉讼时效和时效抗辩限制。

6.2 用人单位与劳动者协商一致终止劳动合同，用人单位应支付经济补偿金"N"。

6.3 视为已订立无固定期限劳动合同，用人单位单方违法终止劳动合同，劳动者可要求经济赔偿金"2N"。

6.4 违法解除/终止的经济赔偿金是否受"最高不超过十二年"的限制？

6.4.1 解除或者终止劳动合同前 12 个月的劳动者月平均工资，高于用人单位所在直辖市、设区的市级人民政府公布的本地区上年度职工月平均工资 3 倍的，向其支付经济补偿（含赔偿）的标准按职工月平均工资 3 倍的数额支付，向其支付经济补偿（含赔偿）的年限最高不超过 12 年，即"工资、年限双限高"。

6.4.2 解除或者终止劳动合同前 12 个月的劳动者月平均工资，低于用人单位所在直辖市、设区的市级人民政府公布的本地区上年度职工月平均工资 3 倍的，无"工资、年限双限高"。

6.4.3 北京市经济补偿分段计算法：

◆ 2007 年 12 月 31 日前的经济补偿依照《劳动法》及其配套规定计算。

◆ 2008 年 1 月 1 日后的经济补偿依照《劳动合同法》的规定计算。

◆ 经济补偿金的基数为劳动者在劳动合同解除或者终止前 12 个月的平均工资，不再分段计算。

6.4.4 广西壮族自治区经济补偿裁判实例。

◆ 南宁中院：劳动合同终止的经济补偿年限自 2008 年 1 月 1 日起计算[（2019）桂 01 民终 6193]。

◆ 南宁中院：高收入职工劳动合同的经济补偿金的补偿年限不超过 12 年[（2021）桂 01 民终 942]。

◆ 梧州中院：普通职工补偿最高不超过 12 年[（2020）桂 04 民终 358]。

春秋微言：关于无固定期限劳动合同的最新司法解释《最高人民法院关于审理劳动争议案件适用法律问题的解释（二）》（征求意见稿）——

第十五条［视同订立无固定期限劳动合同期间不支付第二倍工资］存在劳动合同法第十四条第三款规定情形，劳动者以用人单位未及时补订书面劳动合同为由，要求用人单位支付视为已与劳动者订立无固定期限劳动合同期间第二倍工资的，人民法院不予支持。

第十六条［符合订立无固定期限劳动合同但订立固定期限劳动合同不支付第二倍工资］符合订立无固定期限劳动合同条件的劳动者与用人单位协商一致订立固定期限劳动合同，劳动者请求用人单位支付未订立无固定期限劳动合同第二倍工资的，人民法院不予支持。

第十七条［劳动合同的续订］符合下列情形之一，劳动者主张已经与用人单位连续订立二次固定期限劳动合同的，人民法院应予支持：

（一）用人单位与劳动者协商延长劳动合同期限累计达到一年以上，延长期限届满的；

（二）用人单位与劳动者约定劳动合同期满后自动续延，续延期限届满的；

（三）劳动者仍在原工作场所、工作岗位工作，双方通过交替变换用人单位名称再次订立劳动合同，期限届满的；

（四）以其他违反诚信原则的规避行为再次订立劳动合同，期限届满的。

经典案例二十五

张×于 2000 年 9 月入职北京通州××公司，双方签订多次固定期限劳动合同，最后一份合同到期日为 2013 年 8 月 31 日。8 月 15 日，因政府征地拆迁，导致厂区由北京搬迁至河北，张×不愿前往新厂区工作，并于同年 9 月 29 日申请仲裁要求支付解除劳动关系补偿金，11 月 25 日，又向公司书面提出签订无固定期限劳动合同，公司向其发出终止劳动关系通知书后，张×又申请仲裁。此案经过仲裁、一审、二审。

张×诉讼请求：要求单位支付违法解除劳动关系经济赔偿金 124924.64 元，不签订无固定期限劳动合同双倍工资 51510.30 元，共计 176434.94 元。

问题：张×的诉讼请求能否得到支持？

法院判词：

1. 张×符合法定的订立无固定期限劳动合同的情形，但无固定期限劳动合同的订立，应以张×提出或同意续订、订立为前提。

2. 张×与公司的劳动合同到期后，向仲裁委申请仲裁，要求公司给付解除劳动合同经济补偿金，其行为足以表明其无意与公司续订、订立无固定期限劳动合同。

3. 公司据此通知张×劳动合同于 2013 年 8 月 31 日到期终止，并无不当，故应认定为双方劳动合同到期终止。

因此，驳回张×的诉讼请求。

春秋微言：该判决告诉我们——

北京的司法实践上倾向于认为"无固定期限劳动合同的订立，应以劳动者提出或同意续订、订立为前提"，此亦为主流看法，为本章从法理上所作的探讨提供了鲜活的实例。我们探讨的重要结论是用人单位有没有主动通知员工订立无固定期限劳动合同之义务。

劳动合同期满的，劳动合同即告终止，用人单位无须另行提前通知，因为：

◆ 劳动合同期限是劳动合同的必备条款。

◆ 合同双方对于劳动合同何时到期均应明知。

◆ 如果用人单位要续签的，需在劳动合同期满前 30 天通知劳动者的话——那么反过来说，用人单位不续签的，则无须通知。

经典案例二十六

1. 岳××于 2004 年 12 月入职安徽马鞍山××公司从事造价审计工作。2010 年双方最后一次签订劳动合同，约定"本合同至××工程建设项目工作完成时终止"。

2016 年 6 月 16 日，公司召开会议，会上讨论确认岳××所在的采供造价部于 2016 年 6 月 30 日工作任务结束，劳动合同到期。后公司于 2016 年 6 月 22 日办理了与岳××的劳动合同终止手续，确定双方劳动合同于 2016 年 6 月 30 日终止，并未给予其经济补偿。而 3 个月前，岳××曾向公司提出要求签订无固定期限劳动合同，公司未予同意。终止劳动关系前，岳××月平均工资为 8009 元。

2. 员工诉求及主张：要求公司支付违法解除劳动关系经济赔偿金 205800 元。其在公司连续工作满 10 年，应当订立无固定期限合同，在本人提出订立无固定期限请求后，公司拒不订立，属违法解除劳动合同。

3. 公司主张：

（1）双方属于劳动合同到期合法终止，不应支付经济赔偿金。

（2）因公司开发项目已进入清盘、注销阶段，即使双方存在劳动合同关系，但由于客观经济情况发生重大变化，劳动合同已无法继续履行。

（3）公司并无恶意；已召开职代会，充分尊重员工意见，也愿意支付补偿金及代通知金，不属违法解除。

问题：岳××的诉讼请求能否得到支持？

一审法院判词〔（2016）皖 0504 民初 4377 号〕：

1. 劳动者在用人单位连续工作满十年的，除劳动者提出订立固定期限合同外，应当订立无固定期限合同。

2. 公司虽已告知岳××部门岗位结束时间，但在劳动关系终止前岳××已提出订立无固定期限合同，且岳××在公司连续工作满十年，公司应当与其签订无固定期限合同。

3. 公司未与岳××签订无固定期限劳动合同的行为违反法律的强制性规定，其单方面终止劳动合同属违法终止，故应向岳××支付赔偿金199580元。

二审法院判词［（2017）皖05民终769号］：

1. 劳动者在用人单位连续工作满十年的，只要劳动者提出订立无固定期限合同，用人单位必须签订，该签订是一种单方、强制行为。

2. 劳动合同订立时所依据的客观情况发生重大变化，致使劳动合同无法履行，经用人单位与劳动者协商，未能就变更劳动合同内容达成协议的，用人单位可以与劳动者解除合同。该条规定适用的前提是用人单位应与劳动者进行协商、变更劳动合同的内容。

3. 公司并未经过该前置程序即终止了劳动合同，故对公司的该项上诉意见，本院不予采纳。

综上，判决驳回上诉，维持原判。

春秋微言：公司一审闯关失败，硬着头皮又来二审碰碰运气。这一次想在"客观情况发生重大变化"上做点文章，但该条规定适用的前提是用人单位应与劳动者进行协商、变更劳动合同的内容即须完成该前置程序，因此毫无悬念再次败诉。

第十四章
非全日制用工、实习生、混同/关联/共享用工中的法律知识要点与风险防控

1. 如何与"临时工"签订用工合同
2. 非全日制用工被法院判决签了无固定期限劳动合同的应对措施
3. 实习/勤工助学与劳动关系的认定
4. 何谓"混同用工/关联用工",其劳动关系如何认定
5. 关于混同用工/关联用工的风险提示及合规建议
6. 人社部共享用工新规 10 大亮点

(经典案例二十七、二十八)

1. 如何与"临时工"签订用工合同

同第二章第 2 节所述,自 1995 年起,法律上再无"临时工"一说,其实质就是非全日制用工。

1.1 合同形式:劳动合同,书面、口头均可。

1.2 工作时间:平均每日工作时间不超过 4 小时,每周累计不超过 24 小时。

1.3 工资形式和标准:计时/计件工资;小时计酬不得低于当地最低小时工资标准。

1.4 工资发放:不得超过 15 日。

1.5 加班费/年休假:没有。

1.6 社保购买:

《劳动和社会保障部关于非全日制用工若干问题的意见》(劳社部发〔2003〕12 号)第 10 条、第 11 条、第 12 条——

◆ 基本养老保险原则上参照个体工商户的参保办法执行。

◆ 基本医疗保险以个人身份参加。

◆ 工伤保险费由用人单位缴纳。

1.7 试用期:不得约定试用期。

1.8 经济补偿:任何一方均可随时通知对方终止用工且无须支付经济补偿。

1.9 劳动关系:允许劳动者建立双重或多重劳动关系(见表 14－1)。

1.10　备案手续：用人单位招用非全日制工，应在录用后到当地劳动保障行政部门办理录用备案手续。

表 14－1　　　标准劳动关系/灵活劳动关系/特殊劳动关系/
民事劳务关系/其他用工关系的比照

类型	对象	性质	措施
标准劳动关系	全日制	劳动关系	劳动合同
灵活劳动关系	临时性、非全日制	劳动关系（多重劳动关系）	劳动合同（可口头）
特殊劳动关系	停薪留职/内退人员/下岗待岗/放长假/诉讼	不完全劳动关系	劳动合同＋社保协议
民事劳务关系	兼职、实习、个人承揽、退休返聘	民事雇佣关系	雇佣合同
其他用工关系	劳务派遣等	劳动关系（劳动关系主体与用工主体分离）	劳务派遣协议＋用工合同

春秋微言：《最高人民法院关于审理劳动争议案件适用法律问题的解释（一）》（法释〔2020〕26 号）第 32 条，用人单位与其招用的已经依法享受养老保险待遇或者领取退休金的人员发生用工争议而提起诉讼的，人民法院应当按**劳务关系**处理。

企业停薪留职人员、未达到法定退休年龄的内退人员、下岗待岗人员以及企业经营性停产放长假人员，因与新的用人单位发生用工争议而提起诉讼的，人民法院应当按**劳动关系**处理。

2. 非全日制用工被法院判决签了无固定期限劳动合同的应对措施

2.1　签订借用协议，约定劳动关系归属、劳务报酬、工伤责任等，明确各方权利义务。

2.2　签订书面劳动合同，明确约定工作时间、工资构成、工资支付时间及支付方式等。

2.3　严格控制员工实际工作时间，避免安排加班。

2.4　采取商业秘密保护措施。

2.5　用人单位继续缴纳社会保险，或用工单位缴纳工伤保险，或购买雇主责任险。

2.6　最后，非全日制有"巨坑"，用工牢记"五不得"——

2.6.1　工作时间：平均每日工作时间不得超过 4 小时，每周累计不得超过 24 小时。

2.6.2　工资标准：小时计酬不得低于当地最低小时工资标准。

2.6.3　工伤保险：不得忘记购买工伤保险或雇主责任险。

2.6.4　试用期：不得约定试用期。

2.6.5　备案：不得私自招用非全日制工，录用后应到劳动保障行政部门办理备案登记手续。

3. 实习/勤工助学与劳动关系的认定

3.1　实习的依据：教育部等八部门关于印发《职业学校学生实习管理规定》的通知（教职成〔2021〕4 号），包括认识实习和岗位实习——

3.1.1　认识实习指学生由职业学校组织到实习单位参观、观摩和体验，形成对实习单位和相关岗位的初步认识的活动。

3.1.2　岗位实习指具备一定实践岗位工作能力的学生，在专业人员指导下，辅助或相对独立地参与实际工作的活动。

3.1.3　职业学校、实习单位、学生以《职业学校学生岗位实习三方协议（示范文本）》为基础，签订三方协议；实习三方协议（示范文本）内容不得删减。

3.2　勤工助学的依据：教育部财政部关于印发《高等学校学生勤工助学管理办法（2018 年修订）》的通知（教财〔2018〕12 号）——

3.2.1　学生私自在校外兼职，打暑假工、寒假工的行为，视情况构成劳动关系或劳务关系。

3.2.2　不得组织学生参加有毒、有害和危险的生产作业以及超过学生身体承受能力、有碍学生身心健康的劳动。

3.2.3　学生参加勤工助学的时间原则上每周不超过 8 小时，每月不超过 40 小时；寒暑假勤工助学时间可根据学校的具体情况适当延长。

3.2.4　校内勤工助学的临时岗位按小时计酬，小时酬金原则上不低于每小时 12 元人民币；校外则不得低于最低工资标准。

3.2.5　在勤工助学活动中，若出现协议纠纷或学生意外伤害事故，协议各方应按照签订的有关协议协商解决。

3.3　学生私自在校外兼职，打暑假工、寒假工的，依照《关于确立劳动关系有关事项的通知》（劳社部发〔2005〕12 号）的规定，同时具备下列情形的，成立劳动关系。

实习与勤工助学的区别与联系见表 14 - 2。

春秋微言：事实劳动关系认定的黄金三原则是——

（1）双方均符合劳动用工主体资格。

（2）劳动者受制度约束、管理约束（人身从属性），提供有偿劳动（经济从属性）。

（3）劳动者提供的劳动乃用人单位业务之组成部分（组织从属性）。

表 14 – 2　　　　　　　　　实习与勤工助学的区别与联系

项目	实习	勤工助学
参与对象	16～18 周岁，须取得监护人的知情同意	没有年龄上的具体规定
工作时间	每日不超过 8 小时；每周不超过 40 小时；不得安排加班和夜班	每周不超过 8 小时；每月不超过 40 小时
工作报酬	不得低于同等岗位试用期工资的 80%	校内：固定岗位：不得低于最低工资标准；临时岗位：不得低于 12 元/小时；校外：不得低于最低工资标准
备注	见习/认识实习/岗位实习	既不同于实习又不同于兼职打工

1. 实习生/在校生不属于劳动者。

2. 社会实习安排/社会实践活动不认定为劳动关系。

3. 实习报酬、勤工助学所得均属于与任职、受雇无关的收入，按照现行《个人所得税法》的规定，属于劳务报酬所得 [《国家税务总局关于个人所得税若干业务问题的批复》（国税函〔2002〕146 号）]。

4. 见习/实习/勤工助学产生的争议不属于仲裁委、人民法院的劳动案件受理范围。

4. 何谓"混同用工/关联用工"？其劳动关系如何认定

4.1　指劳动者已经与一家用人单位签订劳动合同或建立事实劳动关系后被抽调、委派、借调到有关联的其他单位工作或经常安排非本单位的工作任务；可能存在劳动合同订立单位、社保参保单位、工资支付单位三位非一体的现象。

4.2　混同用工/关联用工的各用人单位，工商登记名称虽各不相同，但注册地址/经营地址相同或相近、工作地点相同或相近、经营行业相同或相近、业务或财务均呈混淆状态。此外，各自的工商登记的法定代表人、股东、高管人员、监事、董事成员存在交叉任职，或各成员又是家庭成员的现象。

4.3　混同用工/关联用工的表现形式及成因。

4.3.1　"一套人马，两块牌子"：关联企业"人格混同"导致的"混同用工/关联用工"——两家或多家公司的法定代表人或实际控制人为同一人或具有亲属关系，两家公司的办公场所、人员、业务内容、财务等同一或高度混同，即财产、人事、财务、业务交叉重合，每个企业均丧失了人格独立性，其意志已化二（多）为一。

4.3.2　利用总/分公司、母/子公司关系，交替用工，以规避连续工龄（本企工龄）、降低企业经济补偿支出、规避无固定期限劳动合同。

4.3.3　以"项目合作"之名行混同用工/关联用工之实。一旦发生纠纷，关联公司往往主张相互之间存在"项目合作"关系，彼此否认用人单位身份。

4.3.4　采用出租经营合同、承包合同等形式，隐蔽用工。

4.3.5　利用逆向劳务派遣转移用工。

4.4　混同用工/关联用工中的劳动关系的认定。

4.4.1　劳动者未与任何一家公司签订劳动合同或劳动者与各公司之间的劳动合同在期限上存在重合。

4.4.2　用工管理（工资、社保）的主体，与劳动合同上用人单位的主体不一致（工资发放是否有重叠；社保清单的缴纳主体是否反复）。

4.4.3　企业财务混同，各公司使用共同账户，资金来源及支配未作区分。

4.4.4　先以劳动合同的签订主体作为劳动关系认定的依据。

4.4.5　再以实际用工管理的主体作为劳动关系认定的依据。

春秋微言：《最高人民法院关于审理劳动争议案件适用法律问题的解释（二）》（征求意见稿）第九条——

被多个用人单位交替或者同时进行用工的劳动者请求确认劳动关系的，按照下列情形分别处理：

（一）已订立书面劳动合同，劳动者请求按照劳动合同确认劳动关系的，人民法院应予支持；

（二）未订立书面劳动合同，劳动者请求确认劳动关系的，人民法院可以根据用工管理行为、工作时间、工作内容、工资报酬发放、社会保险缴纳等因素予以确认。

劳动者请求用人单位共同承担责任的，人民法院应予支持，但用人单位之间依法对劳动者的工资报酬、福利待遇等作出约定且经劳动者同意的除外。

4.5　司法实践。

4.5.1　劳动者请求两个或以上公司对混同用工行为承担连带责任的，应予支持〔（2019）湘民再684号〕。

4.5.2　虽与其中一家用人单位存在书面劳动合同，但存在混同用工的，判令两公司承担连带责任〔（2019）京民申2433号〕。

4.5.3　存在混同用工的，关联公司应当承担连带责任〔（2021）鲁01民终8056号〕〔（2019）鲁01民终3639号〕。

4.5.4　北京/吉林：订立劳动合同的，按劳动合同确认劳动关系；未订立劳动合同的，可据工资发放、社保缴纳等判断；交叉轮换使用劳动者的，由一家用人单位承担责任，或由多家用人单位承担连带责任。

4.5.5　山东：在关联公司混同用工，劳动者与关联公司均符合劳动关系特征的情况下，对于劳动关系的确认享有选择权，但其劳动权益不能重复享受。

4.5.6　浙江：劳动者被派往其他单位工作，并在其他单位领取工资或办理社会保险，因用工关系发生争议的，指派单位和实际用工单位应作为共同当事人并承担连带责任。

5. 关于混同用工/关联用工的风险提示及合规建议

5.1　混同用工/关联用工的风险提示。

5.1.1　混同用工/关联用工中，因为劳动关系涉及多方主体，员工无法确认和哪家企业存在劳动关系，故一旦发生纠纷，极易出现关联企业间相互推诿的现象，导致员工合法权益得不到保障。

5.1.2　混同用工/关联用工中，未订立劳动合同的，视具体证据情况，确立与其中一家企业存在劳动关系，进而对该企业适用两倍工资罚则。

5.1.3　混同用工/关联用工中，发生劳动争议尤其是重大权益如工伤争议时，视具体证据情况，确立与其中一家企业存在劳动关系，其他关联企业承担连带赔偿责任。

春秋微言：相关判例。

（1）[（2019）京01民终6248号]：张×实际为两家公司提供劳动、两家公司为张×支付劳动报酬，并交叉轮换使用劳动者，故一审法院认定上述二公司构成混同用工，应当对张×的给付请求承担连带责任。

（2）[（2018）沪02民终11618号]：故岳×与遂×公司存在劳动关系，但威××公司作为关联公司应就遂×公司向岳×支付工资以及未签劳动合同双倍工资差额，承担连带责任。

（3）[（2019）浙01民终9469号]：故原审法院判决锦×××公司、×××鼎公司连带支付陈×项目融资奖励并无不当。

（4）[（2019）粤01民终23817－23820号]：基于上述三公司之间的关联性，以及三公司存在对吕×混同用工的情况，吕×主张三公司在本案中就经济补偿金的给付应共同承担相应责任的理由成立，本院依法予以支持。

（5）[（2018）粤03民终13950号]：由于上述三公司存在对谢×混同用工的事实，故谢×于三公司的工作年限应当连续计算；全××公司应向谢×支付解除劳动合同经济补偿，另二公司应对上述款项支付承担连带责任。

5.2　劳动用工中若涉及劳动合同变更，应依法签订书面变更协议，约定明晰劳动者与原用人单位以及新用人单位之各项权利义务。

5.3 劳动关系变动时，及时合规办理劳动者在新、旧用人单位的入职和离职手续，约定清楚工龄、待遇等，同时，新用人单位应将其规章制度的民主和公示程序依法完成。

5.4 借用应签署相关协议，明确各方的权利义务。

5.5 企业应当使劳动合同单位、工资表和支付单位、社保参保单位、离职手续办理单位均明确统一为同一个单位，实际用人单位变动的，应同时作出相应变更。

5.6 不与其他关联企业混用公章。

6. 人社部共享用工新规 10 大亮点

6.1 共享用工方式获官方认可和支持。

6.2 共享用工应签署合作协议明确权利义务。

6.3 共享用工的实施对象不包括劳务派遣员工。

6.4 实施共享用工需征求员工意见，以协商一致为原则。

6.5 共享用工期限不得超过原劳动合同期限。

6.6 员工于企业停工期间自谋职业不属于共享用工。

6.7 共享用工期间缺工单位应承担部分劳动法义务。

6.8 提前中止共享用工需分类处理。

6.9 共享用工期限届满的应及时厘清各方关系。

6.10 用人单位不得以共享用工之名，行劳务派遣之实。

春秋微言：共享用工不改变劳动关系，劳动者依然与原来企业（输出单位）建立劳动关系，但在实际共享用工中，也会产生劳动关系的认定纠纷。

（1）认定员工与原来企业（输出单位）存在劳动关系的案例：

［（2013）崇民初字第 071 号］；

［（2019）闽 01 民终 422 号］；

（2）认定员工与缺工企业（输入单位）存在劳动关系的案例：

［（2017）浙 02 民终 1951 号］；

［（2019）苏 0582 民初 4945 号］。

（3）借用《工伤保险条例》第 43 条第 3 项关于原用人单位与借调单位可以约定工伤补偿之办法，原来企业（输出单位）和缺工企业（输入单位）可以自由约定工伤保险的责任承担。

实践中，法院可能会要求缺工企业（输入单位）一方先行承担工伤保险赔偿责任，再依据借用协议向原来企业（输出单位）追偿［（2016）赣 10 民特 4 号］。

（4）认定员工与缺工企业（输入单位）存在劳动关系的依据［（2019）粤

01 民终 8862 号] 是事实劳动关系认定的黄金三原则。

①双方均符合劳动用工主体资格。

②劳动者受制度约束、管理约束（人身从属性），提供有偿劳动（经济从属性）。

③劳动者提供的劳动乃用人单位业务之组成部分（组织从属性）。

春秋微言：法院通过对劳动者与骑手公司之间的入职面试、工资发放、日常管理、社保缴纳等事实进行梳理，确认双方之间存在劳动关系，因此，即使用人单位与劳动者签订《工程分包协议》，也不能解除双方的劳动关系 [（2022）鲁 10 民终 849 号]。

春秋微言：订立经纪合同的网络主播与合作公司之间不成立劳动关系 [（2021）吉 0102 民初 4780 号]。

春秋微言：千变万变，劳动法标准不变。无论何种形式用工，都须在"劳动合同单位、工资表和支付单位、社保参保单位、离职手续办理单位"上明确统一为同一个单位，并在此原则下管理劳动关系。

经典案例二十七

何×于 2011 年进入四川成都××公司的多家门店担任兼职医生。2015 年 6 月接受该公司工作安排到某门店坐诊，坐诊时间为每周一、三、五上午 8：30 至 12：00。

何×于 2016 年 12 月 5 日向成都市劳动人事争议仲裁委员会申请仲裁，要求确认其与该公司之间存在劳动关系。

仲裁裁决驳回何×的仲裁请求，何×不服向法院提起诉讼。

问题：何×的诉求能否得到支持？

法院判词：

本案中，双方未签订书面劳动合同，是否存在事实劳动关系？劳动和社会保障部《关于确立劳动关系有关事项的通知》（劳社部发〔2005〕12 号）第一条，用人单位招用劳动者未订立书面劳动合同的，但同时具备下列情形的，劳动关系成立——

1. 用人单位和劳动者符合法律、法规的主体资格。

2. 用人单位依法制定的各项劳动规章制度适用于劳动者，劳动者受用人单位的劳动管理，从事用人单位安排的有报酬的劳动。

3. 劳动者提供的劳动是用人单位业务的组成部分。

根据查明的事实，该公司系依法登记成立的公司，具有合法的用工主体资格，何×是具有符合法律、行政法规规定主体资格的劳动者：其系该公司的兼职医生；接受该公司的安排到相关门店坐诊；其所提供的劳动属于该公司的业务组成部分；该公司亦据此向何×支付劳动报酬。

虽然何×每天工作时间较短，平均每日工作时间未超过四小时，但该情形属于非全日制用工，非全日制用工也属于用工关系的一种形式。

因此，判决何×与该公司存在劳动关系。

春秋微言：该判决告诉我们——

（1）事实劳动关系认定的黄金三原则是：

①双方均符合劳动用工主体资格。

②劳动者受制度约束、管理约束（人身从属性），提供有偿劳动（经济从属性）。

③劳动者提供的劳动乃用人单位业务之组成部分（组织从属性）。

（2）非全日制用工即"临时工"，也属于劳动用工关系的一种形式（本章第1节）。

（3）非全日制用工的合同形式见本章第1.1节，劳动合同；书面、口头均可。

经典案例二十八

1. 杨××于2015年7月20日入职天津滨海×××公司，双方签订了劳动合同，约定为非全日制用工，合同期限2015年7月20日至2017年7月19日，月工资为1650元。杨××每周出勤时间为4个半天，2个全天，工资按月发放。2017年6月1日杨××与公司解除劳动关系。

2. 员工诉求：要求单位支付未签书面劳动合同的双倍工资、补发低于最低工资标准的工资差额、加班费等。

3. 员工主张：其为全日制用工，公司未与其签订全日制的书面劳动合同；其工资标准低于当地最低工资，且公司未支付其加班费等。

4. 公司主张：公司与杨××签订有书面劳动合同，明确双方为非全日制用工，且已按照合同约定标准向其支付劳动报酬。

问题：杨××的诉求能否得到支持？

一审法院判词［（2017）津01民终8523号］：

1. 用人单位应当按照劳动合同约定和国家规定，向劳动者及时足额支付劳动报酬。

2. 公司主张杨××为非全日制用工，但未提供公司具有非全日制用工资质的证据。

3. 因公司已提供双方签订的劳动合同，故不应支持杨××未签合同双倍工资的诉求。

综上，判决公司向杨××补发低于最低工资标准的工资差额以及加班费。

春秋微言：该判决告诉我们——

是否非全日制用工，如本章第 1 节所言，其 10 个要素及特点已列清，可对号入座。

二审法院判词〔（2017）津 01 民终 8523 号〕：

本案争议焦点为杨××与公司的用工形式是否为全日制用工。

1. 非全日制用工，是指以小时计酬为主，劳动者在同一用人单位一般平均每日工作时间不超过四小时，每周工作时间累积不超过二十四小时的用工形式。判断用工形式是否属于非全日制用工存在实质标准，即实际工作时间。

2. 综合判断。

（1）公司仲裁时提交的考勤记录表，可计算出杨××实际工作时间远超法定的非全日制工作时间。

（2）非全日制用工的劳动者可以与一个或以上用人单位订立劳动合同，而双方劳动合同中明确要求杨××只能与其存在劳动关系。

（3）非全日制用工劳动报酬结算支付周期最长不得超过十五日，而公司系按月支付杨××报酬。

（4）用人单位招用非全日制工，应在录用后到当地劳动保障行政部门办理录用备案手续，而公司并未办理。

综合以上情节，驳回公司上诉，维持原判。

第十五章
"劝退""清工龄""自动离职"与"末位淘汰"中的法律知识要点与风险防控

1. "劝退"有什么法律风险
2. "清工龄"
3. 如何正确理解"自动离职"的含义及其法律属性
4. 近年来,各地协商一致解除劳动合同案件大幅增加的根本原因是什么
5. 企业中海量存在的"自动离职"员工隐藏着哪些巨大的法律风险,如何应对
6. "末位淘汰"的重大风险
(经典案例二十九、三十)

1. "劝退"有什么法律风险

1.1 劝退和辞退的联系是什么?

1.1.1 两者都无法可依:《劳动法》或者《劳动合同法》中均没有"劝退"这一法律概念;《劳动法》第 26 条,或《劳动合同法》第 40 条即"N+1"条款,以及《劳动合同法》第 36 条即协商条款,最为接近"劝退"的字面含义。

1.1.2 辞退源于《国营企业辞退违纪职工暂行规定》(国发〔1986〕77 号)第 2 条,1986 年 7 月 12 日由国务院发布,已于 2001 年 10 月 6 日废止。

1.1.3 劝退与辞退的联系在于,两者都是用人单位解除劳动合同的方式,但劝退的强制性较辞退弱。

1.2 劝退和辞退的区别。

1.2.1 性质不同:劝退意味着协商,适用于违纪违规行为较轻者;辞退则是用人单位主动提出甚至强行/违法解除劳动关系,一般适用于严重违纪违规者。

1.2.2 后果不同:劝退成功,双方协商解决,单位可以免除支付经济补偿金的义务;而辞退员工,或无须支付经济补偿金(《劳动合同法》第 39 条),或需支付经济补偿金(第 40 条、第 41 条);若无任何理由/证据辞退员工,则构成违法解除劳动关系,需支付双倍经济赔偿金。

1.2.3 风险不同：劝退风险相对较小；辞退若无合理合法理由，极有可能构成违法解除劳动关系，法律风险更大。

1.3 劝退如果操作不当，可能会被认定为是由用人单位提出、双方协商一致解除劳动合同，故需支付一倍的经济补偿金，甚至可能会被认定为是在对劳动者进行胁迫辞职，构成违法解除劳动合同，故需支付两倍的经济赔偿金。

1.4 案例说法。

1.4.1 北京：公司主张因王×的能力未达到岗位标准被劝退，但未提交相关证据，法院视为公司提出，双方协商一致解除劳动合同，公司应支付解除劳动关系的经济补偿金。

1.4.2 广东：用人单位劝退员工辞职，员工在辞职申请上写明"公司要求"；二审法院判决用人单位构成违法解除，门诊部需支付黄××解除劳动合同经济赔偿金84444.5元［（2020）粤03民终24715号］。

1.4.3 广东：高院裁定——劝退也仅能说明公司曾经实施过劝说或建议辞职的行为，最终是否离职的主动权仍然由王××自己掌握，故高院裁定驳回王××的再审申请［（2018）粤民申6285号］。

1.4.4 广东：即便钟×提交的微信聊天记录可以证实甲公司存在劝退行为，但甲公司也只是实施了劝说或者建议行为，最终是否离职的决定权或主动权仍然由钟×自己掌握；故二审法院判决驳回上诉，维持原判［（2018）粤01民终8742号］。

1.4.5 湖北：屠×认为自己在提出离职前，并无向公司辞职的意思表示；公司认为屠×试用期不符合要求，却不愿辞退屠×，而是采取劝退方式，由其提出主动离职；屠×权衡后自行申请离职——双方之间视为协商一致解除，故公司应当向屠×支付经济补偿金。

1.4.6 陕西：杨×向仲裁庭提交了公司出具的劝退通知和离职证明，证明公司单方解除劳动合同；而公司除了认为员工"业绩差"外，却无法提供任何可以单方解除杨×的合法合理依据，故被裁决为违法解除，需支付杨×违法解除劳动合同的经济赔偿金8万余元。

1.5 规避建议。

1.5.1 劝退理由应合法、合理、符合逻辑——劝退内容属于协商事由。

1.5.2 切忌采用威逼话语，以免构成胁迫劳动者辞职。

1.5.3 员工不听劝，即劝退不成，依规章制度或劳动纪律处理——切忌强行劝退，以免构成违法解除劳动合同。

1.5.4 劝退成功后，最好让劳动者签署固定模式的辞职申请文件，或签署《协商一致解除劳动合同协议书》。

春秋微言：劝退注意事项。

（1）与职工劝退谈话时，只能谈存在的问题、工作表现、是否认识到自身问题等。

（2）职工问询"最后工作日、工资支付日、社保取消参保日、是不是要开除/辞退他、何时上级或人事通知他离职"等话题时，均要明确否认或不作答。

（3）不得在微信、短信、电子邮件、电话通话中与职工谈论"最后工作日、工资支付日、社保取消参保日"等问题。

（4）微信、短信、电子邮件、电话通话中职工问询"最后工作日、是不是要开除/辞退他、何时上级或人事通知他离职"等问题，均要明确否认或不作答。

2. "清工龄"

2.1 "清工龄"源于在 2008 年《劳动合同法》实施之前，华为公司为规避无固定期限劳动合同而采取的所谓"买断工龄"的措施。2008 年 7 月 7 日，广东省高院、劳动仲裁委《关于适用〈劳动争议调解仲裁法〉〈劳动合同法〉若干问题的指导意见》第 22 条的出台，迅速对此予以回应：

用人单位恶意规避《劳动合同法》第 14 条的下列行为，应认定为无效行为，劳动者的工作年限和订立固定期限劳动合同的次数仍应连续计算——

2.1.1 **为使劳动者"工龄归零"，迫使劳动者辞职后重新与其签订劳动合同的。**

2.1.2 通过设立关联企业，在与劳动者签订合同时交替变换用人单位名称的。

2.1.3 通过非法劳务派遣的。

2.1.4 其他明显违反诚信和公平原则的规避行为。

2.2 深圳市也于 2008 年 11 月出台《深圳经济特区和谐劳动关系促进条例》，对此予以应对，其中第 24 条规定：用人单位与劳动者解除或者终止劳动合同，在六个月内重新订立劳动合同的，除因劳动者违反《劳动合同法》第 39 条规定（用人单位可以解除劳动合同的 6 种法定情形）被用人单位解除劳动合同外，劳动者在本单位的工作年限应当连续计算。

依据前款规定连续计算工作年限的，计算经济补偿年限时，应当扣除已支付经济补偿的年限。

这就是说，员工如买断工龄后仍然还在本单位工作的，或确已离职，但在六个月内重新入职的，其工龄仍应连续计算。

2.3 案例说法。

2.3.1 广东深圳××公司于 2016 年年初欲由深圳布吉街道搬迁至平湖街

道时，基于员工罢工和政府压力，公司与绝大部分员工（超过95%）"买断工龄"，并在深圳市龙岗区人民法院做了司法确认。

2.3.2 但在2018年年初公司结业时，劳动站仍要求要将全部员工按照连续工龄计算经济补偿金，减去之前即2016年企业已预先支付的部分，然后支付剩余部分。

2.3.3 实践证明：通过预先支付经济补偿即"买断工龄"的做法，一是并不能真正达到节省经济补偿金之目的；二是从司法实践上来看，工龄不能买、也买不断，至多仅是将退休前的工龄补偿（一年一个月工资标准）分批、分段、分期支付而已，劳动关系与工龄同在。

3. 如何正确理解"自动离职"的含义及其法律属性

3.1 员工根本违约自离时，属单方违法解除劳动关系，企业保留追讨损失之权利。

3.2 员工旷工违规自离时，如果仅"视为自离"的话，大概率会因为未将或未能将解除劳动合同的通知送达员工本人，因此留下双方劳动关系并未解除的隐患（接下来的本章第5.5节将对此进行一番荡气回肠的彻骨长谈）。

3.3 员工"辞职不批"自离时，双方可能各执一词，将视为协商一致解除，员工以辞职的意思表示放弃经济补偿金；而非由于双方均未能充分举证，故比照协商一致解除劳动合同的情形判令单位支付经济补偿金。

3.4 员工依法被迫自离时，企业将支付一倍之经济补偿金。

4. 近年来，各地协商一致解除劳动合同案件大幅增加的根本原因是什么

4.1 广东省高级人民法院、广东省劳动争议仲裁委员会《关于审理劳动人事争议案件若干问题的座谈会纪要》第29条（2012年8月2日，粤高法〔2012〕284号）（该审判业务文件已于2021年1月1日起废止，但其中的合理成分仍然被运用于实际裁判中）："双方均无法证明劳动者离职原因的，可视为用人单位提出且经双方协商一致解除劳动合同，用人单位应向劳动者支付经济补偿。"

4.2 北京市一中院、北京市海淀区人民法院［（2012）海民初字第14606号］：由于双方均未能充分举证，而双方的劳动关系已事实解除但原因不明，故可比照协商一致解除合同情形判令单位支付经济补偿金。

4.3 重庆市高院［（2018）渝民再310号］、重庆市第五中级人民法院［（2017）渝05民终7617号］：对解除的原因各持一词……认定双方协商一致解除劳动关系。

4.4 江苏省高级人民法院关于印发《关于审理劳动人事争议案件的指导意见（二）》的通知（苏高法审委〔2011〕14号）第14条："劳动者主张被用人

单位口头辞退，而用人单位主张是劳动者自动离职的，由用人单位就劳动者自动离职的事实负举证责任，不能举证证明的，由其承担不利后果。"

春秋微言： 劳动纠纷中，最终达成和解的底层原因如下——

（1）问题总是需要解决，而解决问题总是需要有人买单；

（2）《劳动合同法》中有较多举证责任倒置的规定，即在一些特殊情况下，由用人单位一方来承担举证责任，如举证不能的，法院则采纳劳动者一方的主张而判决单位败诉；

（3）故当双方公说公有理、婆说婆有理，但又都无法举证证明各自主张时，调解员的常用手法便是，对企业，强调其举证不能，以压其就范；对劳动者，则强调和谐社会，见好就收；于是乎，皆大欢喜，完美收工。

5. 企业中海量存在的"自动离职"员工隐藏着哪些巨大的法律风险，如何应对

自动离职的法律风险：自动离职并不意味着劳动关系的自动解除，员工可随时诉讼。

《最高人民法院关于审理劳动争议案件适用法律问题的解释（一）》（法释〔2020〕26号）第44条：因用人单位作出的开除、除名、辞退、解除劳动合同、减少劳动报酬、计算劳动者工作年限等决定而发生的劳动争议，用人单位负举证责任。

因此，即使按自动离职处理，也要送达解除或者终止劳动关系通知书，否则，不能举证解除通知已经送达的，可能会被认定为双方劳动关系没有解除，此期间按待岗处理。

春秋微言： 典型案例解析。

1. 1986年12月26日，朱××入职深圳××公司，任职司机；双方签订劳动合同的期限为1986年12月26日至1997年12月26日止（其间由固定工转为合同制工人）；朱××每月工资按本单位二级工资水平发放；朱××与深圳××公司之间的劳动关系至1996年12月26日终止。

（1）1988年12月31日，朱××夫妇生育第二胎，当时未办理准生证。

（2）1989年8月13日，朱××夫妇被计划生育部门及深圳××公司共同调查。

（3）朱××称：深圳××公司口头通知对朱××夫妇进行停职；但未收到深圳××公司书面通知；1989年9月公司停止发放朱××工资。

（4）朱××称：深圳××公司停发朱××工资乃因其"夫妇俩人超生行为情节恶劣而被除名"；但事实上，朱××因符合生育第二胎，便于1989年9月

补办了第二胎子女准生证，并于同年 10 月 1 日前向深圳××公司提交了准生证，但公司并未因此恢复朱××工作。

（5）深圳××公司称：1991 年 2 月 1 日，深圳××公司解除了与朱××的劳动关系，并出具了书面通知；**但深圳××公司并未能举证证明朱××收到了公司 1991 年 3 月 19 日发出的《辞退证明书》（解除通知）。**

（6）朱××称离职前月平均工资为 1500 元。

（7）另查，深圳××公司为朱××购买社会保险至 1991 年。

（8）朱××称：直至 1999 年 8 月公司实行医疗改革前，其均享受深圳××公司医疗保障（医疗费报销），但未提交证据予以证实。

（9）2010 年 8 月 2 日，朱××向深圳市劳动争议仲裁委员会提起仲裁，其申诉请求为恢复工作岗位、补发待岗工资、补交养老保险。

（10）该仲裁委员会于 2010 年 8 月 17 日以申请仲裁时效已过为由作出不予受理通知书。

（11）朱××不服，诉至深圳市福田区人民法院。

（12）朱××、深圳××公司均不服深圳市福田区人民法院的一审判决，遂上诉至广东省深圳市中级人民法院。

（13）自此——准确地说，自 2010 年 8 月 2 日提起仲裁之日始，朱××便开启了他 7 年 9 案的维权狂飙之旅。

2. 朱××的历次诉求及其裁判结果如下：

（1）2010 年 8 月 2 日，向深圳市劳动争议仲裁委员会提起仲裁，申诉请求深圳××公司——

恢复工作、支付工资 502000 元及其 25% 的经济补偿金 125500 元；补缴养老保险。

深圳市劳动争议仲裁委员会以申请仲裁时效已过为由作出不予受理通知书。

（2）一审，深圳市福田区人民法院；诉求——同上述仲裁申请；

判决结果［（2010）深福法民四初字第 1818 号］——

◆深圳××公司于本判决生效之日起十日内向朱××支付 1989 年 10 月 1 日至 1997 年 12 月 26 日的停工工资 89055.90 元及经济补偿金 22263.97 元；

◆驳回朱××的其他诉讼请求。

◆社会保险问题不属于人民法院民事案件的审理范围，故朱××应另循法律途径解决。

（3）二审，广东省深圳市中级人民法院：诉讼请求与一审相同。

判决结果［（2011）深中法劳终字第 2191 号］——

◆撤销广东省深圳市福田区人民法院［（2010）深福法民四初字第 1818 号］民事判决；

◆驳回朱××的诉讼请求。

（4）广东省人民检察院于 2012 年 7 月 26 日作出［粤检民抗（2012）255 号］民事抗诉书，向广东省高级人民法院提出抗诉——

◆终审判决［（2011）深中法劳终字第 2191 号］认定的基本事实缺乏证据证明，适用法律错误；

◆根据《民事诉讼法》第 179 条第 1 款第（2）、（6）项、第 187 条的规定，请依法再审。

（5）广东省高级人民法院于 2012 年 9 月 13 日作出［（2012）粤高法审监民抗字第 397 号］民事裁定，指令广东省深圳市中级人民法院再审。

（6）2013 年 12 月 18 日，广东省深圳市中级人民法院作出［（2013）深中法劳再字第 2 号］再审之终审判决：

一、撤销本院［（2011）深中法劳终字第 2191 号］民事判决；

二、变更广东省深圳市福田区人民法院［（2010）深福法民四初字第 1818 号］民事判决第一项为：深圳××公司于本判决生效之日起十日内向朱××支付 1989 年 10 月 1 日至 1996 年 12 月 26 日停工工资 78255.90 元及经济补偿金 19563.97 元；

三、撤销广东省深圳市福田区人民法院［（2010）深福法民四初字第 1818 号］民事判决第二项；

四、深圳××公司于本判决生效之日起十日内向朱××支付 1996 年 12 月 27 日至 2007 年 3 月 8 日因未转交档案的赔偿款 110337.93 元及经济补偿金 27584.48 元；

五、驳回朱××其他诉讼请求。

（7）原告朱××不服被告深圳市社会保险基金管理局作出的复函决定一案，深圳市福田区人民法院于 2014 年 8 月 20 日受理后，于 2014 年 10 月 21 日作出［（2014）深福法行初字第 909 号］判决：驳回原告朱××的全部诉讼请求。

（8）上诉人朱××因不服被上诉人深圳市人力资源和社会保障局作出的答复行为一案，不服深圳市福田区人民法院［（2015）深福法行初字第 1139 号］行政判决，向深圳市中级人民法院提起上诉。

2016 年 05 月 25 日，深圳中院作出［（2016）粤03 行终262 号］终审判决：驳回上诉，维持原判。

（9）再审申请人朱××因与被申请人深圳市人力资源和社会保障局行政答复纠纷一案，不服深圳中院作出的［（2016）粤03 行终262 号］行政判决，向广东省高级人民法院申请再审。

2017 年 3 月 2 日，广东省高级人民法院作出裁定：驳回朱××的再审申请。

3. 结论——

（1）7 年 9 诉，后 3 个诉讼根据《劳动保障监察条例》第 20 条及《深圳经济特区社会养老保险条例》第40条，以"超过两年的法定时效"为由，予以驳回；前6个诉讼追讨停工工资及经济补偿金、未转交档案的赔偿款及经济补偿金，朱××共获各种补偿/赔偿金235742.28元；

（2）用人单位之所以败诉的关键因素，在于"公司既不能提供《辞退证明书》原件及朱××本人签名认可的《自动离职、除名人员审核表》，也不能提供公司当时公布的对朱××的处理决定，无法证明朱××被辞退的具体时间，故应承担举证不能的不利后果"；而裁判依据，便是已经废止的《最高人民法院关于审理劳动争议案件适用法律若干问题的解释（二）》（法释〔2006〕6号）第1条：

"……因解除或者终止劳动关系产生的争议，用人单位不能证明劳动者收到解除或者终止劳动关系书面通知时间的，劳动者主张权利之日为劳动争议发生之日。"

（3）取代旧司法解释（二）第1条第2款的是新司法解释《最高人民法院关于审理劳动争议案件适用法律问题的解释（一）》〔法释〔2020〕26号〕第44条：因用人单位作出的开除、除名、辞退、解除劳动合同、减少劳动报酬、计算劳动者工作年限等决定而发生的劳动争议，用人单位负举证责任。

换言之，"不能证明劳动者收到解除或者终止劳动关系书面通知时间的"这把悬在头顶的达摩克利斯之剑，并没有随着新旧司法解释的变化而有所减缓，依旧使得每个企业在理论上都面临着像这家灰头土脸、发型早乱的公司同样的管理漏洞和现实困境——尤其是那些尚处于仲裁/诉讼时效内的自动离职员工、"长期两不找人员"、未办理离职手续人员等，更是存在着同样重大的关于送达的潜在风险〔（2020）京0111民初2778号〕。

典型案例：北京〔（2020）京0111民初2778号〕。

用人单位虽主张已于2019年6月21日向劳动者发送了解除劳动合同通知书，但未提供证据证明已经向劳动者送达，故本院不予采信。用人单位于2019年7月18日收到了劳动者要求解除劳动合同的函，故双方劳动关系于2019年7月18日解除。

6. "末位淘汰"的重大风险

6.1 2016年11月30日，最高人民法院《第八次全国法院民事商事审判工作会议（民事部分）纪要》第29条规定：用人单位在劳动合同期限内通过"末位淘汰"或"竞争上岗"等形式单方解除劳动合同，劳动者可以用人单位违法解除劳动合同为由，请求用人单位继续履行劳动合同或者支付赔偿金。

6.2 末位淘汰制度的基本特征：

6.2.1 相对评价。

6.2.2 必然末位。

6.2.3 无法可依。

6.3 不胜任与末位淘汰的重大区别：

6.3.1 不胜任有法可依（《劳动合同法》第40条第2项），末位淘汰则无法可依。

6.3.2 末位者并非一定不胜任，其标准有可能高过不胜任。

6.3.3 不胜任有缓冲和机会（培训、调岗），而末位淘汰则一招毙命。

6.3.4 不胜任有偿（N+1），末位淘汰无偿。

6.4 末位淘汰之典型案例［（2021）京03民终20304号］。

武汉××北京分公司经理口头通知员工岳××，因其业绩不达标，第二天不用来了，同时告知已经关闭了其考勤及业务系统。岳××在微信群中向总监核实情况，总监在群里让北京分公司经理给其发送一份电子邮件，称将其淘汰了——武汉××北京分公司已于2021年6月30日与岳××解除了劳动关系。

北京市第三中级人民法院依据《劳动合同法》第四十七条、第四十八条、第八十七条，《最高人民法院关于审理劳动争议案件适用法律问题的解释（一）》（法释〔2020〕26号）第四十六条之规定，终审判决如下：

1. 武汉××公司北京分公司与岳××自2021年3月1日至2021年6月30日存在劳动关系。

2. 武汉××公司北京分公司支付岳××解除劳动关系赔偿金141770.07元，于本判决生效之日起七日内履行。

3. 驳回武汉××公司北京分公司的其他诉讼请求。如果未按判决指定的期间履行给付金钱义务，应当依照《民事诉讼法》第二百五十三条之规定，加倍支付迟延履行期间的债务利息。

春秋微言：用人单位能依据"末位淘汰制"对劳动者调岗调薪吗？

什么意思？意思就是继续末位，但不淘汰——只是调岗调薪。

（1）单位根据未实际考核的培训情况直接判断劳动者不能胜任工作解除劳动合同的，属于单方面违法解除［（2021）吉01民终5876号］。

（2）用人单位推行的竞争性考核选拔能够证明劳动者"不能胜任工作"且调岗合理，劳动者主张违法调岗，不予支持［（2019）粤03民终4498号］。

（3）法院应根据企业末位淘汰条款是作为劳动合同的解除条款、工作岗位的调整依据，还是作为用工录入条件等综合判断末位淘汰考核机制的合法性［（2019）陕10民终683号］。

（4）不能仅凭绩效考核情况直接对排名末位的劳动者实施调岗行为，而需对劳动者进行能否胜任工作的审查，根据审查结果得出能否调岗的结论［（2016）沪02民终258号］。

经典案例二十九

1. 王×入职浙江杭州××公司,该公司《员工绩效管理规定》明确:考核分 S、A、C1、C2 四个等级,分别代表优秀、良好、价值观不符、业绩待改进。王×2008 年至 2010 年三次考核获得 C2(其间曾因部门解散而转岗),公司与其解除劳动关系。

2. 王×诉求:要求公司支付违法解除劳动关系经济赔偿金。

3. 公司证据及主张:提供三次考核为 C2 的结果,主张劳动者不胜任工作,且调岗后仍不胜任,与其解除劳动关系符合法律规定。

问题:王×的诉求能否得到支持?

法院判词[(2011)杭滨民初字第 885 号](本案经最高人民法院审判委员会讨论通过,2013 年 11 月 8 日发布):

虽然劳动者考核结果为 C2,但是 C2 等级并不完全等同于"不能胜任工作",单位仅凭该限定考核等级比例的考核结果,不能证明劳动者不能胜任工作,不符合据此单方解除劳动合同的法定条件。

劳动者虽存在转岗,但其原因并非不胜任工作,而是由于原部门解散。

综上,单位与劳动者解除劳动关系属违法解除,应支付经济赔偿金。

春秋微言:该判决告诉我们——

之所以貌似不胜任的末位淘汰违法,是因为:

(1)不胜任有法可依(《劳动合同法》第 40 条第 2 项),末位淘汰则无法可依。

(2)末位者并非一定不胜任,其标准有可能高过不胜任。

(3)不胜任有缓冲和机会(培训、调岗),而末位淘汰则一招毙命。

(4)不胜任有偿(N+1),末位淘汰无偿。

经典案例三十

1. 上诉人王××与上诉人北京怀柔××公司劳动争议一案,双方均不服北京市朝阳区人民法院民事判决,向北京市第三中级人民法院提起上诉。

2. 王××上诉请求。

2.1 依法撤销原审判决,依法改判为:公司支付王××年度绩效奖金24000 元、专利奖金 504750 元;未休年休假工资 101398.55 元;违法解除劳动合同赔偿金 259461 元;开具离职证明。

2.2 一审诉讼费、上诉费由公司负担。

2.3 事实和理由:王××2018 年 1 月 1 日后撰写并申请了 56 个专利,其中 50 个专利已经得到国内授权;王××提交了公司专利奖励制度、专利申请书、专利授权书；而朝阳区法院以公司不承认专利奖励制度为由驳回王××的请求有不妥之处，故申请法院依法判决。

3. 公司上诉请求。

3.1 请求不需要支付王××违法解除劳动合同赔偿金91211.04元。

3.2 请求不需要支付王××年度绩效奖金24000元。

3.3 请求不需要支付王××未休年休假工资33548.89元。

事实和理由：

3.4 原判决认定违法解除劳动合同错误。王××工作期间因严重违反公司规章制度（未提交相关证据），导致劳动合同解除，属于合法解除，不需要支付经济赔偿金。

3.5 原判决认定支付绩效奖金错误。绩效奖金为浮动部分，其实际发放金额主要取决于组织绩效，需要根据当年组织绩效成绩来判定是否有利润可以作为奖金发放，随后再会根据个人业绩评定发放比例（未提交相关证据）。目前公司经营困难，导致工资发放都有困难的情况下不可能再有绩效奖金发放。

3.6 原判决认定未休年休假工资错误。王××的未休年假工资已经支付（未提交相关证据），原裁决再次支持年假工资，属于认定事实错误。

问题：两上诉人的诉求谁能得到支持？

一审法院判词：

1. 公司于判决生效之日起三日内向王××出具解除劳动合同证明。

2. 公司于判决生效之日起三日内支付王××违法解除劳动合同赔偿金91211.04元。

3. 公司于判决生效之日起三日内支付王××2018年1月1日至2018年12月27日的年度绩效奖金24000元。

4. 公司于判决生效之日起三日内支付王××2017年4月10日至2018年12月27日期间未休年假工资33548.89元。

5. 驳回王××的其他诉讼请求。

6. 驳回公司的其他诉讼请求。

春秋微言：该判决告诉我们——

（1）《劳动合同法》第50条第1款，用人单位应当在解除或者终止劳动合同时出具解除或者终止劳动合同的证明，并在十五日内为劳动者办理档案和社会保险关系转移手续。

（2）《劳动合同法》第89条，用人单位违反本法规定未向劳动者出具解除或者终止劳动合同的书面证明，由劳动行政部门责令改正；给劳动者造成损害的，应当承担赔偿责任。

（3）劳动者离职，不影响原年度绩效奖金、未休年假工资的发放。

二审法院判词：

1. 关于年度绩效奖金。王××与公司约定年度绩效奖金为24000元，实际发放金额取决于当期公司组织绩效成绩及个人绩效成绩，但公司未提交2018年度公司业绩情况及王××绩效考评情况，故公司的该项主张依据不足，应向王××支付2018年度绩效奖金。

2. 年休假情况及未休年休假工资发放情况。公司未能提交充分证据，且王××对此亦不认可，故一审法院采信王××关于其在职期间未休年休假的主张。

3. 在职期间获取专利的奖金事宜存在争议。该争议属于专利纠纷案件，并非本案劳动争议审理事项，且本院对此亦无管辖权，故关于专利奖金一节，王××可向公司另行主张权利。

综上所述，王××与公司的上诉请求及理由均不能成立，应予驳回。一审判决认定事实清楚，适用法律正确，应予维持。依照《中华人民共和国民事诉讼法》第一百七十条第一款第（一）项之规定，判决驳回上诉，维持原判。

春秋微言：该判决告诉我们——

劳动者在职期间获取专利的奖金事宜，因该争议属于专利纠纷案件，并非劳动争议审理事项，且该法院对此并无管辖权，因此，劳动者应向公司另行主张其权利。

第十六章
"问题员工"的界定与处理技巧中的法律知识要点与风险防控

1. "严重失职""营私舞弊"的界定与处理
2. 企业反腐败反舞弊调查中的 9 大禁区
3. "违纪违规"的界定与处理
4. "泡病假"的界定与处理
5. 应对"泡病假"8 招
6. "长期两不找"人员的界定与处理

（经典案例三十一、三十二）

1. "严重失职""营私舞弊"的界定与处理

1.1　如何解读"严重失职，给用人单位造成重大损害"？

严重失职：有未尽职责的严重过失行为，使单位有形/无形财产蒙受重大损害，但又不够刑法处罚的程度。

法律后果：给用人单位造成重大损害的，可以解除劳动合同；未造成重大损害的，不得解除劳动合同。

1.2　如何认定"重大损害"？

1.2.1　劳动合同约定或规章制度规定（标准不宜过低）。

1.2.2　除直接经济损失外，亦可为品牌/声誉等无形资产的损害（须具体考量程度、标准；如 2023 年上海宝马车展冰激凌事件两女工的行为，能否被界定为重大损害）。

1.2.3　事先制定标准，既能直接影响裁判结果，又可避免概念之争导致自由裁量的风险。

春秋微言："严重失职"与"营私舞弊"的区别是什么？

严重失职：应为而不为的过失行为。

营私舞弊：不应为而为的故意行为。

1.3　制定"重大损害"的原则。

1.3.1　合法/民主/公示原则。

1.3.2　可量化原则。

1.3.3　有形/无形兼顾原则。

1.3.4　避免无度与过度原则。

1.4　对"严重失职"者的处理实操（劳动合同约定或规章制度/劳动纪律规定）。

1.4.1　规章制度/劳动纪律合法。

1.4.2　对重大损害的标准进行定义。

1.4.3　造成重大损害的，可解除劳动合同，并可要求员工赔偿。

1.4.4　未造成重大损害但属严重违纪违规的，亦可解除劳动合同并要求员工赔偿。

1.4.5　解除事由合法、解除证据充分（企业对员工失职举证不能，加之一事二罚，被判违法解除并支付经济赔偿金［（2022）粤 20 民终 6121 号］）。

1.4.6　解除程序合法（通知工会）。

1.5　如何解读"营私舞弊，给用人单位造成重大损害"？

营私舞弊：利用职务之便谋取私利的故意行为。

法律后果：给用人单位造成重大损害的，可以解除劳动合同；未造成重大损害的，不得解除劳动合同。

1.6　"营私舞弊，给用人单位造成重大损害"的处理程序（劳动合同约定或规章制度/劳动纪律规定）。

1.6.1　规章制度/劳动纪律合法。

1.6.2　对重大损害的标准进行定义。

1.6.3　造成重大损害的，可解除劳动合同，并可要求员工赔偿。

1.6.4　未造成重大损害但属严重违纪违规的，亦可解除劳动合同并要求员工赔偿。

1.6.5　解除事由合法、解除证据充分（企业对营私舞弊举证不能，被判违法解除劳动合同［（2021）粤 03 民终 14892 号］）。

1.6.6　解除程序合法。

1.7　如何预防核心员工营私舞弊，损害用人单位利益？

1.7.1　政策约束：规章制度/劳动纪律中对营私舞弊行为的零容忍政策。

1.7.2　制度约束：通过流程控制等，将营私舞弊的空间压缩到最小。

1.7.3　机制约束：监察制度、内部审核制度、投诉举报制度（工会主席虚假报销，营私舞弊被解除劳动合同［（2018）苏 01 民终 8318 号］）。

1.7.4　设立专职部门和专职人员。

1.7.5　建立黑名单与行业封杀制度。

1.7.6　惩罚与奖励手段并举。

2. 企业反腐败反舞弊调查中的9大禁区

2.1 调查范围、调查团队、调查手段的非系统、非专业、不可控，调查失序化、失范化、扩大化。

2.2 调查程度的充分性、适当性、必要性，以及如何拿捏违法与违规的尺度，把握公司行为与公权力的边界感。

2.3 使用"调查公司""私家侦探"等可能引发的刑事法律风险，以及可能触及的对侵犯商业秘密、国家秘密的保密措施的整体评估。

2.4 简单粗暴，随意限制员工人身自由（可能涉嫌非法拘禁）。

2.5 检查、封锁、扣押员工的私人物品和个人办公用品。

2.5.1 私人物品如手提袋或私人电子邮箱等，除非另有规定，不可触碰。

2.5.2 公司配备的个人办公用品，停职停薪调查时间过长，可能触及《劳动合同法》第38条第1项之"未提供劳动条件"，劳动者可据此解除劳动合同并追索经济补偿金。

2.5.3 公司配备的个人办公用品如电脑中的私人资料、信息等，可以以"系统升级"的名义进行备份查阅。

2.5.4 公司配备的个人办公用品如电脑中的私人资料、信息等，可以在入职之前以劳动合同约定的方式，由员工授权公司查验。

2.6 向他人提供或侵犯员工个人信息，包括但不限于姓名、身份证件号码、通信联络方式、住址、账号密码、财产状况、行踪轨迹等。

2.7 未选择中立、专业的第三方取证机构而导致的对电子数据的取证操作不专业，使其真实性、合法性和关联性受到影响。

2.8 录音录像过程中可能出现的严重侵犯他人的合法权益、严重违背公序良俗或违反法律的禁止性规定的行为，导致录音录像证据无效。

2.9 因对法律法规的不专业，导致刑事控告不当；或过早解除劳动合同/劳动关系；或因被调查者需要解除劳动关系时，可能正处于孕期、产期、哺乳期或医疗期，故可能存在违反《劳动合同法》的风险。

3. "违纪违规"的界定与处理

春秋微言：何谓纪？何谓规？

纪指劳动纪律，规指规章制度，两者的区别如下：

（1）劳动纪律依据《劳动法》，规章制度依据《劳动法》及《劳动合同法》。

（2）劳动纪律无须制定程序，甚至无须口头公布，依然有效——类似"约定俗成"；规章制度则须经过严格的制定程序和公示告知程序，否则无效。

（3）对于中小企业而言，利用劳动纪律的较低"门槛"，可以弥补因为没有工会/职代会等，从而面临制定规章制度时制定成本较高，以及实施规章制度时施行难度较大的不足。

3.1 如何解读与实操"严重违反用人单位的规章制度"？

3.1.1 规章制度的内容合法即不与现行法律法规相抵触（如规定末位淘汰/竞争上岗/罚款等）。

3.1.2 规章制度的制定、施行程序合法，即完全具备完整法定流程：

民主讨论→提出方案→平等协商→共同确定→公示告知。

3.1.3 保留与规章制度制定、施行有关的文字、照片、影音、电子邮件信息等。

3.1.4 严重违规情形的明确界定、详细列举。

3.1.5 界定违反规章制度的严重程度时，能量化则量化，不能量化则列举；无法穷尽的，设置兜底条款。

春秋微言：兜底条款作为一项立法技术，它将所有其他条款没有包括的，或者难以包括的，或者目前预测不到的，都包括在这个条款中。兜底条款是法律文本中常见的法律表述，主要是为了防止法律的不周严性，以及满足社会情势的变迁性。

3.1.6 对劳动者进行规章制度的培训学习，并签名留底。

3.1.7 在规章制度中规定或劳动合同中约定："严重违反甲方（企业）规章制度的，予以无偿解除劳动合同；对给甲方造成经济损失的，予以经济赔偿；甲方同时保留对乙方（员工）进一步进行民事索偿的权利。"

3.2 确保劳动者的违规事实与规章制度的规定相吻合，切忌无的放矢，自欺欺人。

春秋微言：［（2014）朝民初字第33940号］判决。

1. 单位未能就其已向王×作出过口头警告或书面警告进行举证。

2. 该条款并未对达到何种程度才构成严重作出规定。

3. 单位也未举证证明其《员工手册》经过了相应的民主程序而制定。

故本院认为单位与王×解除劳动合同的行为于法无据，应视为违法解除，判决单位支付王×违法解除劳动合同的赔偿金75040元。

3.3 处理违规员工的最佳时段是什么？

3.3.1 事发后第一时间，应对事件进行调查，给予员工申诉机会，要求其在事件经过等文件上签名确认。

3.3.2 此时员工或情绪激动，或碍于面子不好直接否认刚刚发生的事实，且没有时间冷静思考签名可能带来的不利影响，大部分员工会直接或间接、全部或部分承认违规事实。

3.3.3 至少在劳动者自己的书面申诉中，极有可能间接或者部分承认违规事实，而当事人陈述的书面材料，证明效力极高，因此意义重大。

春秋微言：《民事诉讼法》第63条，证据包括以下几种。

（1）当事人的陈述。

（2）书证。

（3）物证。

（4）视听资料。

（5）电子数据。

（6）证人证言。

（7）鉴定意见。

（8）勘验笔录。

3.4 处理违规员工时，充分利用工会在程序合法中的法定作用的重要意义（同第十一章第2.1、2.2、2.3节所述）。

3.4.1 工会参与规章制度的制定与实施，则其作为处罚依据的合法性不可动摇。

3.4.2 就算理据充分，单方解除劳动合同时如不通知工会，便意味着程序不合法——视为违法解除。

3.4.3 强调工会的参与/知情/建议权，可见——

◆《劳动合同法》第4条、第43条、第56条。

◆《中华人民共和国工会法》（2022年）第22条。

◆《最高人民法院关于审理劳动争议案件适用法律问题的解释（一）》（法释〔2020〕26号）第47条。

◆《江苏省劳动合同条例》第31条。

4. "泡病假"的界定与处理

"泡病假"（包括"泡工伤假"）的本质是欺骗行为，员工虚构病假事实、骗取病假工资，情节严重的，构成诈骗罪。

4.1 "泡病假"的目的，在于利用病假——

4.1.1 规避试用期考核。

4.1.2 延长劳动合同期限。

4.1.3 骗取有偿休假待遇。

4.1.4 拖延、拒绝工作交接。

4.1.5 在外兼职，拿"双份工资"。

4.2 "泡病假"的手段与表现形式。

4.2.1 伪造病假单。

4.2.2 利用与医生的关系虚开病假单。

4.2.3 找人代诊,骗取病假单。

4.2.4 涂改或篡改之前的病假单。

4.2.5 病假单存在瑕疵(无挂号记录、诊断证明、处方和盖章,医生与科室不符等)。

4.3 "泡病假"的应对措施。

4.3.1 完善病假管理制度,规范病假休假流程,严格病假审批权限。

4.3.2 明确要求病假员工提供完整的证明文件:挂号单、病历本、诊断证明书、住院证明、缴费发票、门诊治疗记录、治疗药物明细等。

4.3.3 明确单位对病假假期拥有复核权——

◆ 单位质疑病假→要求劳动者复查→对复查结果有争议→申请劳动能力鉴定确认。

◆ 劳动者拒绝复查→单位视为伤情稳定→可要求劳动者三日内进行劳动能力鉴定→劳动者拒绝鉴定→单位视为康复→要求其三日内返工。

◆ 劳动者拒绝复查、拒绝鉴定、拒不返工→视为严重违反规章制度/劳动纪律→予以无偿解除劳动关系,或情节严重者,追究其刑事法律责任。

4.4 对医疗期满后仍要求病假的,可依照《劳动合同法》第40条第1款,依法解除劳动关系(即N+1):通知患病或非因工负伤之医疗期满劳动者返岗→考核认定其不胜任原工作→对其依法调岗→调岗后经考核认定其仍然不胜任→按(N+1)标准予以解除劳动关系。

春秋微言:患有特殊疾病的劳动者在医疗期满后仍不能返岗的,用人单位未对劳动者进行劳动能力鉴定即解除劳动合同属违法解除。山东:〔(2022)鲁0104民初5340号〕〔(2023)鲁01民终792号〕。

4.5 其他实操建议。

4.5.1 联系医生、医院,核实病假证明真伪。

4.5.2 如医院造假而交涉未果的,应向其上级单位投诉并举报其造假行为。

4.5.3 不定期探访病休员工,既能体现关爱,也能起到对病休假的柔性监控作用。

5. 应对"泡病假"8招

5.1 在不侵犯员工就医选择权的前提条件下,以合法、合理、合情为准则,要求病假证明须由公司指定的或具同级资质的医院开具,方为有效。

5.2 可据假期长短要求员工提供挂号单、病历本、诊断证明书、住院证明、缴费发票、门诊治疗记录、治疗药物明细等若干证明文件,员工不得拒绝。

5.3 员工不依公司病假流程请假，属违纪违规行为，公司可据轻重程度予以口头警告、书面警告等处分。

5.4 员工因病假申请违规被口头警告两次的，记为一次书面警告；书面警告累计达到3次的，视为严重违反规章制度/劳动纪律，可予以无偿解除劳动合同。

春秋微言：典型案例。

法院认为：陈×现有证据不足以证明其病情达到需要停止工作的程度，更不能必然推定其治疗需要法定的最长医疗期；陈×现有证据不足以证明其在获批的病假期限届满前，重新依规办理了病假审批手续；经公司合理催告后，陈×未能到岗投入工作。故对陈×主张的经济补偿金及赔偿金共计115万元的诉请，本院予以驳回［（2020）皖1103民初287号］。

5.5 员工提交伪造的病假申请证明文件的，属于提交虚假凭证；病假期间外出旅游的，属于旷工；病假期间兼职的，属于双重劳动关系——此三种情形均属严重违反规章制度/劳动纪律之行为，公司可无偿解除劳动合同。

春秋微言：典型案例。

徐×虽称其因工作患有肺部症状，前往海南自己家中疗养有利于肺部病情缓解，但徐某申请病假的理由并非关于肺部症状的诊断书和医嘱，一审法院认定甲公司系合法解除双方劳动合同并无不当，本院予以维持［（2021）京03民终4141号］。

法院认定：李×蓄意隐瞒、欺骗公司的行为严重违背了诚实信用原则，保险公司以李×严重违反规章制度为由解除劳动合同，具有事实及法律依据，属于合法解除劳动合同［（2013）二中民终字第07324号］。

5.6 如员工的病假被确认为无效后，公司可以向其追偿已经发放的工资及其他福利待遇。

5.7 试用期内员工泡病假的，视为试用期不符合录用条件，予以无偿解除劳动合同。

5.8 员工通过虚构病假事实，骗取公司支付工资的，公司有权以诈骗公私财物罪（《中华人民共和国刑法》第266条，价值3000元以上）刑事报案，追究其刑事法律责任。

春秋微言：典型案例。

天津市××公司员工周×通过虚构病假事实，骗取公司财物1.5万余元。公司报案后，被天津市南开区人民法院以诈骗罪，判处有期徒刑六个月，缓刑一年，并处罚金一万元［津南检公诉刑诉［2016］509号］［（2016）津0104刑初499号］。

6. "长期两不找"人员的界定与处理

"长期两不找"并非法律概念——如"N+1"一般,是约定俗成的说法。

6.1 所谓"长期两不找"系指员工离开企业后,双方虽未正式解除劳动合同/劳动关系,但已经长期互不履行劳动合同的主要内容:即员工不再向企业提供劳动,企业不再给员工发放工资福利及缴纳社保等。

"长期两不找"的常见纠纷主要包括以下几种。

6.1.1 员工要求确认"长期两不找"期间双方存在劳动关系。

6.1.2 员工要求企业支付"长期两不找"期间的工资福利或生活费,缴纳社会保险等。

春秋微言:典型案例。

北京〔(2020)京0111民初2778号〕:本院认定用人单位应按不低于北京市最低工资标准的70%支付劳动者上述期间的基本生活费。

北京〔(2020)京0101民初9163号〕:本院综合双方在履行劳动合同过程中的过错程度,并且本着保障劳动者生活权益的角度,视为劳动者一直处于待岗状态,用人单位应按基本生活费支付原告2018年11月24日至2019年11月15日期间的工资。

6.1.3 员工以企业在"长期两不找"期间未支付工资福利等为由,提出解除劳动合同/劳动关系,并要求支付经济补偿金。

6.1.4 企业则通常会以员工离开时双方的劳动合同/劳动关系已事实解除为由进行抗辩。

6.2 "长期两不找"的具体情形:

6.2.1 因"下海""停职留薪"等原因离开企业但保留劳动关系的。

6.2.2 因长期停产、病休、待岗等原因离开企业的;或企业违法解除员工,员工有异议未配合办理离职手续,企业亦未履行法定解除程序的。

6.2.3 分淡、旺季的企业季节性放假后,员工另寻出路未办理离职手续的。

6.2.4 劳动合同解除后,企业或员工拒不配合办理离职手续的。

6.2.5 企业人事管理混乱,未为离职员工办理离职手续,或解除劳动合同/劳动关系但未保留证据的。

春秋微言:典型案例。

朱××诉深圳××公司追索劳动报酬纠纷7年9案:未为离职员工办理离职手续,或解除劳动合同/劳动关系但未保留证据,致使员工离职14年后仍能向企业追讨经济补偿金/经济赔偿金235742.28元。

6.3 "长期两不找"期间双方是否存在劳动关系？

6.3.1 劳动合同/劳动关系一直持续，员工有权主张工资福利等（基于劳动关系不能自生自灭）。

春秋微言：典型案例。

北京［（2019）京0108民初59548号］：本院确认劳动者与用人单位于2013年8月15日至2019年4月29日存在劳动关系；用人单位应支付劳动者上述期间生活费；混同用工的，对上述给付义务承担连带责任。

6.3.2 劳动合同/劳动关系自员工离开企业之日起已事实解除（双方事实上已不存在劳动权利义务关系）。

春秋微言：典型案例。

（1）最高院［（2021）最高法民申3939号］：

田××与河南××公司未签订劳动合同，双方均认可自2013年5月起建立事实劳动关系且田××提供劳动至2014年7月，后双方形成"长期两不找"的事实。故裁定驳回田某某的再审申请。田××认为2019年河南××公司单方解除劳动合同，应当支付经济赔偿金，及赔偿其2018年生病住院未能取得医保报销的损失。

（2）江苏［（2014）东民初字第1529号］：

原告林××长期未为被告江苏中国工商银行股份有限公司××支行提供劳动。

被告虽未与原告办理解除劳动关系手续，但原、被告双方之间自2001年起至今"长期两不找"，劳动关系处于中止履行状态，双方之间不存在劳动法上的权利义务关系。故判决驳回原告要求确认从停薪留职起至今与被告之间存在劳动关系之诉讼请求。

（3）重庆［（2020）渝0240民初1226号］：

从公平的角度应认为双方的劳动关系从劳动者离开用人单位之日起解除，即用人单位和劳动者的劳动关系已自2019年2月原告离厂时终止。因双方的劳动关系已经解除，原告要求再次解除与被告的劳动关系于法无据，不予支持。

6.3.3 劳动合同/劳动关系处于中止状态，双方劳动关系并未解除或终止（企业没有履行法定程序解除劳动合同）。

春秋微言：典型案例。

北京［（2020）京0108民初9762号］：现劳动者未提交证据证明此后双方之间的关系状态发生了变化，故对于劳动者要求用人单位支付2019年4月1日至2019年9月30日的生活费的诉讼请求，本院不予支持。

北京〔(2020)京02民终10946号〕：双方"长期两不找"的，此期间双方不享有和承担劳动法上的权利义务。故杨××主张2018年1月1日之后的工资，法院不予支持。

6.4 "长期两不找"期间的工资福利、社保待遇等应否支付，劳动关系可否继续？

6.4.1 "下海"、"停职留薪"、长期停产、病休、待岗、企业违法解除，员工未办手续的，应当裁决解除劳动合同，或继续履行劳动合同。

春秋微言：江苏，2010年江苏省高级人民法院劳动争议案件审理指南。

"长期两不找"的中止履行期间，双方不存在劳动法上的权利义务关系，也不计算为本单位工作年限。如此后一方当事人提出解除劳动关系，另一方因不同意解除而申请仲裁，法院经审查后如认为上述解除符合有关法律规定的，应当确认解除。

6.4.2 分淡、旺季的企业季节性放假后，员工另寻出路未办理离职手续的，应当适用一年的劳动仲裁时效。

春秋微言：典型案例。

北京〔京(2009)一中民终字第9035号〕：由于劳动者未在前述法定仲裁申诉时效期限内向劳动争议仲裁委员会提出仲裁申请，又无不可抗力或者其他正当理由导致仲裁申诉时效的中断，因此劳动者2009年3月提出仲裁申请已超过法定仲裁申诉期限，劳动者对该争议已丧失胜诉权。

6.4.3 劳动合同解除后，企业或员工拒不配合办理离职手续的；未为离职员工办理离职手续的；或解除劳动合同/劳动关系但未保留证据的，因为确实处于"长期两不找"状态，可参照中止履行的思路处理。

春秋微言：典型案例。

山东〔(2021)鲁0982民初4424号〕。

山东〔(2021)鲁09民终3919号〕。

6.5 各地区关于"长期两不找"的司法实践。

6.5.1 广东：

〔(2020)粤08民终899号〕——

◆ 双方劳动合同关系自1995年10月入职至今仍然存续。

◆ 中止履行期间，双方不存在或不享有劳动法上的权利义务关系。

◆ 缴纳社保并不代表存在实际用工，也不足以认定双方的劳动关系处于正常履行状态。

◆ 根据按劳分配原则，公司可以不支付劳动报酬等相关待遇。

6.5.2　福建：

2000 年《福建省劳动和社会保障厅关于进一步理顺国有企业劳动关系及用人单位做好劳动合同管理工作的意见》——

◆ 用人单位应通知"两不找"人员 30 日内回本单位办理有关手续。

◆ 本单位有岗位的，可安排适当岗位；无岗位的，按下岗职工处理。

◆ 已在其他单位就业或自谋职业的，原单位应及时与其解除劳动关系。

◆ 限期不回的，按自动离职处理。

◆ 今后，不得再发生"两不找"情况。

6.5.3　在认定"长期两不找"的劳动关系上，各地分歧较大。

◆ 北京、吉林：处于存续状态。

◆ 江苏、上海、山东：处于中止状态。

◆ 广东、重庆、浙江：处于解除状态。

经典案例三十一

1. 梁××于 1994 年 9 月入职辽宁大连××公司，职务为设备动力事业部设备巡视员。2011 年 3 月，梁××在工作时间驾驶自有轿车承载三名同事到另一厂区开会，在机动车道与行人相撞，导致行人死亡。经交警队作出道路交通事故认定书，梁××负此事故同等责任。公司以梁××严重失职，造成重大损失为由，与其解除劳动关系。

2. 梁××诉求：要求单位支付违法解除劳动关系经济赔偿金。

3. 公司证据及主张：中院终审判决（民事诉讼）依据的交通事故认定书主张，梁××即使是职务行为，但发生重大交通事故造成人员死亡，亦属于严重失职；给单位造成四十余万元损失，属于重大损失；在解除劳动合同前亦征得了工会同意，因此与其解除劳动关系合理合法。

问题：梁××的主张能否得到支持？

一审法院判词 [（2014）甘民初字第 1660 号]：

梁××在工作中驾驶车辆发生交通事故的行为是否属于严重失职？

1. 梁××的职务虽然不是驾驶员（设备巡视员），但其驾驶行为已经被认定为驾驶员（职务行为）；且由其所在单位承担赔偿责任，故梁××在驾驶车辆过程中应当尽到相关的合理注意义务。

2. 梁××是否失职。劳动者驾驶车辆应当谨慎遵守交通规则，合理规避风险，梁××驾驶车辆过程中发生事故，并且承担责任，故存在失职。

3. 梁××的失职行为是否重大。从事故造成的后果严重来看：交通事故造成一人死亡一人受伤的后果，并导致了公司承担赔偿案外人员 405968 元的赔偿责任；从责任比例来看：虽经交警部门认定，梁××负事故的同等责任（50%），但公司对上述后果承担80%的赔偿责任——该行为已经构成了重大失职，给公司造成了重大损害。

综上，公司据此解除与梁××的劳动合同，并无不当。

春秋微言：该判决告诉我们——

关于"严重失职"有规章制度/劳动纪律规定或劳动合同约定吗（本章第1.4节）？

对"重大损害"的标准进行定义了吗（本章第1.4节）？

如果既未对"重大损害"的标准进行定义，又未在规章制度/劳动纪律中规定或劳动合同中约定"严重失职"的相关内容，那么，"无法可依"导致的败诉便板上钉钉、毫无悬念了。

二审法院判词［（2014）大民五终字第807号］：

1. "严重失职"和"重大损害"的判定标准，应看劳动合同有无约定和单位规章制度有无规定。本案所涉劳动合同并未对此进行约定，单位亦未就此进行举证，可视为对此并无规章制度规定。因此，应由劳动仲裁委员会或人民法院根据案情进行裁量。

2. 从案情来看，考虑到生效判决（民事诉讼）已认定梁××执行的是职务行为，但其本职并非驾驶员；公司对其所控梁××所失之职的岗位责任的内容是否有规章制度规定并未进行举证；而机动车属于高风险作业，事故认定书载明了事故经过和成因分析，并认定梁××仅负事故同等责任而非主要责任。

3. 综上因素，单位以梁××严重失职且造成重大损害为由解除劳动合同，应认为理据不足，构成违法解除。

经典案例三十二

1. 黄××于2012年5月14日进入上海奉贤××公司工作，担任法务总监。双方约定黄××月工资15000元，年终奖金为120000元；公司可根据经营状况，调整其年终奖。

1.1　2015年7月2日，黄××以高血压等病因申请病假至2015年9月25日，并向公司寄交了病历、病假单及请假单。

1.2　7月20日、24日，公司两次通知其前往指定医院复查，黄××拒绝。

1.3　8月6日，公司发出《处分通知书》，内容为：自黄××请休病假，至今未来公司办理工作交接，也不配合复检，造成一定负面影响。同时通知黄××于8月11日至华东医院，由HR陪同复检，公司派车接送，黄××收到通知后仍未配合。

1.4　8月13日，公司再次向黄××发出《处分通知书》，对黄××记大过处分。

1.5　8月14日，HR再次联系黄××复查，其仍未回复。

1.6　8月19日，公司对其第三次书面警告。

1.7　9月1日，公司第六次书面通知黄××复查，并附上《员工考勤与休假制度》等，明确：员工请病假，须出具二级及以上医院病假证明和病历卡，经上级签字并经领导批准后方可休假；公司对病假证明有异议时，有权要求员工至指定医院进行复查。

2.　2015年9月24日，公司以黄××一年内出现3次有效书面警告，视为严重违反公司规章制度为由，通知黄××解除劳动合同。

3.　员工诉求：要求恢复劳动关系，补发2014年年终奖差额以及2015年年终奖。如不能恢复劳动关系，则要求公司支付违法解除劳动关系经济赔偿。

4.　员工主张：公司休假制度为其休病假后自行拟定，未经民主程序，且要求去指定医院侵犯了其合法就医权利。

5.　公司主张：黄××属于恶意泡病假，属于严重违纪。

问题：黄××的诉求能否得到支持？

法院判词［（2017）沪01民终2420号］：

1.　公司的休假制度，虽明确公司对病假有异议时，有权要求员工至指定医院复查，但并未规定员工不予配合的后果，故公司以此对黄××作出三次书面警告，缺乏法律依据。

2.　公民有自由就医权利，公司坚持要求黄××至指定医院复查的行为，亦侵犯了劳动者的就医权，属于管理不当。

3.　鉴于黄××因身体原因长期无法正常履职，故双方劳动关系已无法恢复。

故判决：公司支付违法解除劳动关系经济赔偿金114471元；支付黄××2014年至2015年年度年终奖差额111826元。

春秋微言：该判决告诉我们——

（1）本书第十章第4.2节，规章制度没有相关规定，无的放矢。

（2）本书第五章第4节，单位有权要求员工到指定医院就诊吗？第4.1节剥夺了劳动者的就医选择权，应当归于无效。

第十七章
调岗/调薪中的法律知识要点与风险防控

1. 调岗/调薪的相关法律依据
2. 《劳动合同法》规定的9种常见调岗情形
3. 最高院关于用人单位单方调岗/降薪必须同时具备的6种法定情形
4. 各地用人单位可以调岗/调薪的情形
5. 如何做到调岗/调薪能最大限度地降低企业法律风险
6. 调岗/调薪中的特别注意事项

（经典案例三十三、三十四）

1. 调岗/调薪的相关法律依据

1.1　双方协商调岗/调薪的相关法律依据。

《劳动合同法》第35条：用人单位与劳动者协商一致，可以变更劳动合同约定的内容。

1.2　用人单位可以单方调岗的法律依据。

《劳动合同法》第40条，有下列情形之一的……可以解除劳动合同：

（1）劳动者患病或者非因工负伤，在规定的医疗期满后不能从事原工作，也不能从事由用人单位另行安排的工作的。

（2）劳动者不能胜任工作，经过培训或者调整工作岗位，仍不能胜任工作的。

（3）劳动合同订立时所依据的客观情况发生重大变化，致使劳动合同无法履行，经用人单位与劳动者协商，未能就变更劳动合同内容达成协议的。

第41条，有下列情形之一……可以裁减人员：

……企业转产、重大技术革新或者经营方式调整，经变更劳动合同后，仍需裁减人员的。

春秋微言：无法继续履行劳动合同的情形有哪些？

《最高人民法院关于审理劳动争议案件适用法律问题的解释（二）》（征求意见稿）第二十一条——

用人单位违法解除或者终止劳动合同后，有下列情形之一的，可以认定为

劳动合同法第四十八条规定的"劳动合同已经不能继续履行":

（一）劳动合同在仲裁或者诉讼过程中期满且不存在应当依法续签、续延劳动合同情形的；

（二）劳动者达到法定退休年龄的；

（三）劳动者开始依法享受基本养老保险待遇的；

（四）用人单位被宣告破产的；

（五）用人单位解散的，但因合并或者分立需要解散的除外；

（六）劳动者已经与其他用人单位建立劳动关系，对完成用人单位的工作任务造成严重影响，或者经用人单位提出，拒不与其他用人单位解除劳动合同的；

（七）存在劳动合同客观不能履行的其他情形的。

1.3　其他用人单位可以单方调岗的情形。

最高院（调岗）：

用人单位与劳动者协商一致变更劳动合同，虽未采用书面形式，但已经实际履行了口头变更的劳动合同超过一个月，变更后的劳动合同内容不违反法律、行政法规且不违背公序良俗，当事人以未采用书面形式为由主张劳动合同变更无效的，人民法院不予支持。

——《最高人民法院关于审理劳动争议案件适用法律问题的解释（一）》（法释〔2020〕26号）第43条。

原劳动部（调岗）：

用人单位与掌握商业秘密的职工在劳动合同中约定保守商业秘密有关事项时，可以约定在劳动合同终止前或该职工提出解除劳动合同后的一定时间内（不超过六个月），调整其工作岗位，变更劳动合同中相关内容。

——原劳动部《关于企业职工流动若干问题的通知》（劳部发〔1996〕355号）。

2. 《劳动合同法》规定的9种常见调岗情形

2.1　因医疗期满不能从事原工作而发生的调岗。

2.2　因不能胜任工作产生的调岗。

2.3　因客观情况发生重大变化，致使劳动合同无法履行而发生的调岗。

2.4　用人单位与劳动者协商一致发生的调岗。

2.5　因企业破产进行重整发生的调岗。

2.6　因企业生产经营发生严重困难而发生的调岗。

2.7　因企业转产、重大技术革新或经营方式调整，变更劳动合同时产生的调岗。

2.8　因女职工"孕期、产期、哺乳期"发生的调岗。

2.9　基于双方在劳动合同中的约定而发生的调岗。

春秋微言：司法实践中认定不属于"客观情况发生重大变化"的 7 种情形——

（1）公司基于降低成本原因决定撤销岗位。

（2）公司基于经营亏损决定优化部门撤销岗位。

（3）公司基于经营困难决定撤销岗位。

（4）公司基于重组决定撤销岗位。

（5）公司基于管理层要求决定撤销岗位。

（6）公司基于执行董事要求决定撤销所有部门和总经理岗位。

（7）同一个区的企业搬迁。

关于部门取消，如因企业合并、分立等，取消当属客观情况发生重大变化，而管理层单方决定取消部门，则应理解为"企业自主管理"范畴，不属于客观情况发生重大变化。

春秋微言：基于绩效考核引发的调岗降薪。

（1）涉及绩效考核内容的相关规定须由员工签字才符合法定形式要件［（2021）京 03 民终 1009 号］。

（2）公司无绩效考核评判依据，且调岗后级别、待遇明显低于原岗位的，存在恶意调岗风险［（2020）京 03 民终 7228 号］。

（3）绩效考核责任书既需事先得到员工的签字同意，也需对结果进行确认，否则由此产生的降薪属于违法［（2019）京 03 民终 7297 号］。

（4）不能胜任工作仅是用人单位调整工作岗位的依据，并非合法解除劳动关系的依据［（2018）京 0108 民初 59090 号］。

（5）支持调岗，不支持降薪［（2018）沪民申 2541 号］。

（6）即便调岗流程和标准符合法律规定，但调岗和降薪亦不可同时适用［（2016）京 03 民终 1592 号］。

（7）如果公司将调岗、降薪同时处理，将导致二者均不合法［（2017）京 03 民终 6941 号］。

（8）绩效考核合法，但解除依然应遵循 N + 1 或提前 30 日通知之法定程序［（2014）三中民终字第 05567 号］。

3. 最高院关于用人单位单方调岗/降薪必须同时具备的 6 种法定情形

3.1　是否基于用人单位生产经营需要。

3.2　是否属于对劳动合同约定的较大变更。

3.3　是否对劳动者有侮辱性、惩罚性。

春秋微言：用人单位根据生产经营需要调整劳动者的工作岗位，调岗不具有侮辱性和惩罚性，且工资待遇与之前岗位相当，劳动者应当服从（广东肇庆，2022 年）。

3.4　是否对劳动报酬及其他劳动条件产生较大影响。

3.5　劳动者是否能够胜任调整后的岗位。

3.6　工作地点作出不便调整后，用人单位是否提供必要协助或补偿。

春秋微言：调岗/调薪的核心是行使用工自主经营管理权。

原劳动部办公厅《关于职工因岗位变更与企业发生争议等有关问题的复函》（1996 年）："因劳动者不能胜任工作而变更、调整职工工作岗位，则属于用人单位的自主权。"

江西：根据经营需要以及员工的工作表现对员工的工作安排和岗位作出调整，是行使自主经营管理权的正当行为。故被告对原告进行降职降薪处理并无不当，原告要求被告按降薪前的工资标准向其支付工资差额及各项保险待遇的诉请，法院不予支持［（2019）赣 0302 民初 2078 号］。

山东：用人单位因生产经营需要，合理合法行使用工自主权，调整劳动者工作岗位的，应受法律保护［（2022）鲁 1622 民初 243 号］。

4. 各地用人单位可以调岗/调薪的情形

4.1　北京市（调岗/调薪）。

根据生产经营情况合理调岗，合理即指经营必要性、目的正当性，以及调整后劳动者能否胜任、工资待遇等有无不利变更。

如调岗的同时调薪、劳动者接受调岗但拒绝调薪的，应据单位实情、调整后的岗位性质，以及双方合同约定等综合判断单位是否侵权。

——北京市高级人民法院、北京市劳动人事争议仲裁委员会《关于审理劳动争议案件法律适用问题的解答》第 5 条（2017 年 4 月 24 日）。

4.2　上海市（调岗）。

（1）双方合同约定，单位有权根据生产经营需要随时调整工作内容或岗位。

（2）双方为此发生争议的，应由单位举证证明其调整的充分合理性。

（3）如不能举证，双方仍应按原合同履行。

——上海市高级人民法院民事审判第一庭《关于审理劳动争议案件若干问题的解答（上海高院的规定）》第（15）条（2002 年 2 月 6 日）。

4.3　广东省（调岗/调薪）。

用人单位调整劳动者工作岗位，同时符合以下情形的，视为用人单位合法行使用工自主权，劳动者以用人单位擅自调整其工作岗位为由要求解除劳动合同并请求用人单位支付经济补偿的，不予支持：

（1）调整劳动者工作岗位是用人单位生产经营的需要。

（2）调整工作岗位后劳动者的工资水平与原岗位基本相当。

（3）不具有侮辱性和惩罚性。

（4）无其他违反法律法规的情形。

用人单位调整劳动者的工作岗位且不具有上款规定的情形，劳动者超过一年未明确提出异议，后又以《劳动合同法》第三十八条第一款第（一）项规定（未按照劳动合同约定提供劳动保护或者劳动条件的）要求解除劳动合同并请求用人单位支付经济补偿的，不予支持。

——广东省高级人民法院、广东省劳动争议仲裁委员会《关于审理劳动人事争议案件若干问题的座谈会纪要》第22条［2012年8月2日，粤高法〔2012〕284号］。

春秋微言。

（1）由于《民法典》于2021年1月1日起实施，而粤高法〔2012〕284号与之有部分内容上的冲突，故广东省高级人民法院遂决定同时自2021年1月1日起废止73件审判文件——粤高法〔2012〕284号正好排在最后一名［《广东省高级人民法院关于废止部分审判业务文件的决定》粤高法〔2020〕132号，2020年12月31日］。

（2）尽管粤高法〔2012〕284号已废止近三年，但调岗/调薪司法裁判中，仍然在采用"视为用人单位合法行使用工自主权"的经典四要素进行裁判。

广东省高级人民法院就苏××与佛山××公司劳动合同纠纷民事申请再审审查，作出如下民事裁定：驳回苏××的再审申请；理由为佛山××公司的调岗不具侮辱性、惩罚性［（2021）粤民申4678、4679号］。

广东省高级人民法院就成××与肇庆××公司劳动争议再审审查与审判监督，作出如下民事裁定：驳回成××的再审申请；理由为肇庆××公司的调岗不具侮辱性、惩罚性［（2020）粤民申10672号］。

（3）当然，"劳动者超过一年未明确提出异议"的，调整视为有效——这一条，显然被扬弃了。

4.4　浙江省（调岗不降薪）。

（1）调岗一般应经劳动者同意。

（2）没有变更合同主要内容，或虽有变更但确属生产经营所必需。

（3）劳动报酬及其他劳动条件未作不利变更。

——浙江省劳动争议仲裁委员会关于印发《关于劳动争议案件处理若干问题的指导意见（试行）》的通知（浙仲〔2009〕2号）第36条。

4.5　江苏省（调岗/调薪）。

（1）调整应基于劳动合同约定或规章制度规定。

（2）调整应具合理性。

（3）如双方发生争议，用人单位对调整的合法、合理性承担举证责任。

——《江苏省高级人民法院劳动争议类案件审理指南》（2010 年）。

4.6　四川省（调岗及变更工作地点）。

（1）劳动合同中对工作岗位、工作地点有约定的，按约履行。

（2）虽无约定，但用人单位具有合理事由的，可以调整工作岗位及工作地点。

（3）如无合理事由，劳动者拒不履行而解除劳动合同，劳动者因此主张违法解除劳动合同赔偿金的，应予支持。

——四川省高级人民法院民事审判第一庭关于印发《关于审理劳动争议案件若干疑难问题的解答》的通知（川高法民一〔2016〕1 号）。

4.7　用人单位可以调岗/调薪的情形——总结。

调岗——

◆ 最高院：非书面；一个月。

◆ 原劳动部：签订脱密协议，为期 6 个月。

◆ 上海市：生产经营之需，单位证明调岗合理性。

◆ 广东省：生产经营之需；调岗前后的工资水平基本相当；不具有侮辱性和惩罚性。

◆ 浙江省（调岗不降薪）：一般应经劳动者同意；没有变更合同主要内容；或虽有变更但确属生产经营所必需；劳动报酬及其他劳动条件未作不利变更。

◆ 四川省（调岗及变更工作地点）：按约履行；调整合理。

调岗调薪——

◆ 北京市：经营必要性，目的正当性，劳动者胜任，待遇无不利；劳动者接受调岗但拒绝调薪的，综合判断单位是否侵权。

◆ 广东省：生产经营之需；调岗前后的工资水平基本相当；不具有侮辱性和惩罚性。

◆ 浙江省：劳动者同意；生产经营所必需；报酬等未作不利变更。

◆ 江苏省：生产经营需要；在合同或制度中有明确约定或规定；调整应具合理性。

◆ 其他省区直辖市：围绕《劳动合同法》规定的 9 种常见调岗情形，以及最高院关于用人单位单方调岗降薪必须同时具备的 6 种法定情形来进行司法裁判。

5. 如何做到调岗/调薪能最大限度地降低企业法律风险

5.1　三种调整方式（围绕本章第 2 节之 9 种常见调岗情形）。

5.1.1　依法调整：如医疗期满不能从事原工作而进行的调整。

5.1.2　依需调整：如对"三期"女员工的调整。

5.1.3　依约调整：如对劳动合同约定了的或规章制度规定了的内容进行调整。

5.2　注意调整过程中的六条边界线（本章第3节）。

5.2.1　生产经营需要。

5.2.2　是否较大变更。

5.2.3　是否有侮辱性、惩罚性。

5.2.4　是否产生较大影响。

5.2.5　是否能够胜任。

5.2.6　是否提供必要协助或补偿。

5.3　健全规章制度，为调岗调薪奠定管理及操作基础。

5.4　在薪酬管理中，引入科学合理、公正公平的3P+1M的付薪理念（本书第四章第1.8节），为调岗调薪提供坚实的物质基础。

5.5　在绩效考核管理中，引入富有竞争力的长效机制，为调岗调薪提供优化整合、自我革新的方法路径与技术支持。

6. 调岗/调薪中的特别注意事项

6.1　对职工调岗/调薪，无论何种情况均应与其达成一致意见，否则就是无效管理行为，且均应采用书面形式进行调整，以确保其合法性特别是调薪的合法性。

6.2　因调岗/调薪发生争议，除了职工未出勤构成旷工达到一定程度，企业才能以严重违反规章制度或劳动纪律为由解除劳动关系，而不能以职工"不服从安排、不服从调岗"为由直接解除。

春秋微言：不接受调岗是否视为旷工？

旷工定义：除受不可抗力影响，无法履行请假手续情况外，职工不按规定履行请假手续，又不按时上下班的，即属旷工。实践中的司法裁判口径——

（1）如果用人单位的调岗决定不合法，劳动者不到单位上班属合理对抗，不能认定为旷工。

（2）劳动者不服从调岗和拒不出勤没有必然联系，法律并未规定不服从调岗就可以不出勤，劳动者仍有其他救济途径而不能不上班，否则可以认定为旷工。

（3）不管用人单位的调岗是否合法，劳动者都应当到新的岗位任职，否则，即使劳动者每天依旧去单位，仍可认定为旷工。

（4）如果用人单位的调岗不合法，那么无论劳动者是否到新的岗位任职，只要劳动者前往单位上班，就不能认定为旷工。

春秋微言：调岗的指令内容和程序应通过合理方式作出；公司有违正当程序原则，单方解除劳动合同显属不当；终审判决双方继续履行劳动合同[（2014）二中民终字第06693号]。

6.3 对不能接受调岗/调薪的职工，应当采取及时、积极和灵活的措施，合法或以较小代价从而避免以较大损失的方式解除劳动关系。

春秋微言：用人单位单方调整工作岗位、工作地点的审查标准是什么？

《最高人民法院关于审理劳动争议案件适用法律问题的解释（二）》（征求意见稿）第二十条——

劳动者因用人单位单方调整工作岗位、工作地点发生的劳动争议，用人单位对调整工作岗位、工作地点的合法性负举证证明责任。

劳动者主张调整工作岗位、工作地点违法，有下列情形之一的，人民法院应予认定：

（一）不符合劳动合同的约定或者用人单位规章制度规定的；

（二）非出于用人单位生产经营客观需要的；

（三）劳动者的工资及其他劳动条件存在不利变更且未提供必要协助或者补偿措施的；

（四）劳动者客观上不能胜任调整后的工作岗位的；

（五）存在歧视性、侮辱性等情形的；

（六）违反法律、行政法规等规定的。

用人单位违法调整工作岗位、工作地点，劳动者以用人单位不提供劳动条件为由，要求解除劳动合同并支付经济补偿的，人民法院应予支持。

经典案例三十三

1. 2007年7月18日，梁××与农行广东阳西××支行签订无固定期限合同，约定："乙方（梁××）从事执行操作岗位工作；经双方协商一致，甲方可以调整乙方的工作岗位。"后支行将梁××的工作岗位由客户经理调整为综合柜员，梁××多次提出异议且调岗后多次迟到、早退、擅离工作岗位。2016年5月27日，支行以梁××严重违反规章制度为由与其解除劳动合同，并进行了通报及通知了工会。法院调取的工资情况表明，支行客服经理的平均工资为6546元，梁××的平均工资为6312元。

2. 支行的《员工违反规章制度处理办法》规定："无正当理由经常迟到、早退或擅自脱岗，经批评教育无效的，给予解除劳动合同处理。"

3. 梁××主张：支行违法调岗；其迟到、早退等行为是对违法调岗的抗议，并非消极怠工；故单位解除行为违法，应该继续履行劳动合同。

4. 支行主张：客户经理及综合柜员都属于执行操作岗位，对梁××工作岗位的调整符合双方劳动合同的约定，系合法调岗；梁××严重违反了本单位的规章制度，系合法解除。

问题：梁××的诉求能否得到支持？

一审法院判词［（2016）粤1721民初1804号］：

支行对梁××的调岗行为是否合法合理？

支行调整梁××的工作岗位，应经双方协商一致；且对比调岗前后工作岗位的劳动条件、工资待遇等确实存在明显的差别，因此，支行的单方调岗行为不符合法律规定和双方约定，调岗行为违法。

以梁××严重违反劳动纪律为由单方面解除劳动合同是否合法合理？

（1）支行未能证明已将该处理决定告知梁××，因此，认定梁××不清楚该处理决定的内容。

（2）梁××上班期间确实存在迟到、早退的情况，但其作出上述行为是基于对岗位调整有异议，不属于梁××无故消极怠工。

（3）梁××多次向支行明确表示拒绝岗位调整，但支行并没有及时处理。

（4）且支行作出的通报批评处理并没有送达给梁××，故支行的解除行为违法。

因此，支行应该继续履行与梁××的劳动合同。

春秋微言：该判决告诉我们——

（1）将6546元与6312元界定为"存在明显的差别"，这是数学还是语文出了问题？

（2）因为"对岗位调整有异议"，并非"无故消极怠工"，就可以"迟到、早退"；以眼还眼、以牙还牙，你做初一、我做十五；这是啥神仙逻辑？

（3）出现如此荒谬绝伦的判决，我们有理由相信：要么就是贪赃枉法，要么就是水平实在是水到天际。

二审法院判词［（2017）粤17民终715号］：

支行调整工作岗位是否属于用人单位合法使用工自主权？

支行将梁××岗位调整为综合柜员岗位工作，是劳动合同约定的"执行操作岗位"工作，况且调整后的岗位不具有侮辱性和惩罚性，并未违反法律规定，调整工作岗位后梁××的工资与原岗位相比并无明显减少。

因此，支行调整梁××的工作岗位属于合法调岗。

解除与梁××的劳动关系是否符合规定？

（1）梁××对岗位调整向支行提出异议，但在双方协商未果时，其仍应遵守支行的各项规定。

（2）梁××多次迟到、早退及擅自离岗的行为，属于擅自脱岗行为，严重违反了支行的规章制度。

（3）因此，支行解除与梁××的劳动关系符合法律规定。

（4）对于解除劳动合同的程序问题，支行依程序进行了通报，也通知了工会，程序合法。

综上，解除与梁××的劳动关系符合法律规定，支行无须继续履行劳动合同。

春秋微言：用工自主权是指用人单位在国家法律法规规定的范围内，根据经营管理的需要和劳动者各方面的表现情况，自主地决定用工形式、用工办法、用工数量、用工时间、用工条件、工作地点、工作岗位、工资报酬等的权利。

调岗/调薪属于用人单位的用工自主权。

春秋微言：该判决告诉我们——

参照广东地区的调岗/调薪的几个核心点即可（本章第4.3节）——

（1）调岗乃生产经营之需（在规章制度或合同中提前规定/约定）。

（2）调岗后的工资水平与原岗位基本相当。

（3）不具有歧视性、侮辱性和惩罚性。

（4）无其他违反法律法规的情形。

最后，特别强调一下：企业单方解除劳动合同，必须通知工会，以达至程序合法。

经典案例三十四

1. 杜××于2000年11月28日进入江苏常州××连锁公司工作，劳动合同约定：杜××从事管理岗位工作，公司可根据工作需要变动杜××工作地点及岗位，杜××服从公司的安排；如杜××不接受或未在规定期限内报到，将视为本人自动辞职。杜××培训学习过《员工手册》，手册明确：连续旷工3天或累计旷工2次，拒绝服从公司调岗、转岗安排的，可无偿解除。

2. 经查，杜××自入职至2020年1月7日，先后有过37次调岗，最后任职岗位为营运优化部副经理。2020年1月7日，公司向杜××出具书面调岗通知函：因工作急需，将你从原营运优化部管理岗位调至营运部管理岗位，薪资待遇不变。新岗位到岗时间2020年1月8日上午9点。杜××收到该通知后，并未按公司要求前往新岗位报到。1月9日、10日、13日公司三次向杜××发送书面上班通知函，但杜××拒绝调岗，并要求恢复原岗。1月19日，公司在征询工会意见后向杜××发出书面《解除劳动关系通知函》，理由为：违反公司制度，严重违纪违规。另查明，杜××居住地距原工作地点 17 公里，距新工作地 6 公里。

3. 员工诉求及主张：要求支付违法解除劳动关系经济赔偿金 351000 元。公司未提供证据证明调岗必要性，且公司调岗行为具有针对性，原因在于其曾拒绝上司调岗（降职）的要求，故公司刻意针对，其亦不存在任何不胜任现岗位的情形。

4. 公司主张：调岗是基于合同约定以及规章制度的规定进行的，公司对杜××调整后的岗位是明确的，且薪资以及上班的地点具有合理性，没有惩罚性及侮辱性，没有增加杜××的劳动成本，且调岗后工作地点更近。

问题：杜××的诉求能否得到支持？

法院判词 ［（2020）苏 04 民终 4918 号］：

调岗行为具有必要性、合理性。

1. 杜××在公司有过多次岗位调动经历，本次调岗后，杜××仍从事管理岗，且上班距离更近，由此可知：调岗未对杜××经济收入、上下班通勤造成不利变化，因此该调岗行为具备合理性。

2. 调岗前后工作内容相同或者相似，且新岗位不具有侮辱性和惩罚性，未降低薪资，劳动者一般应当服从安排。社会主义核心价值观包括了爱岗和敬业，爱岗和敬业是一种对待工作脚踏实地、任劳任怨的态度。虽然调岗前后的岗位属于不同部门，但都是管理岗位，不存在本质的区别，故公司调岗行为合法合理。

3. 公司《员工手册》经公司第六届职代会通过，杜××经培训学习并签字确认的《员工手册》，可以作为审理本案劳动争议的依据。

综上，判决驳回员工诉求，公司无须支付经济赔偿金。

春秋微言：该判决告诉我们——

（1）从合理性角度而言，调岗不应对经济收入、上下班通勤等造成不利影响。

（2）调岗前后工作内容应相同或者相似。

（3）新岗位不具有侮辱性和惩罚性。

（4）未降低薪资。

（5）社会主义核心价值观乃重要的判案依据之一。

（6）规章制度应经职代会通过，且员工经培训学习并签字确认，方可作为审理劳动争议案件的依据。

第十八章
违纪违规与经济补偿/经济赔偿金中的
法律知识要点与风险防控

1. 劳动纪律和规章制度的区别是什么

2. 以严重违反劳动纪律为由解除劳动合同的审查重点

3. 如何应对劳动者否认违纪违规事实、拒交《检讨书》、拒签《警告信》以及《解除/终止劳动合同通知书》

4. 出具/不出具《解除/终止劳动合同通知书》的风险及其应对

5. 员工离职时涉及的工作交接、社保转移等8大疑难问题解决策略

6. 用人单位或劳动者主动提出协商一致解除劳动合同的补偿及其操作技巧（经典案例三十五、三十六）

1. 劳动纪律和规章制度的区别是什么

1.1 劳动纪律又称职业纪律，乃劳动者的基本行为准则和规范，其内容包括：

生产过程方面的纪律，如生产操作/技术操作/安全生产规程等；

日常行为方面的纪律，如日常考勤、工作责任、劳动者义务等。

1.2 劳动纪律和规章制度的区别。

1.2.1 适用情形不同：劳动纪律普遍适用，或为公序良俗所周知，或为法律法规所周知，故无论是否告知，均需遵守；而规章制度作为行为准则，只有在告知的前提下方能适用。

1.2.2 制定程序不同：劳动纪律可以书面/非书面规定，无须协商确定；规章制度则需职代会或全体职工讨论，工会或职工参与协商完善、确定，以及公示告知。

春秋微言：规章制度的法定的协商制定及公示告知程序。

民主讨论→提出方案→平等协商→共同确定→公示告知

1.2.3 法律依据不同：劳动纪律仅在《劳动法》（第3条、第19条、第25条）中以及各地审判机关的裁判指引或解答意见中有详细规定；规章制度则在《劳动法》（第25条）和《劳动合同法》（第4条、第39条；劳动纪律已内化

为规章制度的一部分）中均有具体规定，各地审判机关也有特别规定。

1.3　以严重违反劳动纪律为由解除劳动合同的部分地方司法裁判指引。

1.3.1　北京市高级人民法院、北京市劳动人事争议仲裁委员会《关于审理劳动争议案件法律适用问题的解答》（2017 年）：劳动者应当遵守劳动纪律和职业道德，这是对劳动者的基本要求。因此，即便在规章制度未作出明确规定、劳动合同亦未明确约定的情况下，如劳动者存在严重违反劳动纪律或职业道德的行为，用人单位可以依据《劳动法》第三条第二款的规定解除劳动合同。

春秋微言：应追求程序价值与社会公共利益之平衡；驾校严格要求潘×遵守最基本的劳动纪律和职业道德并无不当；法院认可××驾校解除劳动合同的合法性［（2015）二中民终字第 12118 号］。

1.3.2　《上海市高级人民法院关于适用〈劳动合同法〉若干问题的意见》（2009 年）：在规章制度无效的情况下，劳动者违反必须遵守的合同义务（"劳动者应当遵守劳动纪律和职业道德"），用人单位可以要求其承担责任；劳动者以用人单位规章制度没有规定为由提出抗辩的，不予支持。

1.3.3　深圳市中级人民法院《关于审理劳动争议案件的裁判指引》（2015 年）：劳动者严重违反劳动纪律，用人单位可以依据《劳动法》第二十五条的规定解除劳动合同。

1.3.4　《浙江省高级人民法院》（浙法民一〔2009〕3 号）第 45 条：对劳动者无正当理由未办理请假手续，擅自离岗连续超过十五日，用人单位规章制度已有规定的，按相关规定执行；用人单位规章制度无规定的，用人单位可以以劳动者严重违反劳动纪律为由，解除劳动合同；作出解除劳动合同解除后，确因客观原因无法将该决定送达给劳动者，后劳动者以用人单位未履行送达等相关手续为由主张解除无效的，不予支持。

1.4　以严重违反劳动纪律为由解除劳动合同的典型案例。

1.4.1　上海：劳动者因打架斗殴而严重违反劳动纪律，导致用人单位解除劳动合同［（2015）沪一中民三（民）终字第 496 号］［（2014）沪二中民三（民）终字第 938 号］。

1.4.2　广东：劳动者不服从用人单位的合理调岗，属于旷工行为，被认定为严重违纪［（2016）粤 03 民终 22052 号］［（2017）粤民申 7552 号］。

1.4.3　山东：提供虚假病历请病假构成旷工，属于严重违反劳动纪律［（2017）鲁 02 民终 1861 号］。

1.4.4　河南：劳动者因旷工而严重违反劳动纪律，导致用人单位解除劳动合同［（2015）郑民三终字第 482 号］。

2. 以严重违反劳动纪律为由解除劳动合同的审查重点

春秋微言：用人单位以严重违反劳动纪律为由解除劳动合同时，只需审查其行为是否达到严重程度并通知工会即可；而严重违反规章制度解除劳动合同时，还需考虑该规章制度的民主程序、告知程序等，并通知工会。

司法实践上以严重违反劳动纪律为由解除劳动合同的审查要点包括以下内容。

2.1 突出劳动纪律的普遍性——既包括生产全程，又包括日常行为，甚至包括诚实信用、公序良俗、法律法规。

2.2 严格把握违纪行为的"严重程度"，重点考察违纪者的主观过错程度、违纪行为的重复频率，以及违纪行为给用人单位造成损失的大小。

2.3 清晰划分劳动纪律与规章制度的区别，劳动纪律的两大特点是：为公序良俗、法律法规所周知，以及无论是否告知，均需遵守；而规章制度的两大特点则是：民主程序、告知程序；当然，二者的共同点是：均需履行解除劳动合同前的法定程序义务，即应事先将解除理由通知工会。

2.4 以诚实信用作为是否违反职业道德的基本审查标准。

3. 如何应对劳动者否认违纪违规事实、拒交《检讨书》、拒签《警告信》以及《解除/终止劳动合同通知书》

3.1 **尽快**通知人事部门，避免因直线经理擅自口头解除劳动合同而导致违法。

3.2 第一时间与当事人**面谈**，制作笔录，由其签名确认（可录音录像）。

3.3 不轻易对事件定性，**给予**员工解释/申诉的机会，籍此引导其陈述相关事实。

3.4 **确认**有无监控录像记录相关事实，如否，应主动创制或收集有关的证人证言。

3.5 条件许可时，**邀请**第三方机构如居委会或政府机构（派出所、安全办等）介入调查。

3.6 由工会（如条件许可）**见证**当事人拒签事实。

3.7 对拒签事实录音录像并以**通告**形式于企业内联网/公告栏广而告之（注意保护隐私权）。

3.8 邮寄**送达**（保留回执）。

春秋微言：此流程可用 16 字概括——
尽快面谈、给予确认、邀请见证、通告送达。

春秋微言：劳动者严重违反规章制度，用人单位有权解除劳动合同。山东：［（2022）鲁 0505 民初 1704 号］［（2023）鲁 05 民终 90 号］。

4. 出具/不出具《解除/终止劳动合同通知书》的风险及其应对

4.1　正常且已完成解除/终止劳动合同手续的员工，应当出具，否则承担赔偿责任（《劳动合同法》第 89 条）。

4.2　对于解除证据不充分的，出具就意味着用人单位承担违法解除劳动合同的经济赔偿金即 2N 的风险大大增加；不出具则尚有回旋余地，在无法举证究竟是"谁炒谁"的时候，广东、北京、重庆等地大概率会推定为协商一致解除劳动合同，即企业仅需支付经济补偿金即 1N 即可。

4.3　企业出具书面文件的实操建议——

4.3.1　合法而为，可做可写。

4.3.2　弹性而为，只做不写。

4.3.3　弹性而写，笼统言之（参照国家有关规定）。

4.3.4　弹性而为而写：仅对"问题员工"，谨慎操作为妥。

春秋微言：用人单位解除或终止劳动合同后拒不出具证明，造成劳动者无法就业的，如何处理？

劳动者离职后明确向用人单位要求出具解除或终止劳动合同证明，且有证据证明用人单位未出具该证明与劳动者未就业的工资损失之间存在因果关系的，在一年仲裁时效期间内，要求赔偿工资损失的，应予支持。

［（2021）京民 01 民终 7041 号］［（2020）京 01 民终 2831 号］［（2020）粤 01 民终 6653 号］［（2019）苏 03 民终 5940 号］。

5. 员工离职时涉及的工作交接、社保转移等 8 大疑难问题解决策略

5.1　员工急辞急走，可要求其赔偿用人单位损失吗？

如果可以证明其急辞急走给用人单位造成了经济损失，可以要求其赔偿。

5.2　员工离职时要求用人单位立刻支付工资，合理吗？

◆ 北京：一次性付清。

◆ 上海：一次性付清，双方有约定且不违反法律法规的，从其约定。

◆ 广东：办理离职手续当日结清并一次性支付。

◆ 深圳：一个月支付周期的，3 日内付清；其他的按约定支付。

◆ 山东：一次性付清。

◆ 浙江：5 日内一次性付清。

◆ 陕西：办理离职手续前一次性付清。

◆ 广西：3 日内一次性付清。

春秋微言：实操要点——

（1）员工现辞现走的，用人单位依法（3 天/30 天）可不同意辞职申请、不予立刻结算支付工资。

（2）员工提前 30 日提交了辞职申请，在 30 日届满时应当办理手续和工资结算支付；或在员工提交辞职申请后 30 日届满前，企业也可提前办理离职手续和工资结算支付。

（3）离职时工资最好当日结清，且签订《离职/解除劳动关系确认书》，一次性解决劳动关系的相关问题。

5.3　当月离职的员工，用人单位还需要为其缴纳社保吗？

5.3.1　离职日期跨社会保险扣费日期的，应当缴纳当月社保费。

5.3.2　离职日期在社会保险扣费日期之前的，可以不缴纳当月社保费。

5.3.3　双方违反实际情况约定缴纳或不缴纳的，该约定无效。

5.4　没有转正的员工离职需要办理什么手续？

员工在试用期内提前 3 天提出离职，按正常流程为其办理离职手续并支付工资。

5.5　旷工的员工不愿前来办理离职，该怎么处理？

5.5.1　向员工发出电子的和纸质的《解除劳动合同通知书》。

5.5.2　纸质的用 EMS 发，在装材料时一定要录视频。

5.5.3　如果被退回要保留 EMS 且不要拆开，对后续可能出现的仲裁会很有帮助。

5.6　员工在微信朋友圈公开用人单位内部信息，可以解除劳动合同吗？

如能举证其行为对用人单位造成损失的，可以解除；否则只能依规章制度给予相应处分。

5.7　年终奖属于福利范畴吗？员工离职时用人单位可否不发放剩余部分年终奖？

参照本书第四章第 6.1、6.3 节进行处理——

年终奖是工资总额中的非法定、非固定组成部分，而不是用人单位的福利，只要员工在自然年度或一个年终奖年度内在职，就不能因次年度离职而减扣其年终奖。

5.8　员工未休年假离职时折算成工资怎么算？

未休年假的天数，按照员工日工资收入的 300% 支付未休年休假报酬，其中包括用人单位支付员工正常工作期间的工资收入。

6. 用人单位或劳动者主动提出协商一致解除劳动合同的补偿及其操作技巧

用人单位提出协商一致解除劳动合同的操作技巧（［（2023）粤 03 民终 1740 号］）包括以下内容。

6.1　双方就解除劳动关系达成一致意见，可即时解除。

6.2　协商解除不受《劳动合同法》第 42 条（老弱病残等）约束性条款的限制，可涵盖所有情形。

6.3　对于工伤的各项补偿应按法律法规的支付标准进行。

6.4　协议中应具体注明费用结清的项目：如工资、加班费、经济补偿金、经济赔偿金、社会保险费、住房公积金、高温津贴及年终奖、年休假等，特别注明对上述劳动权益无争议无异议。

春秋微言：协议中写明——

在签订本协议书时，乙方已完全知晓自己的权利、义务和责任，知晓本协议的全部法律内容并完全同意各项条款之表述。

6.5　由劳动者书写解除合同申请书，且申请书离职原因与协议载明的离职原因一致。

6.6　对于高工龄高工资的劳动者或赔偿金额巨大的协议，双方签订后，依法可向仲裁机构申请置换《仲裁调解书》或向人民法院申请司法确认。

劳动者提出协商一致解除劳动合同的操作技巧包括以下内容：

6.7　劳动者提出与用人单位协商一致解除劳动合同，用人单位无过错，无须经济补偿（［（2009）厦民终字第 3579 号］）；或劳动合同期满终止，用人单位维持或提高劳动条件，提出续签劳动合同而劳动者不同意的，不能主张经济补偿（［（2014）浦民一（民）初字第 4800 号］）。

6.8　让员工填写辞职申请书，注明离职原因和离职时间。

6.9　如有人情补偿，或以人情补偿名义出现的费用，可以以其他名目如返乡路费、资助金等名义发生，但绝不能以经济补偿金的名义发生，否则难以自圆其说，而且坏了规矩。

春秋微言：经济补偿金包含加班费吗？

（1）包含加班费的地区：北京、深圳、江苏、杭州。

（2）不包含加班费的地区：四川、上海。

（3）未明确的地区：浙江、东莞。

经典案例三十五

1. 耿××任北京顺义××公司保安员，发现公司每月克扣其工资和加班费，累计达 2233.22 元，后要求公司补回（尚余 500 元）。耿××向劳动监察部门投诉后，公司全部补发，并受行政处罚。

2. 公司以耿××多次违反公司纪律、与其他部门配合不畅、严重影响部门工作的正常开展，且"公司人员编制调整"为由，与耿××解除劳动关系。

3. 耿××诉求：确认公司解除行为违法；恢复劳动关系；补发至裁决之日的工资。

4. 公司主张及证据：邮件打印件，证明耿××违反公司纪律；与耿××矛盾严重激化不可调和，相互间缺乏最基本的信任和理解，丧失了继续履行劳动合同的基础。

问题：耿××诉求能否得到支持？

法院判词［（2016）京 03 民终 7474 号］：

1. 公司的解除理由为"公司人员编制调整"及违反劳动纪律等，但均未提交充足证据以及相应的制度依据来证明，故属违法解除。

2. 耿××有权要求撤销《解除劳动关系通知书》以及继续履行劳动合同，公司虽主张双方矛盾严重激化不可调和、岗位不复存在，但并未就此提交充分证据，故不予支持，判令恢复与耿××的劳动关系。

3. 公司违法解除劳动合同，判决赔偿争议期间耿××的工资损失。

春秋微言：该判决告诉我们——

（1）员工关系管理一塌糊涂的重要标志就是处理员工时的败笔三部曲：①百爪抓心，六神无主；②欲加之罪，何患无辞；③理屈词穷，铩羽而归。

（2）胜诉的武器是证据、证据、还是证据——而且是具有真实性、合法性、关联性的证据。

（3）钱能解决的，不是最严重的问题，因此，真正令人方寸大乱，不知如何应对的，不是补偿金，甚至不是赔偿金，而是恢复劳动关系，继续履行劳动合同。

（4）能够说服法官不要做出"恢复劳动关系，继续履行劳动合同"判决的理由，可见第十七章第 1.2 节第（3）项下的"春秋微言：无法继续履行劳动合同的情形有哪些？"

（5）投机取巧、巧取豪夺，做事找捷径，做人不厚道，这是一切无良企业在劳资纠纷诉讼中必败无疑的特征。

经典案例三十六

1. 王××于2004年7月进入上海闵行××公司工作，任职保安员。公司在向工会征询意见后，于2015年5月11日，向王××发出解除劳动合同通知书，理由为王××严重违反公司纪律，具体事由如下：

（1）王××于2013年6月15日擅自离岗，主管对其教育，其拒不接受，还要殴打主管，故按《员工手册》第8.2.2条向其发送《违纪处分单》，王××签收处分。

（2）2015年1月4日晨会期间，王××不服从合理的工作安排，态度恶劣，给予书面警告，王××再次签收该处分单。

（3）4月25日，王××指责同事作伪证导致其受处罚，与同事打架致同事左眼受伤。公司向其发出《违纪处分单》，并三次通知其停职待查，被王××拒绝。

2. 公司《员工手册》已经职工代表大会通过，且王××已签收。公司依据手册内容即顶撞上司、不服从指令、工作时间外出／与人争吵等，三次书面警告属重大过失，可无偿解除，与王××无偿解除劳动关系。

3. 员工诉求及主张：要求与公司恢复劳动关系。前两次处分单系其被逼迫签收，其已提交了申诉材料，最后一次处分单，也向公司工会提出异议，应属正当防卫，公司称要进行调查，但至今未解决；员工与公司存在利害关系，证言不能采信。

4. 公司主张：申请与王××违纪相关的四人作证，能充分说明其违纪事实；前两次违纪处分王××已签收认可，最后一份违纪有证人证言、报警记录、验伤单为证。

问题：王××的诉求能否得到支持？

法院判词［（2016）沪02民终2237号］：

1. 公司的《员工手册》经过了相应的民主程序，内容不违反法律规定，且已向王××送达，王××已签收，该《员工手册》对其具有约束力。

2. 前两份《违纪处分单》，王××已签收，即表示王××认可该处分单中记载的情况及作出的书面警告处分，其在超过1年之后再提出异议，法院不予采纳。

3. 针对最后一份《违纪处分单》，公司提供了证人证言，该部分证人证言与报警记录、验伤报告、受伤的照片等证据可以互相印证，已形成证据链，可以充分说明王××的违纪事实。

4. 公司进行调查并要求王××停职待查并无不当，在此过程中公司亦尽到了充分的劝导、告知义务。

综上，公司解除与王××的劳动关系合法有据，并无不妥。

春秋微言：该判决告诉我们——

（1）《员工手册》经过了相应的民主程序，内容不违反法律规定，且已向员工送达，而员工已进行签收，该《员工手册》当然对其具有约束力。

（2）员工超过1年之后再对公司处分提出异议，超出合理期限，法院不予采纳。

（3）尽管公司提供的证人证言，因为证人与公司存在利害关系，证明效力不高，但该部分证人证言与报警记录、验伤报告、受伤的照片等证据可以互相印证，已形成证据链，可以充分说明员工违纪事实，故能得到法官认可。

（4）在公司为尽充分的劝导、告知义务时，对员工进行停职待查，具有合理性。

第十九章
劳动合同的终止与解除中的法律知识要点与风险防控

1. 实践中常见的 9 个 HR 解除劳动合同的误区
2. 停工停产的认定及工资支付原则
3. 如何以"生产经营发生严重困难"为由进行裁员
4. 如何有效评估绩效以及处理低绩效员工
5. 协商一致解除劳动合同的经济补偿金能否低于法定标准
6. 劳动者胜诉率几乎 100% 的 10 类案件

（经典案例三十七、三十八）

1. 实践中常见的 9 个 HR 解除劳动合同的误区

1.1　试用期可以随意解除与员工的劳动合同吗？

不可以。需要举证双方约定了或员工已经知悉了何为录用条件的标准，同时举证出现了不符合录用条件的情形。

1.2　只要愿意支付赔偿金，就可以随意解除劳动合同吗？

不可以。员工还可选择继续履行劳动合同。

1.3　解除劳动合同的经济补偿就是 N + 1 吗？

不是。N + 1 只适用三种情形：不胜任、患病或非因工负伤导致的不胜任、客观情况发生重大变化致使劳动合同不能履行。

春秋微言：公司股权变动并非劳动合同订立时所依据的客观情况发生重大变化的情形，用人单位不能以此为由解除劳动合同（广东珠海，2022 年）。

1.4　解除劳动合同经济补偿最多支付 12 个月吗？

不是。员工月平均工资高于当地上年度社会月平均工资 3 倍的，方受此限制。

1.5　工资越高，经济补偿金也越高吗？

不一定。员工月平均工资高于当地上年度社会月平均工资 3 倍的，便受限制。

1.6　解除无固定期限劳动合同比解除固定期限合同更难吗？

不是。看不出难度上有多大差别。

1.7　女职工"三期"内一概不能解除劳动合同吗？

不是。"三期"并不是女职工不符合录用条件或严重违纪违规的护身符。

1.8　规章制度中规定了可解除劳动合同的情形就能解除吗？

不一定。规章制度尚需民主协商程序＋公示告知程序，方不违法。

1.9　绩效考核排在末位的员工可以解除劳动合同吗？

不可以。首先，末位淘汰及其变种竞争上岗均属违法；其次末位者并非不胜任；最后，就算不胜任，也应依照相关程序并支付"N＋1"的经济补偿后方能合法解除劳动合同。

2. 停工停产的认定及工资支付原则

2.1　变相的"停工停产"。

以停工停产之名，行变相裁员之实；

安排特定岗位、特定人员"特别待岗"，且只发放"待岗工资"。

2.2　此类"待岗"，劳动者可以以"未提供劳动条件、未及时足额支付劳动报酬"为由提出被迫解除劳动合同，要求经济补偿金，也可诉请继续履行劳动合同。

2.3　真正的停工停产。

2.3.1　客观而非主观原因（如破产重组等）。

2.3.2　必须达到致使劳动合同无法正常履行的程度。

2.3.3　之后有恢复生产的可能性，否则直接走解散程序，终止劳动关系即可。

2.4　非劳动者原因停工停产期间的工资支付。

在一个工资支付周期内（1个月）的，按劳动合同约定的标准或正常工作时间支付工资。超过一个工资支付周期的，有工资支付法规的省区按其规定支付；省区无规定的按《工资支付暂行规定》支付；地方行政法规和《工资支付条例》相冲突的，按有利于劳动者的规定执行。

2.5　因劳动者个人原因导致的停工停产期间，可暂停劳动者的工资支付，用人单位可以提请仲裁和诉讼要求劳动者承担经济损失或解除劳动关系。

3. 如何以"生产经营发生严重困难"为由进行裁员

3.1　"生产经营发生严重困难"的认定：

3.1.1　企业经营发生严重困难并已出现亏损，长期停产或半停产。

3.1.2　确因企业经营困难已经连续多月降低或欠发职工工资（一般为6个月）。

3.1.3　采取停止招工/加班加点等补救性措施后，生产经营状况亦无明显好转。

3.2 程序条件：即使符合裁员标准，过程也必须符合法定程序——

需要裁减人员20人以上或占职工总数10%以上→提前30日向工会或者全体职工说明情况→听取工会或职工的意见→向劳动行政部门报告裁员方案→实施裁员（支付经济补偿）。

3.3 限制性条件：裁减人员时，应当优先留用下列人员——

3.3.1 订立较长固定期限劳动合同的。

3.3.2 订立无固定期限劳动合同的。

3.3.3 家庭无其他就业人员，需要赡养老人或抚养未成年人的。

3.4 裁员后在6个月内重新招用人员的，应当通知被裁减人员，并在同等条件下优先招用被裁减人员。

3.5 下列情形之一的，用人单位不得以"生产经营发生严重困难"而解除劳动合同：

3.5.1 在本单位连续工作满十五年，且距法定退休年龄不足五年的（老的）。

3.5.2 女职工在孕期、产期、哺乳期的（弱的）。

3.5.3 从事接触职业病危害作业的劳动者未进行离岗前职业健康检查，或者疑似职业病病人在诊断或者医学观察期间的（病的）。

3.5.4 患病或者非因工负伤，在规定的医疗期内的（病的）。

3.5.5 在本单位患职业病或者因工负伤并被确认丧失或者部分丧失劳动能力的（残的）。

3.5.6 法律、行政法规规定的其他情形。

（《劳动合同法》第42条即用人单位不得解除劳动合同的6种情形）

春秋微言：可以裁减试用期员工吗？

不可依据《劳动合同法》第41条的规定即经济性裁员进行裁减；可依据《劳动合同法》第21条之对应情形支付相关金额后解除——

试用期中，除劳动者有本法第39条（用人单位可以单方解除劳动合同的6种情形）和第40条第1项、第2项规定的情形（N＋1即不胜任、患病或非因工负伤导致的不胜任）外，用人单位不得解除劳动合同；用人单位在试用期解除劳动合同的，应当向劳动者说明理由。

4. 如何有效评估绩效以及处理低绩效员工

4.1 建立以工作目标为导向而非价值观、主观意识、人际关系等为导向的绩效考核制度，将绩效考核的结果与年终奖金制度或与员工不能胜任工作的情形挂钩，以此作为年终奖发放或员工是否胜任工作的必要及重要考核指标之一。

4.2 日常管理中应当以为书面形式下达指令或任务，如《会议决议执行签收表》《工作联络函》《工作指令/目标单》，同时要求员工以书面形式反馈工作完成情况。

日常管理中应当以书面记录或统计工作情况，如以《面试来访人员登记表》来记录招聘专员邀请面试的情况；拒绝工作指令或拒绝书面答复的，应当及时纠正；使用 OA 办公系统的，也应当视情况按任务、按周期打印工单签字确认。

考核依据是日常积累的客观书面证据，而非考核时靠口述或临时想辙。

4.3 绩效考核表的考核内容，应当是有客观证据、可量化工作目标、考核制度、工作书面记录的，此考核表有无员工签字均有法律效力。

4.4 绩效考核后的表单，应当与《月度出勤、加班、奖惩、社保扣费、水电费统计表》一样，在单位公告处公布，员工有意见的及时反馈，无意见则在规定的期限签字确认。如此，定可促成公正、透明、令人信服的管理环境与管理氛围。

4.5 绩效考核制度，可视每个岗位的情况规定各岗位的考核下限；连续 3 个月或 6 个月考核不合格（不能完成 50% 以上的工作目标），属于"不能胜任工作"，用人单位可据此调整工作岗位，或进行培训且做好相关记录。

评估绩效的要点见表 19 - 1。

春秋微言：切忌以绩效考核不合格或绩效考核末位为由直接解除与员工的劳动关系，以避"末位淘汰"或其马甲"竞争上岗"之违法行为之嫌。

表 19 - 1   评估绩效的要点

正确评估绩效三要点	指标量化 数据评估	过程管理 缩短周期	立体评估 方式多元
处理低绩效员工三原则	与自己的目标比对	用事实和数据说话	因地制宜 灵活处理
低绩效员工面谈三要点	专业、精准	及时、耐心	心慈、刀快

5. 协商一致解除劳动合同的经济补偿金能否低于法定标准

5.1 《劳动合同法》第 47 条之"每满一年支付一个月工资的标准"和"前十二个月平均工资标准"是否属于"强制性规定"？

5.1.1 经济补偿低于法定标准是排除劳动者的权利，且劳动者在法律认知方面处于弱势地位，故应从严认定（法律强制规定，不可低于法定标准）。

5.1.2 应以双方合意为先；如协议签订后，劳动者仍能任意反悔，一方面会导致司法资源的重复浪费，另一方面也会打击用人单位协商解除劳动合同的积极性（双方合意为先，应可低于法定标准）。

5.1.3　《最高人民法院关于审理劳动争议案件适用法律问题的解释（一）》（法释〔2020〕26 号）第 35 条："劳动者与用人单位就解除或者终止劳动合同办理相关手续、支付工资报酬、加班费、经济补偿或者赔偿金等达成的协议，不违反法律、行政法规的强制性规定，且不存在欺诈、胁迫或者乘人之危情形的，应当认定有效（自主权益处分，可以低于法定标准）。"

5.2　协商解除劳动合同及其经济补偿所涉法条：

5.2.1　《劳动合同法》第 26 条第 1 款第（1）项、第（3）项（合同无效或部分无效情形）。

5.2.2　《劳动合同法》第 36 条：协商解除事宜。

5.2.3　《劳动合同法》第 46 条：支付经济补偿金事宜。

5.2.4　《劳动合同法》第 47 条：经济补偿金支付标准。

5.2.5　《劳动合同法实施条例》第 27 条：经济补偿金支付标准。

5.2.6　《最高人民法院关于审理劳动争议案件适用法律问题的解释（一）》（法释〔2020〕26 号）第 35 条：判断协商解除协议的效力情形。

5.2.7　《民法典》第 147 条、第 151 条：判断协商解除协议的可撤销情形。

5.2.8　《民法典》第 153 条：判断协商解除协议的无效情形。

5.3　以案说法。

5.3.1　不支持经济补偿低于法定标准，故支持员工的补差诉求：

◆［（2016）粤 03 民终 3441 号］。

◆［（2021）赣 0981 民初 2274 号］。

◆［（2021）粤 03 民终 7174 号］。

5.3.2　以"诚信原则"等为由，支持经济补偿低于法定标准：

◆［（2009）沪一中民一（民）终字第 1387 号］。

◆［（2021）粤 0104 民初 35648 号］。

◆［（2021）粤 07 民终 3768 号］。

◆［（2021）粤 03 民终 32199 号］。

◆［（2015）青民一终字第 2269 号］。

◆［（2021）桂 11 民终 9 号］。

5.3.3　广西壮族自治区经济补偿裁判实例。

◆广西南宁中院：劳动合同终止的经济补偿年限自 2008 年 1 月 1 日起计算（［（2019）桂 01 民终 6193 号］）。

◆广西南宁中院：高收入职工劳动合同的经济补偿金的补偿年限不超过 12 年（［（2021）桂 01 民终 942 号］）。

◆广西梧州中院：普通职工补偿最高不超过十二年（［（2020）桂 04 民终 358 号］）。

5.3.4　劳动者与用人单位可就经济补偿金进行协商，原则上也可以约定不支付经济补偿，只要不存在欺诈、胁迫和乘人之危的情形，也不是显失公平，该约定有效〔（2022）皖04民终456号〕。

春秋微言：双方约定的经济补偿金虽低于法定标准，但——

◆ 劳动者已然知悉；

◆ 劳动者书面表示放弃；

◆ 协议书注明双方互无拖欠、互不追究；

◆ 公司已完成支付的；

相关协议有效。

若员工在收到该协议约定款项后，再诉求差额的，有违诚实信用原则，从而大概率败诉。

5.4　操作建议。

协议文本中避免出现"单位提出解除劳动合同"之类的表述；协议中设置无争议条款，写明劳动者完全知晓有关法律法规的明确规定；签订本协议是出于权益退让、权益处分，并对该权益（具体列明哪些权益）无争议无异议，以免后患。

春秋微言： 劳动者提出协商解除劳动合同的，用人单位并不负有支付经济补偿金的义务；而双方仍然约定公司支付经济补偿金的，虽然约定的经济补偿金可能较低，但如果劳动者不能举证证明是用人单位提出协商解除劳动合同的，此时劳动者诉求用人单位补足相关差额，可能无法得到裁判机关的支持——因为缺乏事实和法律依据（广东深圳〔（2021）粤03民终32199号〕）。

仲裁置换。

春秋微言：仲裁置换是指将本已具有约束力的《劳动争议调解协议书》置换为具有强制执行效力的《仲裁调解书》的过程——

（1）将申请仲裁置换作为协商解除劳动合同的协议内容之一。

（2）操作依据为《劳动争议调解仲裁法》及《劳动人事争议仲裁办案规则》。

（3）双方可自《劳动争议调解协议书》生效之日起15日内，共同向当地劳动人事争议仲裁委员会提出仲裁审查申请。

（4）仲裁委员会受理后，依法对《劳动争议调解协议书》进行审查。

（5）根据《劳动人事争议仲裁办案规则》有关规定，对程序和内容合法有效的《劳动争议调解协议书》出具《仲裁调解书》。

（6）该《仲裁调解书》经双方当事人签收后，即发生法律效力。

（7）经此置换，双方均不可、不能再对本已具有约束力的《劳动争议调解协议书》内容提起诉讼，即双方此前协商的事宜已以具有强制执行效力的形式进行裁决且已不可逆。

6. 劳动者胜诉率几乎100%的10类案件

6.1　不签订劳动合同。

6.2　劳动合同到期不续签（首次劳动合同期满用人单位无条件不续签且支付补偿金的除外）。

6.3　未约定试用期录用条件而解除试用期员工劳动关系。

6.4　规章制度未作公示。

6.5　考勤记录未让员工确认。

6.6　以不能胜任工作为由无偿解除劳动合同。

6.7　未经协商，直接以客观情况发生重大变化为由无偿解除劳动合同。

6.8　末位淘汰/竞争上岗。

6.9　员工不辞而别，视为自动离职。

6.10　未向员工送达解除/终止劳动合同通知书。

经典案例三十七

1. 2015年4月1日，刘××向农行四川安岳××支行提出解除劳动合同，原因为年岁已高，身体有病，无法胜任当前繁重的工作。2015年5月14日，双方签了《解除劳动合同协议书》，协议书载明：该协议由刘××提出，双方协商一致，同意解除劳动合同。

2. 协议书第三条载明：安岳××支行应向刘××支付经济补偿122914元（6644元/月×18.5月），在其依法履行解除劳动合同义务，并且办结工作交接后支付。

3. 刘××主张：其是被胁迫签订《解除劳动合同协议书》的，并提交了其与副行长方××、人事主任何××的通话录音资料（解除协议签订之后形成）；且自己患病，属医疗期，按照规定单位不能解除劳动合同，故诉求经济补偿金、经济赔偿金及2015年的年底绩效奖金。

4. 安岳××支行辩称：刘××系自愿主动申请，经双方协商一致后解除劳动合同，安岳××支行无须向其支付经济补偿金、赔偿金。

问题：刘××的诉求能否得到支持？

一审法院判词［（2016）川2021民初字1415号］：

1. 双方之间的劳动合同乃由劳动者向用人单位提出后，在与用人单位协商一致的情况下于2015年5月14日解除。

2.《解除劳动合同协议书》合法有效，在刘××办结工作交接后，安岳××支行应按约定向其支付协商一致解除劳动合同的经济补偿金122914元（6644元/月×18.5月）。

3. 双方劳动合同乃协商一致解除，故安岳××支行不应该向刘××支付经济赔偿金。

4. 双方劳动关系于2015年5月14日解除，故刘××2015年的综合绩效和单项奖励应计算至2015年5月14日，为3865.53元。

春秋微言：该判决告诉我们——

因为员工没有履行协商义务及办结工作交接，故不能获取原来协商之经济补偿；又因谎称被迫离职，自然也拿不到经济赔偿金。

员工离职，并不影响其原应享受的各种福利待遇如综合绩效和单项奖励等。

二审法院判词［（2016）川20民终1131号］：

1. 刘××提交的通话录音资料，乃其申请解除合同后形成，未能反映受到了胁迫。

2. 双方劳动合同于2015年5月14日由刘××提出，安岳××支行与其协商一致解除，据此，对其经济赔偿金的请求不予支持。

3. 双方劳动关系于2015年5月14日解除，故刘××2015年的综合绩效和单项奖励应计算至2015年5月14日，确定为3865.53元。

4. 对于是否支付约定的经济补偿问题。依据双方协议："在其依法履行解除劳动合同义务，并且办结工作交接后支付"——故不存在给付基础。

春秋微言： 除未采信员工提交的通话录音外，二审判决与一审相同，无复赘述。

经典案例三十八

1. 张××于2010年9月15日入职北京东城××公司。公司与张××就协商解除劳动关系进行了沟通，但未达成一致。2020年6月24日公司向张××送达《解除劳动合同通知书》：依据《劳动合同法》第四十条第三款"劳动合同订立的客观情况发生重大变化"为由提出解除劳动关系。张××离职前12个月平均工资为5212.88元。

2. 员工诉求：要求公司支付违法解除劳动关系经济赔偿金111000元；并不存在劳动合同订立时的客观情况发生重大变化致使合同不能履行的情形。

3. 公司主张：

3.1 公司属于《关于审理劳动争议案件法律适用问题的解答》第十二条明

确规定的"劳动合同订立时所依据的客观情况发生重大变化"的情况。

3.2　虽然公司经营亏损并未列举在该条款"一般情形"中，但也没有明确将"经营亏损"排除在客观情况发生重大变化之外。

3.3　公司依法与张××进行多次协商，告知其解除理由，并同意给予经济补偿，并未侵害其合法权益。

问题：张××的诉求能否得到支持？

法院判词〔（2020）京0113民初16568号〕：

参照北京市高院、北京市劳动仲裁委《关于审理劳动争议案件法律适用问题的解答》（2017年4月24日）第十二条，下列情形一般属于"劳动合同订立时所依据的客观情况发生重大变化：

1. 地震、火灾、水灾等自然灾害形成的不可抗力。

2. 法律、法规、政策变化导致用人单位迁移、资产转移或者停产、转产、转（改）制等重大变化的。

3. 特许经营性质的用人单位经营范围等发生变化的。

公司主张因自身经营亏损，以客观情况发生重大变化为由与张××解除劳动关系，但经营亏损并非上述客观情况发生重大变化的情形之一，故公司依据该规定与张××解除劳动关系，不符合法律规定。

判决公司向张××支付违法解除劳动关系赔偿金104257.6元。

春秋微言：该判决告诉我们——

（1）参考本书第十一章末尾理解司法实践中认定不属于"客观情况发生重大变化"的7种情形。

（2）北京市高院、北京市劳动仲裁委采用的属于"劳动合同订立时所依据的客观情况发生重大变化"的三种情形是：

①地震、火灾、水灾等自然灾害形成的不可抗力；

②法律、法规、政策变化导致用人单位迁移、资产转移或者停产、转产、转（改）制等重大变化的；

③特许经营性质的用人单位经营范围等发生变化的。

第二十章
最新《民法典》下的劳动合同管理中的
法律知识要点与风险防控

1. 企业处理员工死亡事宜时，应该找谁谈
2. 劳动者不辞职而别的，可否视为其以默示行为作出了辞职的意思表示
3. 企业如何妥善处理失踪员工的劳动关系
4. 如何界定员工有"不当行为"
5. "不当得利"规则在劳动争议中的适用
6. "自甘风险"规则在劳动争议中的适用

（经典案例三十九、四十）

春秋微言：2021 年 1 月 1 日起，历时 66 年曲折问世的《民法典》正式颁布实施，同时，"一典出九法废"，被废止的九部法律是——

《中华人民共和国婚姻法》《中华人民共和国继承法》《中华人民共和国民法通则》《中华人民共和国收养法》《中华人民共和国担保法》《中华人民共和国合同法》《中华人民共和国物权法》《中华人民共和国侵权责任法》《中华人民共和国民法总则》。

自此，上述相关的法律问题，均以《民法典》为准。

1. 企业处理员工死亡事宜时，应该找谁谈

1.1 家属指定对接人的。

对接人应获得家属的授权委托书；切忌帮助员工家属分配补偿款，因为清官难断家务事不说，还可能弄巧成拙，甚至违法。

1.2 家属自己来谈的，参照遗产继承顺序处理。

第一顺序：配偶、子女、父母。

第二顺序：兄弟姐妹、祖父母、外祖父母。

1.3 子女、父母、兄弟姐妹的范围界定。

1.3.1 子女包括婚生/非婚生/养/有扶养关系的继子女。

1.3.2 父母包括生/养/有扶养关系的继父母。

1.3.3 兄弟姐妹包括同父母/同父异母/同母异父/养/有扶养关系的继兄弟姐妹。

2. 劳动者不辞职而别的，可否视为其以默示行为作出了辞职的意思表示

可能出现的三种裁判结果——

2.1　视为双方协商一致解除劳动合同，用人单位应支付经济补偿金。

2.2　用人单位举证不能，视为违法解除劳动合同，须支付经济赔偿金。

2.3　双方都无法证明离职的意思表示，对劳动合同是否解除不作判断，但可参照本书第十六章第6.4节第（1）项处理：

"长期两不找"的中止履行期间，双方不存在劳动法上的权利义务关系，也不计算为本单位工作年限；如此后一方当事人提出解除劳动关系，另一方因不同意解除而申请仲裁，法院经审查后如认为上述解除符合有关法律规定的，应当确认解除。

春秋微言：如何合法高效地解决自动离职者可能带来的劳动关系尚未解除的潜在风险？

一般解决之道：

（1）约定送达地址。

（2）催告即时返工。

（3）送达《解除劳动合同通知书》。

终极解决之道，在劳动合同中双方进行约定——

"在进行本约定时，乙方（员工）已完全知晓自己的权利、义务和责任，知晓本约定的全部法律内容并完全同意各项条款之表述。

甲方（企业）将乙方（员工）的不辞而别视为旷工；旷工三日即视为乙方以此默示行为向甲方（企业）作出了辞职的意思表示，并得到了甲方的默认，且已即时生效；至此，甲乙双方之间的劳动关系已以乙方辞职且甲方默认的形式而完全解除，双方不再享有和承担劳动法上的权利义务；双方互无拖欠，互不追究。"

3. 企业如何妥善处理失踪员工的劳动关系

3.1　明知员工下落不明，却按旷工处理，存在合规风险。

春秋微言：除受不可抗力影响，无法履行请假手续情况外，员工不按规定履行请假手续，又不按时上下班的，方属旷工。

3.2　按劳动合同中止履行处理：期间无须支付工资；社保及公积金均可停止缴纳；中止履行期间不计为工龄。

3.3 员工下落不明两年后，用人单位可向法院申请宣告失踪；法院作出宣告失踪裁定的，劳动合同关系依法终止。

春秋微言：《民法典》第 40 条规定，自然人下落不明满二年的，利害关系人可以向人民法院申请宣告该自然人为失踪人。

4. 如何界定员工有"不当行为"

4.1 上海静安（2018 年）：劳动者的职业行为不能违背所在国家的公共秩序、善良风俗以及职业道德。若有违背，即使公司规章制度未对此作出明确规定，用人单位亦可依法解除劳动合同（上海市静安区人民法院《2018 劳动争议审判白皮书》）。

4.2 重庆高院（2017 年）：6 部门关于 48 个劳动争议问题的法律适用研讨意见：用人单位依法制定的规章制度未规定劳动者违反公序良俗时可以解除劳动合同的，用人单位不得以劳动者的行为违反公序良俗为由解除劳动合同。

4.3 江苏无锡（2020 年）："翟×的上述行为虽然属于私生活问题，但由于严重违背了公序良俗，且遭受行政处罚，造成较大的社会负面影响，××公司据此解除与翟×的劳动合同，并通过了工会程序，故不属于违法解除。"

4.4 建议将"公序良俗"如家暴、出轨、不孝、吸毒、赌博等，内化到企业的规章制度或《员工手册》中，将其作为试用期不合格/严重违反规章制度的兜底条款。

春秋微言：兜底条款是指将所有其他条款没有包括的、难以包括的、目前预测不到的，都包括在这个条款中，主要是为了防止法律的不周严性，以及社会情势的变迁性等。

春秋微言：民法学家梁慧星教授在《市场经济与公序良俗原则》（《中国社会科学院研究生院学报》，1993 年第 6 期）中将公序良俗分为以下 10 种类型。

（1）危害国家公序行为类型。

（2）危害家庭关系行为类型。

（3）违反性道德行为类型。

（4）射幸行为类型（如赌博、买空卖空、彩票等，但经过政府特许的除外）。

（5）违反人权和人格尊重的行为类型。

（6）限制经济自由的行为类型。

（7）违反公正竞争的行为类型。

（8）违反消费者保护的行为类型。

（9）违反劳动者保护的行为类型。

（10）暴利行为类型。

5. "不当得利"规则在劳动争议中的适用

春秋微言：一般来说，不当得利的构成要件有四——

（1）一方获得利益。

（2）他方受有损失。

（3）获得利益和受有损失之间有因果关系。

（4）没有合法根据。

5.1　单位操作失误，向员工重发、多发、错发工资后，员工不愿退还多余部分。

5.2　单位管理失误，向已离职员工发放"工资"后，员工不愿退还。

5.3　单位先行支付的生育津贴，员工事后不愿返还。

5.4　休较长事假期间，公司代垫个人社保费用，员工事后不愿返还。

5.5　企业漏缴、少缴社保被要求补缴后，员工拒不承担个人缴费部分。

5.6　员工离职期间因劳动纠纷未停社保，导致企业多缴，员工拒不退还多缴费用。

春秋微言：5.4、5.5、5.6。

（1）天津，5.1不属"不当得利"〔（2019）津民申1366号〕；

（2）宁夏中卫，适用"不当得利"；

（3）广州/合肥/哈尔滨/溧阳，不属于"不当得利"。

（4）"不当得利"立案金额没有明确规定。

6. "自甘风险"规则在劳动争议中的适用

春秋微言：自甘风险规则的适用条件和范围

（1）须是文体活动。

（2）该活动存在一定的风险性。

（3）受害人知悉该活动具有风险却仍愿参加。

（4）其他参加者不存在故意或重大过失的情形。

6.1　用人单位统一组织和安排，并要求员工参加的活动，如团队拓展训练、集体外出旅游、运动会、联欢会等，员工受到伤害，除非能证明是自杀、自残的，一般可以被认定为工伤或视同工伤。

6.2　员工自愿参加的本单位员工自发组织的具有一定危险性的羽毛球训

练/比赛、足球训练/比赛等，受到人身伤害的，按"自甘风险"规则自行承担责任。

6.3 即便是员工自愿参加的文体活动，组织者仍负有安全保障义务，需承担相应责任，故此情此景下，最好让员工签署自愿参加的声明。

春秋微言：企业应依法、正确办理工伤保险参保的手续或工伤保险取消参保的手续，且对于员工之间私下组织的活动，企业最好不组织、不参与、不支付活动经费。

经典案例三十九

刘×为湖南岳阳××公司销售区域总管。2015年9月公司为参加岳阳市直工委、外工委组织的篮球比赛，成立了篮球队并进行训练。9月7日，刘×在下班后观看训练，并主动提出想玩一下，得到允许后与其他队员一起训练。过程中不慎摔倒导致右手舟骨骨折，公司垫付医疗费，后司法鉴定为十级伤残。

公司于2015年10月拟将刘×伤情作为工伤处理，后因不符合工伤条件没有办理。2016年3月29日，双方协商解除合同。

问题：刘×要求赔偿损失能否得到支持？

法院判词 [（2018）湘0602民初2978号]：

1. 篮球运动是一种竞技体育项目，具有对抗性的特点。篮球运动中常规性身体接触产生的碰撞伤害是常见现象，具有社会相当性和普遍性，其正当性和被允许的观念也被人们广泛认可和接受。

2. 刘×作为具有完全民事行为能力人的篮球爱好者，应当能够预见篮球运动存在的潜在伤害风险，其自愿选择参加篮球运动，意味着是有接受该危险并自愿承担篮球运动潜在伤害风险的意愿，属于以默示的形式表示自甘风险的意思。

3. 驳回刘×的诉求。

春秋微言：该判决告诉我们——

完全民事行为能力人，应当能够预见一项具有社会相当性和普遍性的运动所存在的潜在伤害风险，而其自愿选择参加，则意味着有接受该危险并自愿承担潜在伤害风险的意愿，属于以默示的形式表示自甘风险的意思。

经典案例四十

1. 周××于2015年9月受聘于河南平顶山××公司，负责项目土建工作，月工资4000元。2016年2月25日公司主管基建的郑经理口头通知周××回家休息，对周××的疑问亦未作任何解释，期间工资照发至2018年5月。双方未办理任何解除或终止劳动关系等手续。后公司要求周××返还不当得利。

2. 公司诉求：要求周××返还公司支付的自2016年2月25日至2018年5月的不当得利款项104000元。

3. 公司主张：

因不胜任工作，公司于2016年2月25日辞退了周××，双方已于当日解除劳动关系。

周××被辞退后，未为公司提供劳务，不应再领取报酬，只因公司财务人员疏忽，未告知银行停发工资，致使其在被辞退后每月仍领取4000元工资，周××占有该款项无法律依据，属于不当得利，应当返还。

4. 员工主张：

公司并未出具任何辞退文件，双方劳动关系存续。

该期间其虽未提供劳务，但原因在于公司，故公司应按照合同约定支付工资，该部分工资也不属于不当得利，不应返还。

问题：公司的诉求能否得到支持？

一审/二审法院判词：

1. 不当得利指的是没有合法根据，取得不当利益，造成他人损失的，故应当将取得的不当利益返还蒙受损失的人。

2. 本案中，周××自2016年2月25日被公司告知回家休息后，在长达两年多时间内，未曾向公司申请恢复工作岗位，也未提供劳动，充分说明周××以实际行动表明其明知被公司辞退。

3. 被辞退后，未提供劳动就不应该再领取工资，因此周××的获得属不当得利，应当返还。

春秋微言：该判决告诉我们——

构成不当得利需具备的四个要件之一是"所获利益没有合法根据"，法院认定：

(1) 员工两年多未曾工作，视为明知被公司辞退。

(2) 被辞退后，未提供劳动就不应该再领取工资。

(3) 因此属不当得利。

在这个推理过程中，法院单方认为劳动者"明知被公司辞退"，而选择性忽略另一种可能性即"由于公司未明确告知双方解除劳动关系，亦未书面通知，因此，双方劳动关系未予解除。"

因此，显然属于错判。

再审高院判词：

二审判决生效后，周××未履行；公司向一审法院申请强制执行；周××

未配合强制执行，被司法拘留。后周××申请再审。

1. 构成不当得利需具备四个要件：一是一方获得利益，二是他方受有损失，三是获得利益和受有损失之间有因果关系，四是没有合法根据。

2. 本案中主要涉及周××收取104000元是否有合法依据。由于公司未明确告知双方解除劳动关系，亦未书面通知，因此，双方劳动关系未予解除。

3. 在劳动关系存续期间，即使周××未为公司提供劳动，如非因周××个人原因，周××亦有获得最低工资或生活费的权利。

4. 在未审理周××应获得款项之前，原审认定周××取得104000元无合法依据，属不当得利应予返还，依据不足。

故裁定指令中院再审。

案件后续审理情况：

1. 二审（中级）法院再审裁定：撤销本院原判决，发回原审法院重审。

2. 一审（原审）法院重审裁定：该案为基于劳动关系而产生的争议，未经仲裁程序，不能向法院起诉，驳回公司诉求，公司再次向二审（中级）法院上诉。

3. 二审法院再次裁定：驳回公司上诉，维持原裁定（公司不服，申请仲裁；周××以"因未配合执行被一审法院司法拘留"为由申请国家赔偿，未获批准）。

4. 仲裁裁决：已超过仲裁时效，作出不予受理通知书。

（公司不服，再次向法院起诉。）

一审法院重审判词：

1. 因公司于2018年6月起不再向周××发放工资，视为双方劳动关系自2018年6月解除。

2. 工资分配应采取按劳分配原则，实行同工同酬。因周××自2016年2月后即未再提供劳动，如仍按原工资4000元领取待遇，显然有失公平。

3. 考虑到双方劳动关系存续期间，周××有获得相应生活保障的权利，故酌定公司应按照当地最低工资标准的80%向周××支付生活费。

结合当地最低工资标准，周××应获得生活费为35328元（1600元/月×80%×19个月+1720元/月×80%×8个月），周××应向公司返还68672元。

周××不服，再次申请上诉。

二审（中院）再次审理判决：驳回上诉，维持原判。

春秋微言：该判决告诉我们——

（1）以不再发放工资，作为双方劳动关系解除的主要标志。

（2）按劳分配、同工同酬。

（3）酌定双方劳动关系存续期间，公司应按当地最低工资标准的80%支付生活费，显然合情合理合法合规。

第二十一章
劳动仲裁与诉讼技巧中的法律知识要点与风险防控

1. 劳动仲裁中的程序问题
2. 劳动仲裁中的实体问题
3. 劳动仲裁中的劳动合同争议问题
4. 劳动仲裁中的劳动报酬争议问题
5. 劳动仲裁中的社会保险争议问题
6. 劳动仲裁中的劳动保护争议问题

（经典案例四十一、四十二）

1. 劳动仲裁中的程序问题

1.1　个体工商户的营业执照登记业主与实际经营人不一致的，如何确定诉讼主体？

《最高人民法院关于适用民事诉讼法的解释》第 59 条：

1.1.1　个体工商户以营业执照上登记的经营者为当事人。

1.1.2　有字号的，以营业执照上登记的字号为当事人，但应同时注明该字号经营者的基本信息。

1.1.3　营业执照上登记的经营者与实际经营者不一致的，以登记的经营者和实际经营者为共同诉讼人。

1.2　如何确定不具法人资格的其他组织的诉讼主体资格？

1.2.1　银行、保险公司等的分支机构具备独立承担责任能力。

1.2.2　其他分支机构，不论作为原告还是被告，凡涉及给付义务的，应当追加设立该分支机构的法人进入诉讼。

1.2.3　若诉讼标的仅为确认劳动关系而不涉及给付义务的，可不追加设立该分支机构的法人进入诉讼。

1.3　诉讼中发现用人单位因被吊销营业执照等不能承担相关责任的，如何处理？

《最高人民法院关于审理劳动争议案件适用法律问题的解释（一）》（法释〔2020〕26 号）第 29 条、第 30 条：

1.3.1　劳动者与未办理营业执照、营业执照被吊销或者营业期限届满仍继续经营的用人单位发生争议的，应当将用人单位或者其出资人列为当事人。

1.3.2　未办理营业执照、营业执照被吊销或者营业期限届满仍继续经营的用人单位，以挂靠等方式借用他人营业执照经营的，应当将用人单位和营业执照出借方列为当事人。

《劳动人事争议仲裁办案规则》第6条：

1.3.3　发生争议的用人单位未办理营业执照、被吊销营业执照、营业执照到期继续经营、被责令关闭、被撤销以及用人单位解散、歇业，不能承担相关责任的，应当将用人单位和其出资人、开办单位或者主管部门作为共同当事人。

1.4　案件处理过程中发现用人单位注销的，如何处理？

1.4.1　用人单位在案件立案时已经注销的，应当将用人单位的出资人、股东列为被申请人或被告。

1.4.2　用人单位在案件开庭审理前已经注销的，应向劳动者说明情况并建议撤回仲裁申请，劳动者拒不撤回仲裁申请的，应当裁定终止审理。

1.4.3　用人单位在案件开庭审理后注销的，不影响案件继续处理。

1.5　因企业改制引发的劳动争议如何处理？

因政府主导的国有/集体企业改制、改革造成的职工下岗、经济补偿金和下岗生活费等引起的纠纷，不予受理，可告知劳动者向政府有关部门申请，按照企业改制的政策规定予以解决。

"企业自主改制"与"政府及其所属部门主导的企业改制"，应区分改制过程中的启动及权利转移等事项，明确系由企业自主决定来办理，还是由政府有关部门按企业改制相关政策规定来办理。

1.6　公司法定代表人以劳动者身份提出仲裁申请，是否受理？

1.6.1　法人由其法定代表人进行诉讼（《中华人民共和国民事诉讼法》第51条）。

1.6.2　而法定代表人在身份上与法人具有重合性，法定代表人以劳动者身份提出劳动仲裁申请或诉讼时，因其存在双重身份导致用人单位应诉权的缺失。

1.6.3　故受理案件的前提条件是劳动者应提交卸任公司法定代表人的证明文件。

2. 劳动仲裁中的实体问题

2.1　有关联关系的用人单位交叉轮换使用劳动者的劳动关系如何认定？

2.1.1　不构成双重或多重劳动关系，只与其中一个用人单位确立劳动关系。

2.1.2　劳动关系以实际用工主体为准，已订立书面劳动合同的，按合同主体确认。

2.1.3　未订立劳动合同的，参照"事实劳动关系认定的黄金三原则"进行审查判断，确立与其中一个用人单位的劳动关系，其他关联单位承担连带责任（参考本书第十四章第4.4、4.5节处理）。

春秋微言：用人单位与劳动者虽订立承包合同，但符合劳动关系特征的，应认定为劳动关系 [（2017）京02民终1216号]。

2.2　公司筹备期间招用劳动者的劳动关系如何认定？

2.2.1　公司筹备期间招用的劳动者与筹备期间的公司之间不具有劳动关系。

2.2.2　公司在筹办期间招用劳动者，应签订书面协议，明确双方的权利义务 [《天津法院劳动争议案件审理指南》（津高法〔2017〕246号）]；

2.2.3　如果筹建期间发生争议，双方关系属劳务关系，发起人应对员工承担用工责任，如存在多个发起人，则承担连带责任。

2.2.4　公司依法成立后，筹办期间的工作期限计入劳动者在成立后公司的工龄（实务中存在争议）。

2.2.5　筹办未成功，发起人或出资人是自然人的，在筹办期间发生的用工争议不作为劳动争议而按照劳务关系处理。

2.3　下岗、内退职工等与新用人单位间的劳动关系如何认定？

《最高人民法院关于审理劳动争议案件适用法律问题的解释（一）》（法释〔2020〕26号）第32条：

用人单位与其招用的已经依法享受养老保险待遇或者领取退休金的人员发生用工争议而提起诉讼的，人民法院应当按劳务关系处理。

企业停薪留职人员、未达到法定退休年龄的内退人员、下岗待岗人员以及企业经营性停产放长假人员，因与新的用人单位发生用工争议而提起诉讼的，人民法院应当按劳动关系处理。

2.4　劳动合同文本的格式问题。

双方订立的"用工协议""劳务合同""聘用合同"等不规范合同，经审查具备劳动合同特征、确属双方真实意思表示的，视为已订立劳动合同，可以认定用人单位履行了与劳动者订立劳动合同的义务。

劳动者以订立的上述合同无效为由，主张未签订劳动合同二倍工资的，不予支持。

春秋微言：应聘登记表、入职登记表、聘用通知书等能否视为劳动合同？

上述书面材料包含了劳动合同期限、劳动报酬、社会保险等法定内容，并按该内容实际履行的，应视为双方签订了书面劳动合同，用人单位无须支付二倍工资。

2.5 劳动合同的效力问题。

2.5.1 劳动者存在隐瞒或虚构与订立劳动合同直接相关的年龄、工作履历、资质等事实，用人单位主张劳动者构成欺诈，要求认定劳动合同无效，证据充分的，应当予以支持。

2.5.2 单位提供的劳动合同文本不完全具备《劳动合同法》第 17 条规定的全部九个条款，不能认定合同无效，也不属于未订立书面劳动合同的情形。

2.5.3 劳动合同无效、部分无效或者用人单位未将已签订的劳动合同文本交付劳动者的，不属于未订立书面劳动合同的情形；劳动者主张未签订劳动合同二倍工资的，不予支持。

春秋微言：《劳动合同法》第 26 条，下列劳动合同无效或者部分无效。

（1）以欺诈、胁迫的手段或者乘人之危，使对方在违背真实意思的情况下订立或者变更劳动合同的。

（2）用人单位免除自己的法定责任、排除劳动者权利的。

（3）违反法律、行政法规强制性规定的。

对劳动合同的无效或者部分无效有争议的，由劳动争议仲裁机构或者人民法院确认。

2.6 未订立劳动合同的二倍工资问题。

2.6.1 未签劳动合同的二倍工资的计算期间为用工之日起满一个月的次日至满一年的前一日，最长不超过 11 个月。

2.6.2 用工一段时间后才签订书面劳动合同，劳动者主张此前未订立书面劳动合同二倍工资的，在仲裁申请时效范围内（1 年）的应予支持。

2.6.3 劳动合同期限届满后未书面续订的，如原劳动合同载明：视为以原劳动合同条件继续履行等内容的，劳动者主张未续订劳动合同二倍工资的，不予支持；如原劳动合同未作明确约定的，劳动者主张未续订劳动合同二倍工资的，计算期间不超过 11 个月。

2.6.4 单位满一年未签书面劳动合同的，视为已经订立无固定期限劳动合同，且应立即补订书面合同；劳动者主张满一年后未订立劳动合同期间二倍工资的，不予支持。

2.6.5 劳动合同无效、部分无效或者用人单位未将已签订的劳动合同文本交付劳动者的，不属于未订立书面劳动合同的情形；劳动者主张未签订劳动合同两倍工资的，不予支持。

3. 劳动仲裁中的劳动合同争议问题

3.1 针对单位而言的有限的一裁终局。

仲裁效力立即生效，单位不得起诉——

追索劳动报酬、工伤医疗费、经济补偿或者赔偿金，不超过当地月最低工资标准 12 个月金额的争议。

因执行国家的劳动标准在工作时间、休息休假、社会保险等方面发生的争议。

3.2　劳动仲裁中举证的 3 条特殊原则。

3.2.1　开除、除名、辞退、解除劳动合同、减少劳动报酬、计算工作年限等，用人单位负举证责任。

3.2.2　劳动者主张加班费的，应承担举证责任，但其有证据证明用人单位掌握加班证据而不提供的，则用人单位承担不利后果。

3.2.3　劳动者认为是工伤而用人单位不认为是工伤的，由用人单位负举证责任。

3.3　用人单位在劳动关系建立一个月后与劳动者签订劳动合同，约定劳动合同期限自劳动关系建立时起计算，用人单位是否应当就签订劳动合同前的时间支付二倍工资？

3.3.1　《劳动合同法》第 82 条：支付二倍工资的依据是订立书面劳动合同的时间是否在法律规定的时间内，而非劳动合同约定的劳动期限。

3.3.2　上述劳动者在该书面合同上的签字不能当然地被认为是其放弃二倍工资的意思表示，用人单位仍然应当依法支付劳动关系建立一个月起至签订劳动合同时止的二倍工资。

3.3.3　当事人另有约定的除外。

春秋微言：参照第二章第 1.4 节第（3）项下的补签、倒签劳动合同，避免二倍工资处罚的正确做法——进行处理。

3.4　工伤的劳动者向用人单位主张停工留薪期内未签订书面劳动合同的二倍工资，或劳动者向用人单位主张在产假病假期间未签订书面劳动合同的二倍工资，能否得到支持？

3.4.1　《劳动合同法》第 82 条："用人单位自用工之日起超过一个月不满一年未与劳动者订立书面劳动合同的，应当向劳动者每月支付二倍的工资。"

3.4.2　如果用人单位在劳动者发生工伤或产假、病假之前已负有向其支付二倍工资的义务，则劳动者主张的停工留薪期内、产假病假期间，未签劳动合同的二倍工资应得到支持。

3.4.3　特殊情形除外。

3.5　用人单位解除劳动合同的问题。

3.5.1　用人单位不能举证证明其录用条件和劳动者不符合录用条件事实，劳动者主张用人单位违法解除劳动合同的，予以支持。

3.5.2　劳动者存在严重失职或者营私舞弊的行为，虽未给用人单位造成直接经济损失，但给用人单位社会形象、企业声誉等带来严重影响，用人单位根据《劳动合同法》第39条第3项解除劳动合同的，予以支持。

3.5.3　劳动者存在《劳动合同法》第40条（"N+1"条款）规定的情形，用人单位解除劳动合同未履行法定程序（培训或调岗），劳动者主张用人单位违法解除劳动合同的，予以支持。

3.5.4　用人单位以"末位淘汰""竞争上岗"等人为因素为由解除劳动者劳动合同，不属于《劳动合同法》第40条（"N+1"条款）规定的"客观情况发生重大变化"情形；劳动者主张用人单位违法解除劳动合同的，予以支持。

3.6　经济补偿金的计算标准如何确定？

依《劳动合同法》第47条和《中华人民共和国劳动合同法实施条例》第27条计算，包括计时工资或计件工资以及奖金、津贴和补贴等货币性收入，即工资表上的"实得工资"。

劳动者月工资高于用人单位所在直辖市、设区的市级人民政府公布的本地区上年度职工月平均工资三倍的，按三倍支付，年限最高不超过12年；低于当地最低工资标准的，按最低工资标准支付。

4. 劳动仲裁中的劳动报酬争议问题

4.1　用人单位停工、停产期间的工资支付标准。

非劳动者原因停工停产期间按以下标准进行工资支付。

4.1.1　非因劳动者原因造成单位停工、停产在一个工资支付周期内的，用人单位应按劳动合同规定的标准支付劳动者工资。

4.1.2　超过一个工资支付周期的，若劳动者提供了正常劳动，则支付给劳动者的劳动报酬不得低于当地的最低工资标准。

4.1.3　若劳动者没有提供正常劳动，应按国家有关规定办理。

春秋微言：因劳动者个人原因导致的停工停产期间，可暂停劳动者工资支付，用人单位可以提请仲裁和诉讼要求劳动者承担经济损失或解除劳动关系。

4.2　工资结算协议的效力认定问题。

《最高人民法院关于审理劳动争议案件适用法律问题的解释（一）》（法释〔2020〕26号）第35条：

劳动者与用人单位就解除或者终止劳动合同办理相关手续、支付工资报酬、加班费、经济补偿或者赔偿金等达成的协议，不违反法律、行政法规的强制性规定，且不存在欺诈、胁迫或者乘人之危情形的，应当认定有效。

前款协议存在重大误解或者显失公平情形，当事人请求撤销的，人民法院应予支持。

4.3　用人单位违法解除劳动合同期间的工资如何确定？

《劳动合同法》第 48 条：用人单位违反本法规定解除或者终止劳动合同，劳动者要求继续履行劳动合同的，用人单位应当继续履行。

《广东省工资支付条例》第 29 条：用人单位解除劳动关系的决定被裁决撤销或者判决无效的，应当支付劳动者在被违法解除劳动关系期间的工资，其工资标准为劳动者本人前十二个月的平均正常工作时间工资；劳动者已领取失业保险金的，应当全部退回社会保险经办机构。

4.3.1　用人单位解除劳动合同被裁定为违法，劳动者主张继续履行劳动合同并获得法院支持恢复劳动关系的，企业应当补发违法解除劳动合同期间的工资。

4.3.2　补发期间自用人单位作出解除决定之日起至恢复劳动关系之日止。

4.3.3　补发工资的标准，应按劳动者被违法解除劳动合同前提供正常劳动期间应得的工资标准，或被违法解除劳动合同前十二个月的平均正常工作时间工资计算。

4.4　如何正确规避非因用人单位安排或者劳动者自愿加班可能导致的加班费？

4.4.1　劳动合同或规章制度明确约定或规定，如加班已经单位同意或履行了加班审批手续的，表明用人单位同意加班，应当支付加班工资。

4.4.2　如加班未经单位同意或未履行加班审批手续的，则应属于劳动者自愿加班，用人单位可以不支付加班工资。

4.4.3　劳动者有证据证明用人单位实际工作中未执行相关制度的除外。

春秋微言：可参照本书第四章第 3.9 节处理。

4.5　离职员工年终奖的处理（参考第四章第 6 节相关内容处理）。

4.6　绩效、提成工资的有关问题。

4.6.1　绩效、提成工资的举证原则：

劳动者对"用人单位与其是否有约定、是否有制度规定或工资卡流水记录能体现绩效和提成工资的事实"承担举证责任。

用人单位则对"劳动者是否符合享有绩效/提成工资的条件、计算方式、计算标准等"承担举证责任。

春秋微言：劳动关系的从属性决定了某些事实由用人单位举证较为容易，也更加合理；作为劳动者的田××已经尽到了初步举证责任；××地产公司举证不力、抗辩不力，根据"证据优势规则"应该承担不利后果［（2009）二中民终字第 8108 号］。

4.6.2　绩效、提成工资的给付条件：

◆ 对于月绩效工资，无论劳动合同或用人单位规章制度对于支付条件作出了何种规定，在劳动者离职时或离职后的一个工资支付周期内，均应结算完毕。

◆ 对于提成工资、年终奖，如劳动合同明确约定了支付条件，或劳动者已经确认的合法规章制度中已经明确规定了支付条件的，原则上依约定或规章制度规定执行。

◆ 案件审理中，还应当根据公平、公正的原则，考量提成条件的合理性。

4.6.3　提成报酬的效力认定：

提成式劳动者对用人单位提供的劳动条件事实上依赖有限，而是注重自身能力，以开拓业绩获得提成，故将提成与经营风险挂钩的约定应属合法有效。

4.6.4　企业规章制度或提成协议，均可对提成工资设置支付条件：

如以客户回款额（而非销售额）作为计算提成工资的依据；客户回款则支付回款额对应的提成工资、未回款则待支付条件成就时支付。

5. 劳动仲裁中的社会保险争议问题

5.1　社保争议有哪些类型？

5.1.1　劳动者要求用人单位补办社会保险争议，包括要求足额补交引发的争议，即社会保险缴费争议（《劳动争议调解仲裁法》第2条第4项）。（法院不受理）

5.1.2　劳动者以用人单位未为其办理社会保险手续，且社会保险经办机构不能补办导致其无法享受社会保险待遇为由，要求用人单位赔偿损失发生的纠纷，即社会保险待遇争议［《最高人民法院关于审理劳动争议案件适用法律问题的解释（一）》（法释〔2020〕26号）第1条第5项］。（法院受理）

5.1.3　劳动者退休后，与尚未参加社会保险统筹的原用人单位因追索养老金、医疗费、工伤保险待遇和其他社会保险待遇而发生的纠纷，即社会保险待遇争议［《最高人民法院关于审理劳动争议案件适用法律问题的解释（一）》（法释〔2020〕26号）第1条第6项］。（法院受理）

5.1.4　劳动者请求社会保险经办机构发放社会保险金的纠纷，即社会保险发放争议［《最高人民法院关于审理劳动争议案件适用法律问题的解释（一）》（法释〔2020〕26号）第2条第1项］。（法院不受理）

5.2　用人单位按低于劳动者的实际收入为工资基数缴纳社会保险费，劳动者主张赔偿的，能否受理和支持？

5.2.1　《中华人民共和国社会保险法》第58条、第63条：是否足额缴纳社会保险费发生的争议是社会保险征缴部门与缴费义务主体之间的行政关系问题，不属于人民法院受理劳动争议案件的范围，劳动者以此为由主张缴纳、足额缴纳的，不予受理。

5.2.2　因用人单位未按劳动者的实际工资为基数缴纳社会保险费，导致其工伤待遇、失业待遇、生育待遇、养老待遇、医疗待遇损失，劳动者主张赔偿或差额赔偿的，予以支持。

5.2.3　在用人单位未给劳动者办理养老、工伤、医疗、生育、失业保险，而又不能补办的情况下，劳动者要求赔偿损失的，应如何认定损失？

◆ 养老保险待遇损失，《最高人民法院关于审理劳动争议案件适用法律问题的解释（一）》（法释〔2020〕26 号）第 1 条第（5）项规定：劳动者以用人单位未为其办理社会保险手续，且社会保险经办机构不能补办导致其无法享受社会保险待遇为由，要求用人单位赔偿损失发生的纠纷；第（6）项规定：劳动者退休后，与尚未参加社会保险统筹的原用人单位因追索养老金、医疗费、工伤保险待遇和其他社会保险待遇而发生的纠纷。

◆ 工伤保险待遇损失，《工伤保险条例》第 62 条规定：依照本条例规定应当参加工伤保险而未参加工伤保险的用人单位职工发生工伤的，由该用人单位按照本条例规定的工伤保险待遇项目和标准支付费用。

◆ 医疗保险待遇损失，《中华人民共和国社会保险法》第 23 条第 1 款：劳动者要求赔偿损失的，用人单位应当承担赔偿责任；医疗保险损失应按实际发生的医疗费用计算；用人单位提出异议的，由用人单位对其应承担的比例承担举证责任。

◆ 生育保险待遇损失，《中华人民共和国社会保险法》第 53 条、《女职工劳动保护特别规定》第 8 条：劳动者要求赔偿损失的，用人单位应当承担赔偿责任；生育保险待遇包括生育医疗费用和生育津贴；前者按当地生育保险办法计算，后者则依照女职工产假前工资标准计算。

◆ 失业保险待遇损失，《中华人民共和国社会保险法》第 44 条规定：劳动者要求赔偿损失的，用人单位应当承担赔偿责任；劳动者举证证明其符合《中华人民共和国社会保险法》第 45 条规定的领取失业保险金的条件的，按照各地失业保险确定的相关标准计算其损失。

5.3　用人单位未缴纳社会保险导致劳动者存在失业保险金损失的，赔偿标准如何确定？

《中华人民共和国社会保险法》第 46 条，参照各省区《失业保险条例或办法》核算确定：一般为最低工资的 80%／月；赔偿期限以失业人员实际存在的失业时间按月计算，最长不超过法定的失业保险金最长领取期限（6~24 个月）。

5.4　工伤职工停工留薪期限标准。

原则上，应以劳动能力鉴定机构关于停工留薪期限的鉴定结论或医疗机构"出院病情证明书"中医嘱建议休息的时间作为计算停工留薪期间的依据，以实际"工作日"为基准计算。

《工伤保险条例》第 33 条：

5.4.1　在停工留薪期内，原工资福利待遇不变，由所在单位按月支付。

5.4.2　停工留薪期一般不超过 12 个月，伤情严重或者情况特殊，经设区的市级劳动能力鉴定委员会确认，可以适当延长，但延长不得超过 12 个月。

5.4.3　停工留薪期满后仍需治疗的，继续享受工伤医疗待遇。

5.4.4　评定伤残等级后，停发原待遇，享受伤残待遇。

5.4.5　生活不能自理，在停工留薪期需要护理的，由所在单位负责。

5.5　一至四级伤残工伤职工主动提出解除劳动关系，要求一次性支付工伤保险待遇的，能否支持？

已参保：

5.5.1　仲裁裁决不应予以支持。

5.5.2　但劳动者与用人单位以书面形式明确要求通过调解程序处理的除外。

5.5.3　调解过程中应当确认并注明双方当事人知晓各自的权利义务（《人力资源和社会保障部关于执行〈工伤保险条例〉若干问题的意见》第 13 条：不得采取将长期待遇改为一次性支付的办法。）

未参保：2020 年 9 月 1 日前受伤的，参照已参保情况处理；2020 年 9 月 1 日以后受伤的，按照当地《工伤保险条例》的规定执行——

5.5.4　有规定一次性支付工伤保险待遇的省份，支持企业一次性赔付工伤保险待遇，如浙江、四川，以工伤发生时上一年度全省城镇全部单位就业人员年平均工资为基数，按照下列标准计发：一级伤残为十六倍，二级伤残为十四倍，三级伤残为十二倍，四级伤残为十倍。

5.5.5　未规定一次性赔付工伤保险待遇的省份，仅支持诉请企业一次性赔付伤残补助金〔《工伤保险条例》第 35 条：一至四级伤残补助金为职工本人工资（岗平工资 60% 为兜底、300% 为上限）为基数，倍数依次为 27 个月、25 个月、23 个月、21 个月〕、残疾辅助器具费、生活护理费、停工留薪期工资、治疗期间的护理费、医疗费、营养费。

5.5.6　不支持诉请企业一次性赔付伤残津贴，一般按一年或五年支付或后期再提请诉求。

5.5.7　不支持诉请企业一次性赔付医疗补助金，但支持企业和职工依法缴纳社会保险费，享有工伤医疗保险待遇。

5.6　五至十级伤残工伤职工解除劳动关系，一次性工伤伤残补助金、一次性工伤医疗补助金、一次性伤残就业补助金的支付标准是什么？

一次性工伤伤残补助金，根据国务院《工伤保险条例》第 36 条、第 37 条规定，五至十级伤残补助金以职工本人工资（岗平工资 60% 为兜底、300% 为上限）基数支付，倍数依次为 18 个月、16 个月、13 个月、11 个月、9 个月、7 个月，有参加工伤保险的由工伤保险基金支付，未参加工伤保险的由企业赔付。

一次性工伤医疗补助金、一次性伤残就业补助金，根据国务院《工伤保险条例》第 36 条、第 37 条规定，五至十级伤残，由工伤保险基金支付一次性医疗补助金，由用人单位支付一次性就业补助金，支付基数和倍数的具体标准由各省、自治区或直辖市人民政府规定。

5.6.1　《工伤保险条例》，一次性医疗补助金、一次性就业补助金的标准由各省、自治区、直辖市政府制定，各省标准、方式分五类：

◆ 一次性医疗补助金、一次性就业补助金的"计发基数统一为本人工资"、计发倍数不等，比如广东省。

◆ 一次性医疗补助金、一次性就业补助金的"计发基数统一为统平工资"、计发倍数不等，比如浙江省、上海市。

◆ 一次性医疗补助金的"计发基数为统平工资"、一次性就业补助金的"计发基数为本人工资"，计发倍数不等，比如辽宁省。

◆ 福建省规定，在计发倍数方面，采用"省平年龄与本人年龄之差乘以规定系数"的方式确定一次性医疗补助金、一次性就业补助金的计发倍数，计发基数则为岗平工资。

◆ 江苏省规定，一次性医疗补助金、一次性就业补助金标准明文规定为具体数额，并根据经济社会发展情况适时调整。

5.6.2　一次性医疗补助金、一次性就业补助金标准的递增方式各省不同。

◆ 有的省份因职业病致工伤、多次工伤时，不增加伤残补助金、医疗补助金、就业补助金的标准，如广东省。

◆ 有的省份因职业病致工伤、多次工伤时，须增加伤残补助金、医疗补助金、就业补助金的标准，如宁夏回族自治区、吉林省。

◆ 有的省份因职业病致工伤、多次工伤时，仅增加医疗补助金或就业补助金其中一个的标准，如江西省、江苏省。

5.6.3　一次性医疗补助金、一次性就业补助金标准的递减方式各省不同。

◆ 有的省份规定，在员工距离退休年龄 5 年内解除劳动关系的，按年龄递减一次性医疗补助金和一次性就业补助金标准，如上海市。

◆ 有的省份规定，在员工距离退休年龄 5 年内解除劳动关系的，按年龄仅递减一次性就业补助金标准，如浙江省、重庆市。

◆ 有的省份规定，在员工距离退休年龄 5 年内解除劳动关系的，不递减一次性医疗补助金和一次性就业补助金标准，如广东省。

◆ 在规定因年龄递减一次性医疗补助金或/和一次性就业补助金的省份，有的同时规定因企业过错员工发起解除劳动关系则不递减其工伤伤残待遇，如江苏省、上海市。

6. 劳动仲裁中的劳动保护争议问题

6.1　违反计划生育有关规定生育，是否应享受孕期、产期、哺乳期相关待遇？单位是否应该承担三期待遇？

《女职工劳动保护特别规定》第5条、第7条：即便女职工违反计划生育有关规定生育的，其仍应按照《女职工劳动保护特别规定》享受产假及产假期间相关福利待遇。

《中华人民共和国人口与计划生育法》第25条及地方性人口与计划生育条例中规定的延长生育假是对符合法律及条例生育子女的夫妻给予的奖励；对于不符合者，不应享受延长生育假、护理假及其相关待遇。

6.2　单位能否以违反计划生育有关规定，属于严重违反规章制度为由，解除劳动者的劳动合同？

6.2.1　国家法律法规、地方行政法规，并未明确说明（甚至删除了）违反计划生育有关规定属于违法且用人单位可以解除劳动关系，故用人单位据此解除，属于违法。

6.2.2　基于目前鼓励生育的大趋势下，现时司法实践中，法院也不支持企业可据此依法解除劳动关系。

6.2.3　有些省份明确规定了用人单位以劳动者违反计划生育政策为由解除劳动合同属于违法。如《广东高院、广东省劳动仲裁委关于劳动人事争议仲裁与诉讼衔接若干意见》（粤高法发〔2018〕2号）第13条规定：用人单位以劳动者违反计划生育政策为由解除劳动合同的，应承担违法解除劳动合同的法律责任。

6.3　单位依据《劳动合同法》第40条（N+1）、第41条（裁员）的规定解除或终止劳动合同后，女职工发现怀孕的，能否要求恢复劳动关系？

在女职工不能举证证明用人单位解除或终止劳动合同时，其已证明并告知用人单位自己怀孕事实的，因用人单位在解除或终止时，并不知晓其怀孕事实，在解除或终止该过程中并不存在过错，故应当认定解除或终止行为合法有效。

6.4　职工主张未休年休假工资，是否应受仲裁时效一年的限制？

《最高人民法院关于审理劳动争议案件适用法律问题的解释（二）》（征求意见稿）第五条——

劳动者主张用人单位支付未休年休假工资报酬、加班费的仲裁时效适用劳动争议调解仲裁法第二十七条第四款规定的，人民法院应予支持。

《中华人民共和国劳动争议调解仲裁法》第二十七条第四款：

劳动关系存续期间因拖欠劳动报酬发生争议的，劳动者申请仲裁不受本条第一款规定的仲裁时效期间的限制；但是，劳动关系终止的，应当自劳动关系终止之日起一年内提出。

6.5　劳动报酬与福利待遇的区别。

福利待遇不是劳动报酬，仅是按劳分配的补充；是指用人单位在工资和社会保险之外向劳动者及其亲属提供的一定货币、实物、服务等形式的物质帮助。

两者的区别包括以下几点。

6.5.1　劳动报酬（主要指工资）包括：计时工资、计件工资、奖金、津贴和补贴、加班加点工资，以及特殊情况下支付的工资。

6.5.2　福利包括：法定福利如五险一金，企业福利如工作餐、工作服、取暖补贴、路费补贴、交通补贴、生活困难补助、丧葬补助费、带薪假期、企业年金、补充医疗保险、各种商业保险等。

6.5.3　与劳动者付出劳动的关联程度不同。劳动报酬紧密关联，是劳动者付出劳动后用人单位必须支付的劳动所得对价；而福利待遇则关联程度较小。

6.5.4　支付的方式和周期不同。用人单位需按月向劳动者支付劳动报酬；而福利待遇不一定按月支付，且可采用报销等支付方式。

6.5.5　支付的形式不同。劳动报酬以货币形式支付；而福利待遇可以货币、实物、服务等形式支付。

6.5.6　国家统计局明确规定：用人单位支付给职工的福利费用不属于工资范围；同样，计发解除劳动合同经济补偿金时，也不应将福利性费用计入工资之中。

6.6　邮政代办员、兼职导游、保险代理人等特殊人员的劳动关系如何认定？

该类人员一般有特殊的法律法规规定，当以特别规定为准。

一般情况下，不认定为劳动关系。

春秋微言：仲裁或者诉讼期间的工资如何计算？

《最高人民法院关于审理劳动争议案件适用法律问题的解释（二）》（征求意见稿）第二十五条——

用人单位作出解除、终止劳动合同决定被确认违法且劳动合同可以继续履行，劳动者请求用人单位支付上述决定作出后至仲裁或者诉讼期间工资的，用人单位应当按劳动者提供正常劳动时的工资标准向劳动者支付上述期间的工资。双方都有过错的，应当各自承担相应的责任。

人民法院可以根据劳动者怠于申请仲裁及提起诉讼、劳动者在争议期间向其他用人单位提供劳动等因素综合确定用人单位、劳动者的过错程度。

经典案例四十一

1. 魏××入职浙江宁波××公司，双方签订两年期限合同。公司于2016年4月24日以"产品样机迟迟未能完成致公司发展困难"为由解除双方劳动合同。

2. 公司证据及主张：公司考勤制度、奖惩制度、财务制度及岗位责任制度等；关于魏××在上班期间存在饮酒等违反公司规章制度的行为，公司未提供证据证明规章制度已经民主程序讨论通过并已经公示或告知魏××。

3. 魏××诉求及主张：要求公司支付违法解除劳动关系赔偿金，并主张从未见过公司相关制度，公司未向其公示亦未培训过。

问题：魏××能否得到支持？

法院判词：

1. 公司对其提供的各项规章制度并未提供证据证明已经民主程序讨论通过并已经公示或告知魏××，故应承担举证不能的不利后果，即公司提供的一系列规章制度对魏××不具有法律效力。

2. 公司书面通知函的解除理由为：产品样机迟迟未能完成致公司发展困难，在庭审中又称魏××违反公司规章制度、严重失职造成重大损失及无法胜任工作等，且未就上述主张提供相应证据，故本院对其主张不予采信，属违法解除劳动关系。

综上，判决公司支付违法解除劳动关系经济赔偿金。

春秋微言：该判决告诉我们——

规章制度未经民主程序讨论通过并公示或告知劳动者，则该规章制度对劳动者不具有法律效力。

经典案例四十二

1. 崔××于2007年11月28日入职北京海淀××公司，双方最后一份劳动合同期限为2010年11月28日至2015年11月28日。2015年11月27日，公司向崔××作出了《劳动合同解除通知书》，以旷工为由解除劳动合同。崔××不服，要求公司恢复劳动关系。2016年2月25日起崔××在诉讼期间已入职新单位××监理公司。仲裁、一审经审理后认定公司系违法解除，裁决双方劳动关系继续履行至2016年2月24日，公司支付在此期间的工资。员工不服上诉。

2. 员工诉求：要求公司支付违法解除劳动关系经济赔偿金429724.33元，以及自2015年11月29日至2016年2月24日期间未续订书面劳动合同的二倍工资差额46229.89元。

3. 员工主张：仲裁一审均认定公司系违法解除劳动关系，判决双方继续履行合同至2016年2月24日，此后不能继续履行系客观原因所致，故公司应支付赔偿金；仲裁、一审裁决公司继续履行劳动合同自2016年2月24日，但公司在此期间并未与本人订立劳动合同，故应支付未续订书面劳动合同的双倍工资差额。

4. 公司主张：

4.1 员工已就公司违法解除提出继续履行劳动合同了，不能再就该事实提出其他请求。

4.2 2016年2月24日后无法继续履行系由于崔××个人原因导致，故公司不应支付赔偿金。

4.3　崔××于上述期间未提供实际劳动，不符合应当支付未续订书面劳动合同的二倍工资差额的条件。

问题：崔××的诉求能否得到支持？

法院判词［（2019）京01民终9253号］：

1.《劳动合同法》规定，用人单位违反本法规定解除或者终止劳动合同，劳动者要求继续履行劳动合同的，应当继续履行；劳动者不要求继续履行或已经不能继续履行的，用人单位应当依照本法第87条规定支付赔偿金。

2. 针对公司2015年11月27日的违法解除行为，崔××如主张违法解除的赔偿金，双方劳动关系于此日解除，不能再主张此后的工资；如崔××主张继续履行劳动合同，则不能再就违法解除行为主张经济赔偿。本案中崔××主张继续履行合同，且公司已支付了2015年1月29日至2016年2月24日工资，故不能再主张赔偿金。

3. 2016年2月25日，崔××入职新单位，导致从2016年2月25日起公司无法与其继续履行劳动合同，系因个人原因导致劳动合同不能继续履行，故不能再主张赔偿金。

4. 关于未续订书面劳动合同二倍工资差额。首先，针对公司的解除行为，崔××有权选择继续履行合同，或要求经济赔偿金，而公司并不必然知道在2015年11月27日之后会继续与崔××存续劳动关系；其次，双方争议期间，在生效判决作出前，公司不与崔××签订劳动合同亦符合情理；最后，在此期间，崔××并未实际提供劳动。

综上，判决驳回崔××上诉请求。

春秋微言：该判决告诉我们——

（1）事实上，经济赔偿金，尽管是双倍，毕竟也是通过金钱能够解决的，因此，并非致命问题；真正致命的，是在双方并无劳动合同履行基础上的貌合神离的继续；

（2）不能自相矛盾，既主张违法解除（的赔偿金），又主张继续履行劳动合同；

（3）双方争议期间，生效判决作出前，用人单位不与劳动者续签劳动合同符合情理；

（4）劳动者未实际提供劳动期间，并无依据请求未续订书面劳动合同的二倍工资差额。